東北大学教養教育院叢書
大学と教養 8

新しい途を拓く

東北大学教養教育院＝編

東北大学出版会

Artes Liberales et Universitas
8 Breaking new paths for academic research
Institute of Liberal Arts and Sciences Tohoku University

Tohoku University Press, Sendai
ISBN978-4-86163-406-2

まえがき

『教養教育院叢書 第8巻「新しい途を拓く」』をここにお届けする。

本叢書ではこれまで「震災からの問い（第2巻）」「生死を考える（第5巻）」など、ある具体的な主題をもうけて関連する方面の識者にご寄稿をお願いすることが多かったのだが、今回はこれとは趣を変え、分野を問わず新たな方向性を示す研究を先導する方たちに、それぞれの研究の意義や面白さを自由に語っていただき、東北大学の第一線ではどんなことをやっているのかを一般読者に広く伝えたいと考えた。

こうした趣旨のため、本巻の各章はヴァラエティに富んだ内容になっているが、ひとつの観点として、第二章の「総合知」というキーワードが示唆するような、従来の文系・理系という枠にとらわれない領域横断的な挑戦を紹介することに重きをおいた。第二部の医療倫理や災害科学などはその代表的なものと言える。もちろん新たな発見や創造が既存の枠組にとらわれない自由な発想のもとで生まれるのは当然の事実であり、研究分野の名称が新しいかどうかとは関係がない。いわゆる技術革新の現場においても柔軟な発想と広い視野がいかに重要であるかは、第一部のエッセイからも読み取れるはずである。

フロンティアの紹介といっても、東北大学には3000人以上の研究者（教員）がおり、それぞれの分野で先端的な研究に従事しているわけで、お示しできるのはそのごく一端にすぎない。しかし、ここに並んだ9編のエッセイを眺め渡すだけでも、学術研究がいかに多彩で創造性に富むものであるかは実感していただけると思う。

学術研究は、それぞれの分野で蓄積されてきた知識を踏まえて、より先の一歩を目指す営みである。最前線になればなるほどそれは困難を増し、かつエキサイティングなものとなる。本書の執筆陣は6人の若手・中堅と3人のベテランから構成されているが、エッセイの中には、研究の

面白さを語るだけでなく、自分がどのような経緯で現在にいたったかを回顧するものもある。経歴の長短にかかわらず、研究者それぞれの歴史があるのである。このようなドキュメントは、これから学問の道に進もうとする若い人たちにとっての示唆深いガイドともなるだろう。

　本書の各章はそれぞれ独立しているので、関心のおもむくままに読み進めていただきたい。なかには専門的で難解と思える部分があるかもしれないが、そういう箇所は読み飛ばしても、必ず何かしら興味深い知見が得られるはずである。

　以下、各エッセイについて、編者からごく簡単な紹介をしておきたい。

第一章　自然の魅力をものづくりへ（阿部博弥）

　本書は期せずして、進化の精妙さを語る章ではじまり、人類文化の進化を論じる章で終わる構成になった。現に存在している自然や人間社会のあり様を注意深く観察し、それがどのような成り立ち（かたち）と来歴を持つのかに関心を向けるところから学問的研究ははじまるのである。例えば人間のからだのメカニズムについては、観察技術の向上で日々新たな知見が増え、医療の発展にもつながっている。その一端は脳を論じた第六章でも語られるところだが、本章の筆者によれば、生物・無生物を問わず、驚くべき造形の妙は身近ないたるところに存在している。実際、このエッセイに登場する蓮の葉の撥水とか貝殻の固さなどは、誰もが経験的に知っていることである。ただ私たちは、どのようにしてそんな性質が生じているのかなど日頃は考えもしない。しかし細かく目をこらしてみると、きわめてユニークで多彩な構造がそこに現れ、それをものづくりに応用する道筋も見えてくるのである。本章を読む読者は、自然の中に隠れている無尽蔵の「知」に驚くと同時に、それを探究する研究者の純粋な好奇心に共感を覚えるに違いない。自然を知的に制御・支配しようとする科学の傲慢な発想が人類を破滅に導くのだと批判されることもあるが、科学は本来、自然を知ること、自然から学ぶことへの好奇心から発している営為でもある。「自然に学ぶものづくり」も、

それが商品開発となれば純粋無垢というわけにはいかないだろうが、人間が自然と調和しつつ持続可能な文明を維持してゆくための選択肢がそこに示されていることも確かなようだ。

第二章　総合知と感性に基づいたものづくりの提案（坂井信之）

　日本の製造業のかつての繁栄と現在の凋落は、しばしば一種自虐的な物語として語られる。その原因についての議論も多いが、本章の筆者は「文系・理系」という知識領域の分断に大きな問題があると見る。そして現在の停滞を克服するには、そうしたカテゴリーを越えた「総合知」が必要であり、それは「ものづくり」と言う場合の「もの」を単にその機能や効率性からではなく、それを使用する人間の関わり、特に「感性」の働き方から考察するような知性でなくてはならないと言う。もっともな指摘である。これは文系と理系の協働が必要だというだけでなく、「自分は理系だから、人間のことはわからない」などと居直ってしまう怠慢への戒めである。筆者は新たな「ものづくり」の鍵となるのが「感性」であると考え、これをいかに規定し定量化するかという難問に取り組んでいる。ここには技術とどう向き合うかという、これまでも真剣に議論されてきた問いが控えているように思われる。技術（テクネ）は、語源を遡れば、知識をともなって「もの」（存在）とかかわる営為の全体を指しており、その射程は人間活動のすべてに及ぶ。広い意味での「実践知」として技術を再発見することが、「ものづくり」の将来にとって必要なのである。今日、技術者には「教養」が不可欠だと言われる所以である。

第三章　脳神経マルチセルラバイオコンピューティングの挑戦（山本英明）

　人間の思考や行動をあらゆる面で制御しているのが脳である。その精妙な構造と働きを解明しようとする取り組みは、医学・生物学の枠を越えて、様々な分野で行われている。例えば現在話題の生成 AI は、人工ニューラルネットワークというもので成り立っているが、これは人間の神

経系の働きを模倣する発想から出てきたらしい。模倣といっても、信号伝達を数学的なモデルに置き換え、外見上人間の学習に似た結果が出せるように工夫しているのである。こうした情報科学的アプローチに比して、本章の筆者の研究はより工学的である。「考える」ように見える人工物としてのコンピュータは、半導体技術の進歩によって劇的に進歩してきた。そこでの知見やアイデアを逆に神経回路それ自体の分析に適用し戻すことで、生物の脳が実際に行っていることを工学的により精緻に模倣・再現する。そこに半導体の先にあるバイオコンピューティングの可能性が見えてくるのである。デカルトが精神と物質の接点としての脳に関心を抱いた時以来、考える（つまり精神的な）機械としての脳は、常に大きな知的関心事だった。比喩や理念に過ぎなかった「考える機械」が、AIや脳型計算機によっていよいよ「文字通り」の存在になってくるのだろうか。第1章、第6章と関連づけて読まれるとよいかもしれない。

第四章　不連続的に異なる枠組みに向かう現代暗号（静谷啓樹）

　20世紀の自然科学の発展が、様々な文明的恩恵をもたらすと同時に、核兵器のような自己破壊的なテクノロジーを帰結したことは、歴史の皮肉だった。しかしこの皮肉はそこで終わったわけではない。近年のコンピュータ科学の劇的な進歩に一種の不気味さがつきまとうのは、それが大革新をもたらすと期待されるのと同時に、そこに巨大なリスクが潜んでいるのではないか、しかもそれは避け難いのではないかという懸念が払拭できないからである。どうやら「暗号技術」は、今まさにそうした危機の予感を背負い込む緊迫した分野であるらしい。本章の筆者がいう「現代暗号」によって情報を秘匿する技術が、急速にICT化する私たちの社会生活の不可欠な基盤となっていることは容易に理解できる。だからこそ、それが「一斉に破綻状態になるQ-day」が迫っているという話に背筋が寒くならない人はいないだろう。もちろん様々なかたちでQ-dayを回避しようと研究が続けられていることに、私たちは希望を抱くのだけれど、他方で言わば「親密な敵」である量子コンピュータの開発を止め

ることができないのもまた科学の「宿命」であるらしい。綱渡りの緊張感こそが人間を進化させるのだろうか。本章は、暗号技術の現状と将来について、きわめて明快な展望を与えてくれる優れたエッセイである。難解と感じる部分はスキップしつつ通読されることをお薦めしたい。

第五章　「倫理の専門家」として病院で働く（田代志門）

　「インフォームド・コンセント」という言葉が日本でもよく聞かれるようになったのは、20世紀の終わり頃からだろうか。しかし、知識・技能をもって助ける側である医療者と、助けを求める弱者の立場にある患者との関係はあまりに非対称で、フラットな対話は成り立ちにくい。私たちがかかりつけの「先生」に診てもらう際に内心感じている溝は容易には埋まらない。とはいえ、やはり公正や個人の尊厳を重んじる時代の潮流は医療の世界にも押し寄せ、権威主義を排し、対話と相互理解のプロセスを重視する方向へ進んでいるということが、このエッセイからよくわかる。慶賀すべきことである。患者とは個別的な存在であり、病のあり様だけでなく、それとの向き合い方も人それぞれで、時とともに変化もする。QOLという概念には、そうした個別主観的なもの、あいまいなものを切り捨てないという思想が埋め込まれているだろう。筆者は、それにまつわる情報は「数値化が困難であり、今なおニュアンスのある自然言語によってカルテに記載」されるしかないのだと言う。おそらく今後、ビッグデータと AI を使って個別的なものを数量モデルに還元し、診察や治療の最適化をはかろうとする精緻な医療が急速に浸透してゆくだろう。しかしモデルはどこまで行ってもモデルであり、具体的な個々の人間の願望や意志をあらかじめ決定することはできない。「最適」が「最善」とは限らない。言葉を通じた「調律と翻訳」という終わりのないプロセスこそが技術としての医療を人間の幸福（QOL）につなぐものだという思想に、希望を見る。

第六章　演劇的手法を用いた教育実践・社会課題に挑戦する―脳科学者の研究生活を振り返る（虫明 元）

　素人のイメージでは、脳というのは、感覚や記憶・思考をつかさどり、臓器の安定した動きから高度な意志決定までを制御する身体全体の司令塔である。しかし本章の筆者によれば、脳はそうした命令者ではなく、様々なサブ・ネットワークが緊密に結びつき、状況に応じて連携・共鳴し合いながら活動する一種の「社会」のようなものらしい。そしてこのミクロな社会は、マクロな社会と通底している。個人の脳が生み出す「心」は潜在意識や暗黙の思考を抱えこんだ複雑系であり、個人の集積としての「社会」もまた、様々な人間集団のたえまない対立や協調を制御するシステムであるが、それらは必ず脳の働きとつながっている。脳は身体として具体化した心／社会のあり様なのである。その具体的な結びつきを論じるために筆者は近年「ナラティヴ」（物語、語り）という観点からの興味深い発言を行っている。また同時に、即興演劇を通して社会的な孤立・孤独の解消をめざすユニークな活動にも挑戦している。他者の「物語」を身体的に再現する行為を通じて脳の持つ共感性の機能をきたえるという考え方である。確かに私たちは臓器としての脳によって「支配」される面を持つわけだが、逆に自分自身の活動・行為を通じて脳を変え、つまり心や社会関係のあり方を変えてゆくこともできるのである。これは現代の脳科学が教えてくれる貴重な示唆であるように思われる。

第七章　歴史学が導く災害科学（蝦名裕一）

　3.11 以降、東北大学は災害研究の世界的な拠点となった。本章の筆者は、歴史学者の立場から、災害科学国際研究所（2012 年設立）で働く第一線の研究者である。ここで書かれている通り、災害というテーマは、人文・社会・理工・医学の幅広い領域に関連性があり、典型的な文理総合型の研究主題である。その協働の重要性は、絶え間なく起こり続ける災害の解明や、将来に向けた防災の知恵を出し合う場面において言えるだけではない。過去の災害についてよく知ることもまた、現在と未来に向

けた知識を豊かにするからである。過去の研究なら歴史学や考古学だろうと思われがちだが、残された史料や考古学的データを理学的に解析することも必須であり、文理の協働が常にもとめられるのである。本章の後半を読むとその現場の様子がよくわかる。もちろん同時に、史料や文化財などの歴史遺産をどう守ってゆくかという現場的な問題もある。本章の前半には、3.11前後で筆者がたどってきた軌跡が描かれ、そこでの「悔恨」もまた語られている。いつ訪れるかわからない災厄を相手に奮闘する研究者や支援者の姿に読者は心を動かされるだろう。本章は、ひとりの若者が自らの人生のテーマを見いだしてゆく過程を率直につづったエッセイでもある。若い読者にぜひ読んでいただきたいと思う。

第八章　情報と外交 ──17世紀の幕府・対馬・朝鮮・中国──（程永超）

　歴史を学ぶ面白さのひとつは、カメラワークの可変性にある。大きく俯瞰して文明や国家の変遷をたどる「歴史の物語」は楽しいものだが、史料に沈潜することで、ある時代ある地域を生きた人間の思考と行動の細部にズームインしてゆくのも興味深い。日本が「鎖国」を完成させてゆく17世紀。しかし小さな窓を通して人と情報の行き来は続き、お互いの思惑を秘めた駆け引きが続いていた。本章の筆者は、朝鮮や対馬に残る厖大な文書史料を調査しながら、その実態を明らかにしてゆく。李氏朝鮮も対馬の宗氏も嘘をつきまくっていたのだという。それは史料を比較するからこそできる解明であり、歴史の研究がミステリーにも似たわくわく感を与えてくれる場面である。朝鮮には小国であるがゆえの外交戦略がありプライドもあった。対馬もまた境界に位置するものならではの知略をめぐらしたのである。中国・日本という大国を中心とした展望の下では見えてこないものが、鮮やかに浮かびあがってくる。もちろん、これもひとつのカメラワークからの描像であり、史料のさらなる探究からはおそらくまた次の新たな発見がもたらされるに違いない。そのようにして常に更新されてゆくところに歴史的な「事実」と、それを探究する学問の尽きせぬ魅力がある。

第九章　人類史を数理で読み解く──「変化を伴う由来」から生じる多様性──（田村光平）

　「進化」という言葉は様々に誤解・曲解され、社会ダーウィニズムや優生学のような危険なイデオロギーに利用されてきた歴史を持つ。しかしそれはまた「進化」が、「自分はどこから来たのか、どこへ行くのか」という本質的な問いに対して、科学的な理解の道筋を示してくれる強力な観念であることの証左とも言える。20世紀後半以降、遺伝学の急速な発展にともなって生命科学的な意味での「進化」はより厳密に議論されるようになる。それと同時に、人類の行動や文化といったDNAに還元できない現象についても、その時系列的な「進化」を学術的に解明する研究が盛んに行われてきた。その関心は人文社会科学の幅広い分野に共有されていると言って過言ではない。本章の筆者は考古学をメインフィールドとした文化進化の研究者であるが、数理モデルを導入することで研究の検証可能性を高めようとしている。そこには、文化的な経験知が蓄積される歴史的プロセスを学問的に共有可能な仕方で可視化しようとする真摯な研究姿勢がある。学問そのものが文化進化の典型的な現象であることを、こうした研究スタイルによって体現してみせているところに、筆者の研究のユニークさがあるとも言えるだろう。

東北大学教養教育院

森本　浩一

目　次

まえがき　　　　　　　　　　　　　　　　森本　浩一　　i

第一部　ものづくりと情報

第一章　自然の魅力をものづくりへ　　阿部　博弥

　はじめに ………………………………………………………… 3
　第一節　自然から学ぶデザイン（光合成を例に）………… 4
　第二節　自然界の構造・機能に魅了される ………………… 7
　第三節　実社会で活躍するバイオミメティクス ………… 11
　第四節　研究レベルでの応用例 …………………………… 12
　第五節　生物模倣の挑戦 …………………………………… 16
　おわりに ……………………………………………………… 22

第二章　総合知と感性に基づいたものづくりの提案
　　　　　　　　　　　　　　　　　　　　坂井　信之

　はじめに ……………………………………………………… 25
　第一節　理系・文系という分類にはどのような意味があるか？
　　　　　………………………………………………………… 26
　第二節　ご存知ですか？「総合知」と「感性」………… 32
　第三節　感性とものづくりは結びつくか？……………… 35
　第四節　感性の測りかた …………………………………… 38
　第五節　おいしい食物づくりにつながる感性評価 ……… 40
　おわりに ……………………………………………………… 45

第三章　脳神経マルチセルラバイオコンピューティングの挑戦　　山本　英明
　　はじめに ………………………………………………………… 47
　　第一節　脳とAIの比較論：エネルギー効率と学習効率を中心に
　　　　　　………………………………………………………… 48
　　第二節　脳神経回路の研究……………………………………… 51
　　おわりに ………………………………………………………… 60

第四章　不連続的に異なる枠組みに向かう現代暗号
　　　　　　　　　　　　　　　　　　　　　　静谷　啓樹
　　第一節　概　　説………………………………………………… 63
　　第二節　補　　説………………………………………………… 70
　　第三節　図書案内………………………………………………… 83

第二部　人間・社会・歴史

第五章　「倫理の専門家」として病院で働く
　　　　　　　　　　　　　　　　　　　　　　田代　志門
　　はじめに ………………………………………………………… 87
　　第一節　病院勤務の生命倫理学者になる ……………………… 88
　　第二節　なぜ医療現場で「倫理」が求められるのか ………… 93
　　第三節　言葉の専門家として …………………………………… 101
　　おわりに ………………………………………………………… 105

第六章　演劇的手法を用いた教育実践・社会課題に挑戦する―脳科学者の研究生活を振り返る
　　　　　　　　　　　　　　　　　　　　　　　　虫明　元

　はじめに …………………………………………………… 111
　第一節　眠りの脳研究から活動中の脳研究へ ………… 111
　第二節　高次機能から揺らぎと操作 …………………… 117
　第三節　脳研究からの人間理解と ……………………… 121
　第四節　社会に還元する脳科学 ………………………… 126
　おわりに　新しい途を拓きつづけること ……………… 133

第七章　歴史学が導く災害科学　　　　蝦名　裕一

　はじめに …………………………………………………… 137
　第一節　歴史学研究との出会いと史料保全活動への参加 …… 138
　第二節　東日本大震災と被災資料レスキュー活動 …… 144
　第三節　歴史学から文理融合による災害科学へ ……… 152
　おわりに …………………………………………………… 163

第八章　情報と外交
　　───17世紀の幕府・対馬・朝鮮・中国───
　　　　　　　　　　　　　　　　　　　　　　　程　永超

　はじめに …………………………………………………… 169
　第一節　朝鮮と幕府の間に挟まれた対馬の秘密工作 … 172
　第二節　明・清・日本の間に挟まれた朝鮮の情報操作 … 175
　第三節　朝鮮を通じた対馬藩の大陸情報収集活動 …… 182
　おわりに …………………………………………………… 186

第九章　人類史を数理で読み解く
　　　——「変化を伴う由来」から生じる多様性——
　　　　　　　　　　　　　　　　　　　　　　田村　光平

　はじめに …………………………………………………………… 191
　第一節　人類史の概略 …………………………………………… 192
　第二節　進化という考え方：遺伝と文化伝達 ………………… 196
　第三節　系譜の解像度 …………………………………………… 201
　第四節　蓄積的文化進化 ………………………………………… 203
　第五節　文化進化の研究でなぜ数学・情報科学を使うのか
　　　　　　　　　　　　　　　　　　　………………………… 206
　第六節　文化進化の研究例 ……………………………………… 209
　おわりに ………………………………………………………… 214

あとがき　　　　　　　　　　　　　　　　　　滝澤　博胤 219

執筆者略歴 ………………………………………………………… 221

第一部

ものづくりと情報

第一章　自然の魅力をものづくりへ

　　　　　　　　　　　　　　　　　　　　　　　　　阿部　博弥

はじめに

　自然界は太古より進化を通し周辺の環境にうまく順応することで、その構造や機能を変えながら現代まで生命を繋いできた。自然界は綺麗な景色や鮮やかな発色を我々に見せてくれる。タンポポが、春に黄色い花を咲かせた後、柔らかい綿毛が姿を現し、その綿が風に吹かれ一斉に飛び交う情景を目にしたことがあるかもしれない。もしくは、綿毛を息で飛ばして遊んだことがあるかもしれない。綿の先端についた種子（痩果）は風と共に遠くまで運ばれ、タンポポの繁殖域を何キロメートル先へも広げているのである。昆虫が持つ色も幻想的である。アゲハ蝶の羽には、鮮やかな黄色や青色が装飾され、昆虫同士だけでなく人間をも魅了している。自然界は美しい見た目以外にも、優れた機能を有している。愛らしい見た目のネコには、意外にもその舌に刺々しい突起が根元に向かって生えている。この一方向に生えた小さな棘のおかげで、舌を使った毛繕いを行うことができる。サメの肌も同様にざらざらした表面構造を有しており、身体に沿って一様に凹凸構造がある鱗が見つかっている。この微細な凹凸構造によって、サメが水中を泳ぐ時の流体抵抗を減らし、素早く泳ぎ獲物を捕食することを可能にしている。

　このような自然界の美しい構造や優れた機能は、私たちの生活を豊かにするヒントを提供してくれる。一方、この自然界の構造や機能を私たちの生活に取り入れる時、自然界から直接取り入れるのは得策とは言えない。例えば、サメの流体抵抗を減らす仕組みを船底に取り込む時、サメの肌を一体ずつ削ぎ船底に貼り合わせることが現実的でないことは容易に想像できるだろう。自然界を利用すると聞くと、木材が軽く高強度

かつ断熱性が高いことから木材を建材へ利用したり、保温性や耐久性の高い毛皮を防寒具として利用したりすることを思い浮かべる読者もいるかもしれない。確かにこれらは、自然界の秀でた特徴を捉え我々の生活を豊かにしているが、自然界の資源（バイオマス）を利用した技術である。バイオマスを利用する場合には、生物多様性や持続可能性と向き合いながら我々の生活に取り入れる必要がある。バイオマスとは対照的に、本章では、生物や自然の構造、機能、システムを模倣して、持続可能で効率的な技術や製品を開発する手法である生物模倣（バイオミメティクス）について焦点を当て紹介をする。

第一節　自然から学ぶデザイン（光合成を例に）

　自然界の非常に優れた機能はすでに私たちに恩恵を与えてくれているが、いざこの機能を利用しようとした時、この複雑な相互作用を理解し模倣する必要がある。自然界は決して単純な機構で動いているわけではなく、多様な化学反応や物理現象等がミクロからマクロスケールに至るまで綿密に相互作用し合うことで、個や組織の中で調和し機能を発現している。

　植物の光合成を例にとる。光合成は、植物が太陽光をエネルギーに変換し、そのエネルギーを利用して水と二酸化炭素から酸素と糖を生成するプロセスである。葉にはクロロフィルという緑色の物質があり、これが太陽の光を捉える役割を果たす。光合成の反応の一つは、クロロフィルが太陽光を吸収し、そのエネルギーを利用して水分子を分解することである。この過程で酸素およびエネルギーが放出され、この酸素は私たちが日々呼吸するために必要な空気の一部となる。同時に、得られたエネルギーを使って、植物は取り込んだ二酸化炭素を糖に変換する。この糖は植物が成長するための栄養源として使われる。光合成によって生成される酸素と糖は、地球上の生命にとって非常に重要である。酸素はほとんどの生物が生存するために必要なものであり、糖は植物だけでなく、それを食べる動物や人間にとっても主要なエネルギー源となっている。

このように光合成は、地球上の生命を支える基本的なプロセスであり、植物が太陽エネルギーを生命活動に必要な形へと変換しているのである。光合成の一連の反応を人工的に再現するには、綿密な材料設計やプロセス制御、物質輸送などが必要になり現実的ではない。この複雑なプロセスは主に植物の葉内に存在する葉緑体と呼ばれる部分で行われ、その葉緑体の直径は5マイクロメートル程で実現しており、葉緑体という小さい工場が一枚の葉に無数に存在している。

　光合成のプロセスを人工的に利用することは、多くの科学的および技術的な課題を含む難しい作業である。全てのプロセスを完全に再現することは困難であることに違いはないが、要素技術に注目し、模倣することは人類の技術の発展とともにできはじめている。例えば光のエネルギーを使って水から酸素を作り出すプロセスや、二酸化炭素から有用な資源を創出する技術は、光合成の一部の反応だと言えるはずだ。酸化チタン（TiO_2）に光を照射すると、その光エネルギーによって水が水素と酸素に分解される現象が、1972年に本多健一先生と藤嶋昭先生から報告され、現在では、「本多・藤嶋効果」として広く知られている[1]。また有機・無機材料を用いた二酸化炭素の有用物質への変換が電気化学的方法で行われている。この技術では、再生可能エネルギーを活用して二酸化炭素を電気的に還元し、有用な化学物質に変換（固定）することが目的である。電極上に固定された触媒が、二酸化炭素分子を活性化し、メタノールやメタン、エタンなどの製品へと変換する役割を果たし、葉緑体の暗反応と類似の現象が得られている。さらなる普及には触媒の反応効率や選択性、耐久性の向上が必要であるが、これらの課題を克服することができれば、地球温暖化対策として、またエネルギー資源の生産としての大きな可能性を持つ技術である。

　上記のような分子レベルでの現象だけでなく、効率よく光を吸収するシステムをマクロな視点でも注目したい。植物の葉の重なりに注目すると、幹から出てくる葉が重ならないように成長している様子が見られる（図1）。植物の葉が重ならない配置は、植物が光合成を最大限に効率よ

第一部　ものづくりと情報

図1　植物の成長を斜め上から観察した様子

く行うための重要な戦略である。この現象は「葉序」と呼ばれ、植物の種類によって異なる特有のパターンが存在する。例えば、交互葉序、対生葉序などがある。これらの葉序は、各葉が太陽光をできるだけ多く受けられるように配置されている。葉が重ならないことで、一つ一つの葉が最大限の光を捉え、光合成を効率的に行うことができる。他にも、植物の葉には撥水性と防汚性の特性が備わっており、この特性は植物が効果的に光合成を行うために重要である。まず、葉の撥水性について説明する。多くの植物の葉は、表面に微細な突起やワックス層を持ち、水滴が簡単に滑り落ちるようになっている。ワックス処理が良く効いた車のフロントガラスの表面は雨が降っても視界が良好に保たれるのと同じように、葉の表面の撥水性により葉に付着した水滴が素早く除去されるため、光が葉の表面に均等に当たるようになる。防汚性も同様に重要である。葉の表面に汚れや微生物が付着すると、光合成に必要な光が遮られ光合成の効率が低下する。撥水性の高い表面は、汚れが水滴と一緒に流れ落ちるのを助ける。このため、葉は常に清潔な状態を保つことができ、光合成に必要な光を十分に受けることができる。車でいう洗車の効果である。葉の一つに注目しても、学ぶことは多岐にわたる。

　自然の仕組みに様々な視点で目を向け、現象を理解することで、自然

界が現代まで繋いできた持続可能な仕組みはより良い未来を築くための礎になるに違いない。我々が対象とするのはただの自然ではなく、何億年も生命を繋いできた生え抜き選手である。それゆえ、多様なスケールで複雑に相互作用（共生）しているため、パッと理解するのは難しいかもしれないが、自然の仕組みを人類の技術として取り入れるには、「気づき」が重要だと考える。自然にインスパイアーされるには、自然を注視しよく理解する、もしくは理解するために努力することが必要である。小学校〜高校での理科の授業にヒントが隠れていることも多い。その仕組みを学び、何かに利用できるのではないかと考える訓練を日々続けることで、目の前に突然現れた気づきにも対処できるだろう。

第二節　自然界の構造・機能に魅了される

2.1　構造が色を持つ

　自然界には数々の美しい色が存在し、その多くは日常生活で目にすることができる。例えば、秋の紅葉は鮮やかな赤や黄色に染まり、見る者を魅了する。また、春にはさまざまな花が競うように咲き誇り、彩り豊かな景色を提供する。これらの自然の色は、生物が生き残るために環境に適応してきた結果として発展してきたもので、人々の心に安らぎや喜びを与えてくれる。

　自然界には色素以外に色を持つ仕組みがあり、その一例が構造色である[2]。構造色とは、物質が持つ化学的な色素ではなく、物質の微細な構造によって光が反射・屈折・干渉されることで見える色である。人工物ではコンパクトディスク（CD）の裏面が七色に光るように、この現象は自然界でも広く見られ、特にオパールや蝶、孔雀の羽などで構造色の美しさが際立っている。

　オパールは、見る角度によって変わる鮮やかな虹色が特徴的である。オパールの構造色は、その内部に存在するシリカ（二酸化ケイ素、SiO_2）のナノ粒子が規則的に配列することに起因する。これらのナノ粒子は光の干渉と回折の原理を利用して特定の波長の光を強調し、他の波長を打

ち消すことによって、見る角度により異なる色が現れる現象を引き起こす。オパールはシリカで構成される小さな球体が密集して配列された構造を持っており、これらのナノ粒子は 150 から 350 ナノメートルの非常に均一な大きさである。光がオパールの表面に当たると、内部のシリカ球体によって散乱されるが、このとき、入射する光の波長と球体の間隔が一致すると、光の波が増強される現象(ブラッグの法則)が起きる。オパールを異なる角度から見ると色が変わるのは、規則配列した結晶の向きが内部で異なり、観察する角度によって反射する光の経路が変わるためである。人工的に建てた看板の中には太陽光で色褪せて本来の忠告の能力を失った注意書きがあるが、オパールのような構造で発する色は褪色に強いため、このような構造色で書かれた看板は長く我々の安全を守ってくれるかもしれない。

　蝶の翅の色も構造色の一例であり、アゲハチョウやモルフォチョウに見られる鮮やかな色は、色素によるものではなく、翅を構成する鱗粉の表面に存在する微細なスケールの特殊な構造が光を干渉させることで生じる。蝶の鱗粉による構造色は、オパールと同じく光の干渉、反射、回折に関連しているが、その構造的特徴と反射メカニズムには違いがある。蝶の翅の鱗粉は非常に精密かつ複雑なナノ構造を持ち(図2)、これが特定の色を反射する仕組みである。これらのナノ構造が光と相互作用し、ナノ構造の周期に対応した特定の波長の光のみを強く反射することで鮮やかな色が生まれる。また、光を反射する波長の条件は周囲の環境でも変化する。通常、我々が目にする鱗粉の色は、鱗粉の構成物質と空気との間で起こる反射である。では、綺麗な青色を示すことで知られるオオルリアゲハの鱗粉にエタノールをかけるとどうなるだろうか。答えは、鱗粉の色が青色から緑色へ変化する、である。チョウの鱗粉にエタノールを与えると色が変わる現象は、エタノールが鱗粉内の空洞やナノ構造に浸透し、その屈折率を変化させることが主な原因である。鱗粉の層(通常は空気とキチン質)は特定の間隔で配置されているため、特定の波長の光のみが干渉によって強化され、観察される色を生み出す。一

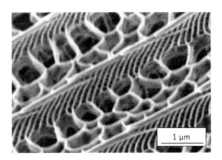

図2 蝶の鱗粉に見られる規則的な構造

方、エタノールは空気よりも屈折率が高いため、鱗粉に浸透すると鱗粉内部の屈折率が変化し、光の干渉条件が変わる。エタノールの屈折率は約 1.36 で空気の屈折率は約 1.00 であり、エタノールが鱗粉に浸透すると、鱗粉内の屈折率が変わるため、元々反射されていた波長、つまり色が変化する。このような色変化は、自然界で日常的に見られるものではないが、周囲の環境によって変化する特性は、エタノールやアセトン、有害なガスなどの環境センシングへの応用を期待させる。

2.2 撥水とナノ構造

蓮の葉（図3）は自然界で撥水性が高い表面の一つであり、その表面は非常に精巧な微細構造で覆われている。この構造により、水滴は葉の表面に触れることなく、まるで小さな水銀のように葉の上を転がる。この現象は「ロータス効果」として知られ、水滴が葉から汚れを持ち去るため、蓮の葉は常に清潔に保たれる。ナノ構造が撥水性に与える影響は、物理学と化学に基づいて理解することができる[3]。

水滴は空中や油中で球体構造をとるが、これは空気や油が水と馴染まずに、水の表面張力により球体構造をとるためである。ガラスなどの固体表面では、水滴の形状は固体表面の特徴に依存する。例えば、よく磨かれたガラスの上では、水とよく馴染む性質（親水性）を示し、水膜を張るようによく濡れ広がる。一方、表面が汚れてくるとガラス表面は水

図3 蓮の葉
長野県善光寺蓮池にて撮影

を嫌う性質（疎水性）を示し、水はガラスの上で濡れ広がるのをやめ、水滴形状をとるようになる。

　さらに、基板表面に凹凸構造がある場合を考えてみる。撥水性の材料で構成される基板が凹凸構造を有していると、基板表面の凸部は水滴と接しているが、凹部と水滴の間には空気の層が残り、水滴は主にこの空気層と接触していることになる（カッシー－バクスター（Cassie-Baxter）モデルと呼ばれる）。この空気が水滴と表面の間に介在することで、水滴は直接表面に触れることなく、ほとんど空気のみと接触している。この基板と水の間にある空気層が水の接触角を劇的に高め、水滴が簡単に滑り落ちる要因となる。この効果によって、表面にある突起や溝が微細であるほど、これらの構造が水滴の接触面積をさらに減少させ、結果として水滴が球形に近い形を保ちやすくなる（超撥水）。蓮の葉では、ナノスケールの微細構造があるため、特に水を弾く効果が顕著である。このロータス効果は、ヨーグルトの蓋に活用されている。市販されている一部のヨーグルトのフタには「TOYAL LOTUS®」という撥水性を有する包装材料が使われており、蓋の裏にヨーグルトが残らない工夫が施されている。

第三節　実社会で活躍するバイオミメティクス

　生物模倣技術（バイオミメティクス）は、自然界の生物やシステムから着想を得て、技術や製品に応用する分野である。このアプローチは、持続可能で効率的な解決策を我々に与えてくれるため、多岐にわたる分野で採用されている。例えば、蜂の巣に見られるハニカム構造は軽量化と強靱化の両方を兼ね備えた建造物等への応用の代表的な例である。本節では実用化されている生物模倣のいくつかの具体的な例を紹介する。

3.1　面ファスナー

　面ファスナー（日本ではマジックテープ、海外ではベルクロの商標で知られる）は、スイス人のジョルジュ・デ・メストラル（George de Mestral）によって 1950 年代に発明された。彼は散歩中に犬の毛に付着したアカネ科の植物の果実（ゴボウの実）を観察し、このアイデアを得た。ゴボウの種の表面には多くの小さなフック構造があり、これが動物の毛や衣服に引っかかることで種の拡散が助けられる仕組みである。

　面ファスナーはフックとループから構成される「留め具」として広く使用されている。フック部分はゴボウの種のフックを模倣しており、柔らかいループ部分に引っかかって固定する。このシンプルな機構は、衣服、靴、医療用バンド、さまざまな日用品で採用されており、素早く確実に物同士を結合させたり分離させたりできる利点がある。特に、衣服の留め具としては、ボタンやジッパーに代わる便利な手段として、子供服やスポーツウェアに多用されている。面ファスナーの開発以来、その使用法は多岐にわたり、日常生活の多くの面で役立っている。

3.2　親水とナノ構造

　カタツムリの表面は、特有の防汚特性を持っている[4]。これはカタツムリの殻や皮膚に見られる独特の凹凸構造と濡れ性の性質によるものである。前節で紹介した撥水効果は、基板材料が疎水性材料で構成される場合に生じる。一方、親水性材料と凹凸構造を組み合わせた場合、逆の効

果、つまりよく水と馴染む効果を示すようになる。

　カタツムリの殻は炭酸カルシウム（石灰石）と有機物の混合体で構成されており、この素材は水との馴染みが良く、さらにその表面はマイクロ・ナノスケースの微細な凹凸構造が存在するため、水との馴染みやすさはさらに増すこととなる。そのため、カタツムリの殻の表面は十分な親水性を示し、表面に薄い水の膜が張り常に湿っている状態になる。油やほこりなどの汚れがカタツムリの殻の表面に着いたとしても、実際にはこの薄い水膜の上に付着するため、雨などで簡単に汚れが落ちる。これにより、砂埃が舞うような汚れやすい環境でも汚れずに綺麗な状態を保っている。実際に、宮城県仙台第一高等学校の生徒は、生きたカタツムリの殻をマジックペンで汚した後、水をかけ少し擦るだけで、ペンの跡が綺麗になくなっていることを実証してくれた。カタツムリの殻が、通常容易には落ちない油性ペンの汚れも落とすことは、カタツムリにとっても、人間社会にとっても有用なことである。このカタツムリの防汚特性を持つ外壁材が、すでに建材メーカーによって開発・実用化されている。

第四節　研究レベルでの応用例

　工業応用には至っていないが、生物の優れた特徴を我々の役に立てようとする研究はいくつも試みられている。自然には無限の可能性が秘められているだけに、アイデアもその分無限大である。本節では、生物模倣に関する研究例についていくつか紹介したい。

4.1　海中で接着する貝

　海中で接着する貝がいる。これらの貝類は、水中で極めて強固な接着力を発揮する接着剤を生成し、彼らが潮流から身を守るために重要な役割を果たしている。特に、ムラサキイガイなどの種では、足の部分から特殊なタンパク質を含む接着剤が分泌される[5]。この接着剤は、周囲の岩や他の硬い表面に貝を固定するために用いられる。

第一章　自然の魅力をものづくりへ

図4　岩盤に接着した二枚貝
山形県鶴岡市海岸で撮影

　海中で接着するムール貝の接着剤は、その化学構造と機能において特徴的な特性を持ち、特に、L-ジヒドロキシフェニルアラニン（L-DOPA）というチロシン誘導体の存在がこれらの接着剤の水中での接着力を高める鍵となっている。L-DOPAにあるカテコール構造は水中でも強固な接着性を発揮するため、パイプラインや船底、岩、他の貝殻の上など、多様な表面に強く結合することができる。時には、海水の汲み上げや船の輸送の効率を悪くする海洋付着生物ではあるが、食事としていただく以外にも、海中で接着する貝からヒントを得ることで、人類への思わぬ利点がありそうだ。ムール貝と同様にカテコール基を豊富に含んだ接着剤は、体内のような濡れた環境でも接着する特性を有する[6]。出血が出ていても接着機能は保たれるため、止血効果もあるのが特徴的である。他にも、薬剤を送達する機能や接着剥離機能といった様々な機構を取り入れることで、生物模倣接着剤はより活躍の場を広げてくれるに違いない。近年では、ムール貝が岩盤から剥がれる仕組みも注目され始め[7]、ムール貝の剥離機構に着想を得た新たな材料が出てくることも期待される。また、岩盤に接着する生物は多様に存在する。フジツボやイソギンチャク、ヤツメウナギなど、彼らにはどのような接着機構が働いているのだろうか。海洋付着生物への興味はムール貝にとどまらない。

4.2 強靭な貝殻の秘密

貝殻の強靭性は、その独特なナノスケールの積層構造によって生まれている[8]。貝殻の構造は、厚さ数百ナノメートルの非常に薄い板状の炭酸カルシウムの結晶が密に重なり合って形成されており、これらの板はタンパク質によって接合されている（図5）。この複合構造により、貝殻は高い硬度と同時に、衝撃に対する耐性も持ち合わせている。補足すると、アワビの内側は綺麗な虹色を帯びており、これはアワビの殻を構成するサイズの揃った薄い板が示す構造色（第二節）によるものである。研究レベルでは、この貝殻のナノスケール積層構造を模倣した新しい材料の開発が進められている[9]。研究者らは、貝殻の強靭性をもたらす自然の設計原理を理解し、それを基に人工的な材料に応用しようと、ガラスとポリマーを組み合わせた複合材料を作製し、規則的な積層構造が材料の強度を向上させることを実証してみせた。

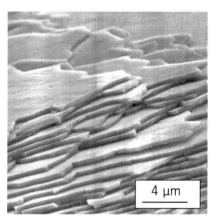

図5　積層構造を有するアワビの殻
電子顕微鏡を用いて撮影

4.3 棘と微細構造

　自然界における針は、防御や捕食の手段として進化してきた。特にヤマアラシの棘、蜂の針、蚊の吸血管は、それぞれ独自の機能と特性を持ち、これらの構造から着想を得た技術が医療などの分野で注目されている。ヤマアラシの棘は、その防御機能が最もよく知られている（図6）。ヤマアラシの棘は実際には変形した毛であり、非常に硬くて鋭い。棘の表面には微細な鱗片が存在し、これが敵に対する防御時に棘が皮膚に深く刺さりやすくなるように作用する。また、ヤマアラシの棘は自身が捕食者に襲われた際には容易に体から抜け落ちるようになっており、敵を撒くための時間を稼ぐことができる。ハチの針は、その攻撃と防御の機能で知られているが、特にその微細構造には興味深い特徴がある。ハチの針は二重構造で、外側の鞘が刺入を助け、内側の針がその後の毒液注入を可能にする。針の表面は微細な溝が刻まれており、これが皮膚に容易に滑り込むように助ける。蚊の吸血管は、非常に洗練された構造をしている。複数の小さな針から成り立つ吸血管（口吻）は、口吻内に麻酔剤を含む唾液を送り込むチューブがあり、これが血を吸っていることを悟られないようにしている。

　これらの自然界の棘や針の構造は、薬剤送達技術において大きな期待が寄せられている。一般の注射針よりも微小な針構造を有する「マイク

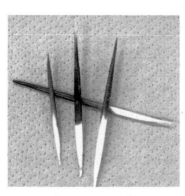

図6　ヤマアラシのトゲ

ロニードル」は、薬物を皮膚の下へ直接、無痛で効率的に届けるために開発された。この針は通常の注射針よりも十分細く短いため、痛覚を刺激することなく、皮下組織へ針先端が到達し、体内へ薬剤を送達することを可能にする。例えば、ヤマアラシの棘からヒントを得たマイクロニードルは、返し構造を導入することで抜けにくくし、長時間の安定的な薬剤投与を可能にする[10]。このような複雑な針の微細加工技術は、数十年前では実現が難しかったかもしれないが、テクノロジーの発展に伴い、現代で初めて可能になった技術である（この研究例では3Dプリンターを駆使している）。マイクロニードルを使った技術は、注射時の痛みが大幅に軽減され、特に小児や針を恐れる患者にとっての利益が大きい。また、マイクロニードルのパッチは使用が簡単で、患者自身が自宅で使用することができる。これにより、定期的な医療機関への訪問が不要となり、患者の生活の質（Quality of Life、QOL）の向上に貢献する。

第五節　生物模倣の挑戦

　筆者も自然界に魅了され、科学との融合を試みる研究者の一人である。筆者の中で自然と科学が初めて繋がったのは、鶴岡工業高等専門学校に在籍時、数学担当の佐藤修一先生から、自然と数学の関係、特にフィボナッチ数列が自然界の至る所に関わっていることを教えていただいた時だと記憶している。数列を教わる授業の何気ない一場面であったが、身の回りの自然界も注意して観察することの重要性に気付かされた瞬間であった。佐藤先生が執筆した『自然にひそむ数学』という本が20年以上前に出ているので、ぜひ読者にもご一読いただき、自然と科学の繋がりを体感いただきたい[11]。

　鶴岡工業高等専門学校では、5年生から卒業研究として研究に携わることができる。私は、物質工学科という化学を専攻する学科に在籍していたため、化学や生物を教わる過程でタンパク質の複雑な構造に興味を抱いた。と言っても、残念ながら生物の実験や研究には興味が湧かなかったため、タンパク質を模倣する複雑な構造が自分の手で作れないの

か、というところに関心を寄せた。アミノ酸が連なってできたタンパク質は複雑な構造を取り、特異性や触媒作用といった機能を示す。一方で人工物であるプラスチックは、同様に多数の分子が連なった構造をとるが、タンパク質のような特異性や触媒作用といった機能はなかなか再現できない。通常、ポリマー（高分子）を合成する際に、構成要素となるモノマー（ポリスチレンでいうスチレン）を反応させると、途端に反応が進行し、長さが不揃いのポリマーができる。人工物をタンパク質へ近づけるべく、ポリマーを一分子ずつ反応するような精密重合法に関する研究を卒業研究としたが、タンパク質の構造とは程遠く、体内で起こる生合成の複雑さをより痛感した。

本節では、筆者が大学進学後に挑戦してきた生物模倣技術についていくつか紹介したい。

5.1 魚の鱗に学ぶ泡を弾く技術

水中での気泡の付着は、マイクロフルイディクス、医療機器、熱交換器などの機器が機能不全に陥る原因の一つである。特にマイクロフルイディクス装置では、通常の流体の毛管長よりも狭いチャンネルが使用されているため、気泡の形成と付着が液体の非効率な輸送を引き起こす。また、医療用チューブ内の気泡の汚染は致命的な症状を引き起こす可能性があるため、これらの気泡は直ちに除去されるべきである。そのため、泡がチューブ内に付着しない撥気泡性表面の需要が高まっている。

魚の鱗は水中で油や気泡を強く退ける性質を有しており、これは、鱗表面の親水性と表面の微細構造に起因する。筆者らは、チューブの内部に微細構造を有する親水性のポリマーフィルムを作製し、泡のつかないチューブの作製方法を提案した[12]。チューブの内部に微細構造を作製することは容易ではない。通常、微細構造を作製するには、シリコンウェハーのような真っ平な基板の上に感光性樹脂を塗布、局所的な光照射といった多段階のプロセス（フォトリソグラフィー）が必要となる。曲面やチューブ内ではフォトリソグラフィー技術を適用することができな

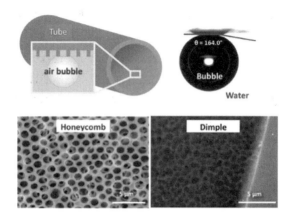

図7　チューブ内への微細構造の導入と撥気泡特性 [12]

い。そこで筆者らは、結露した微小水滴を鋳型とした自己組織化技術による微細構造の作製に注目した。疎水性ポリマー含有有機溶媒を高湿度条件下に曝すことで、気化に伴うポリマー溶液の冷却により、空気中の水分がポリマー溶液表面に結露し始め、微小水滴が発生する。この微小水滴は綺麗にパッキングしハニカム構造を形成する。最終的に有機溶媒や鋳型の水滴は蒸発し、有機溶媒中に溶けていた有機溶媒がハニカム構造を有して残るため、微細構造を簡単に作製することができる。この研究では、ポリマー溶液をチューブ内に塗布し、そこに湿った空気を吹き込むことにより内部に微細構造を導入することに成功した。作製した微細構造材料に親水処理やさらなる微細加工処理を施すことで、チューブ内超撥気泡性表面を形成できることを実証した。この技術は、チューブ、医療機器、熱交換器などの内部表面に撥気泡性材料を生産する方法として広範な応用が期待される。

5.2　ウツボカズラの防汚機能

微生物の活動は、人間の健康や産業設備の安全性と品質に悪影響を与える。産業用パイプ、医療用チューブ、船の底などの表面に微生物が付

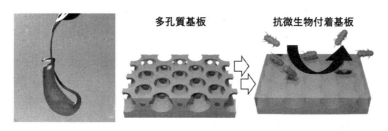

図8 (左) 筆者の研究室で育てているウツボカズラ
(右) ウツボカズラにヒントを得た抗微生物付着基板の概要図[14]

着し、微生物の集合住宅であるバイオフィルムを形成する。このバイオフィルムは比較的頑丈な集合体であり、微生物を物理的ストレスや薬剤から保護する。結果として、バイオフィルム内で微生物は容易に増殖し、医療現場での大規模な感染、虫歯、食品汚染、金属の腐食、船のエネルギー効率の低下など、多くの問題を引き起こす。

バイオフィルムの形成を防ぐ最も効果的な方法は、初期の基板への微生物付着を妨げることである。従来のバイオフィルム予防策としては、トリブチル錫などの有毒化学物質が微生物の付着を防ぐ表面コーティング材として船の塗料として使用されていた。しかし、これらの薬剤の使用は、かなりの環境損傷を引き起こすため、全世界的に制限されている。したがって、人間の健康と環境を守るために、非毒性の防汚技術を用いる新しいアプローチが必要である。

自然界では、熱帯性食虫植物であるウツボカズラの内皮が、獲物を効果的に捕捉しツルツルと滑る表面を実現している。ウツボカズラの内壁には多孔性構造があり、薄い水層を保持させることで潤滑特性を実現している(カタツムリと似た機能である)。これにより、甘い匂いに誘われてウツボカズラの消化液中に誘い込まれた昆虫は、二度と外に出られなくなる。ウツボカズラのように液相を有する多孔性潤滑表面(SLIPS)を作製する研究が進められており、多孔質構造と油層を組み合わせることでウツボカズラに類似した機能が得られることが期待される[13]。

そこで筆者らは、前節の自己組織化現象による微細構造作製技術を用

いて抗微生物付着基板の作製を試みた。この研究では、作製した疎水性多孔質膜の上に、油を塗布することで薄い油膜を膜上に作製することに成功した。この膜上では、水滴はとどまることはできず、わずかに基板を傾けただけで水滴が転がり落ちる様子が確認された。さらに、油膜を張った本フィルムでは、大腸菌（E. coli）や枯草菌（B. subtilis）の付着を抑制した。この抑制能は、バイオフィルム形成抑制素材としてよく利用されるフッ素樹脂（PTFE）よりも高効率で、基板への微生物の付着を、従来と比較して90パーセント程度抑制した。これらの結果は、生物模倣基板が有毒な化合物を使用せずに、人間の健康と環境の安全を保証できる効果的な防汚基材として開発される可能性を示唆している。

5.3 血液から学んだ触媒

水素燃料電池は次世代のエネルギーデバイスとして注目されており、その理由は高いエネルギー効率と環境への優しさにある。燃料電池は水素と酸素を反応させて電気を生成し、その過程で排出されるのは水のみである。これにより、化石燃料の燃焼によるCO_2排出を削減できる。さらに、水素は再生可能エネルギーから生成可能であり、持続可能なエネルギーシステムの一部となり得る。加えて、燃料電池は高いエネルギー密度を持ち、車両や固定式電力供給においても実用的である。一方で、水素燃料電池の持続可能性には課題があり、特に主要な問題は電極での白金の使用に関連している。白金は高価で希少な貴金属である一方で、燃料電池の性能を上げるために大量に使われるため、燃料電池のコストを押し上げている。それゆえに、燃料電池を使った車などの普及の障害となっている。また、白金の埋蔵量にも限りがあるため、持続可能性の観点からも問題である。これらの課題を克服するために、白金代替触媒の開発が進められている。

白金に代わる触媒として、鉄、コバルト、窒素、硫黄などを混ぜ込んだカーボン材料が注目されている。その一般的な作製方法は、炭素材料を主体としてこれらの原料を混ぜ、窒素などの不活性雰囲気下で焼くこ

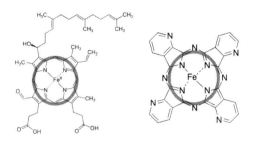

図9 （左）ヘムの分子構造 （右）設計した触媒の分子構造

とであるが、多くの場合800℃を超える温度で加熱する必要があるため、焼成にかかるコストや量産性に課題が残る。そこで、分子レベルで白金に代わる触媒を設計し、安価で大量に作れる方法がないか模索した。

筆者は、我々の体に存在する血液に注目した。血液は全身へ酸素を運搬する役割を担っているが、これはヘモグロビンというタンパク質の中のヘムという小さい分子が関わっている。ヘム分子の中心部には鉄イオンがありそれを囲うように4つの窒素原子が並んでいる（図9左）。この構造は酸素と鉄の結合能を高め、効率よく全身に酸素を運搬しているのである。ただ、ヘムを直接使う方法（バイオマス）では、血液の確保やヘム分子の取り出しに多大なコストを要するため、持続可能性がない。そこで、ヘムに類似した分子である鉄フタロシアニンに注目した[15]。鉄フタロシアニンも同様に中心部に鉄イオンがありそれを囲うように4つの窒素原子が並んでいる。フタロシアニンは新幹線の塗料に使われるように、安定で量産が可能だ。筆者らは、鉄フタロシアニンにさらなる工夫を組み込んだ鉄アザフタロシアニン（FeAzPc）を合成し、触媒性能を調べた（図9右）。水素燃料電池の条件とは少し異なるアルカリ条件下ではあるが、本生物模倣触媒は白金以上の性能を示し、高い触媒活性を示すことが明らかとなった。ヘモグロビンの開発者である自然は、ヘモグロビンの酸素運搬能が燃料電池の触媒に利用され、さらには高い触媒作用を示すとは思っていなかったに違いない。筆者らのグループは、この技

術をさらに広めるべく 2019 年 7 月に東北大学発ベンチャー企業を設立し、実用化に挑戦している。

　筆者らは、この優れた触媒特性を有する分子を他のエネルギーデバイスへの応用も検討した[16]。注目したのは微生物燃料電池である。微生物燃料電池は、廃水中の有機廃棄物を電気に変換するための持続可能な解決策として期待されている。微生物燃料電池の発電は、有機物を分解し電子や電子供給源を放出する菌（発電菌と呼ばれる）が片方の電極で電子を放出し、その電子が回路を通ってもう一方の電極上で空気中の酸素と反応し電流を生成する仕組みである。微生物燃料電池はエネルギーデバイスとしては有望である一方で、低い電力密度が課題の一つである。微生物燃料電池の性能を向上するために、研究レベルでは白金がよく用いられるが、やはりコストなどの面で課題が発生する。筆者らが開発した非白金触媒である鉄アザフタロシアニンは、微生物燃料電池に組み込むと 1 平方メートルあたり 1.54 ワットの電力密度を記録し、これは白金触媒より 27 パーセント優れていた。この研究は、微生物燃料電池の応用に向けて、高価な白金電極触媒に対する優れた代替触媒としての可能性を示している。

おわりに　生物模倣の未来

　生物模倣において、生物からヒントを得ることは極めて重要である。一方で、自然界の発展は人類の発展に比べて非常に緩やかである。そのため、いつか自然界の中に潜む「気づき」が枯渇するのではないかと心配になる。しかし、実際にはそのようなことはおそらくなく、人類の発展に伴い、自然界をより深く分析・理解する技術も進化していく。その結果、新たな「気づき」に出会えるはずである。偶然出会った「気づき」を見逃さないためには、スマートフォンの画面を閉じ、自然と深く対話することが必要である。筆者は、日常生活の中で自然に目を向け、多様な視点から自然界の些細な特徴に気づくことが、未来の技術革新につながる重要なステップとなると期待している。

第一章　自然の魅力をものづくりへ

注

1) Fujishima, A., Honda, K. (1972). "Electrochemical photolysis of water at a semiconductor electrode," *Nature*, 238 (5358), 37-38.
2) Vukusic, P., Sambles, J. R. (2003). "Photonic structures in biology," *Nature*, 424 (6950), 852-855.
3) Patankar, N. A. (2004). "Mimicking the lotus effect: influence of double roughness structures and slender pillars," *Langmuir*, 20 (19), 8209-8213.
4) Nishimoto, S., Bhushan, B. (2013). "Bioinspired self-cleaning surfaces with superhydrophobicity, superoleophobicity, and superhydrophilicity," *RSC Advances*, 3 (3), 671-690.
5) Lee, H., Scherer, N. F., Messersmith, P. B. (2006). "Single-molecule mechanics of mussel adhesion," *Proceedings of the National Academy of Sciences*, 103 (35), 12999-13003.
6) Sivasundarampillai, J., et al. (2023). "A strong quick-release biointerface in mussels mediated by serotonergic cilia-based adhesion," *Science*, 382 (6672), 829-834.
7) Ryu, J. H., Lee, Y., Kong, W. H., Kim, T. G., Park, T. G., Lee, H. (2011). "Catechol-functionalized chitosan/pluronic hydrogels for tissue adhesives and hemostatic materials," *Biomacromolecules*, 12 (7), 2653-2659.
8) Smith, B. L., et al., (1999). "Molecular mechanistic origin of the toughness of natural adhesives, fibres and composites," *Nature*, 399 (6738), 761-763.
9) Amini, A., Khavari, A., Barthelat, F., Ehrlicher, A. J. (2021). "Centrifugation and index matching yield a strong and transparent bioinspired nacreous composite," *Science*, 373 (6560), 1229-1234.
10) Han, D., Morde, et al. (2020). "4D printing of a bioinspired microneedle array with backward-facing barbs for enhanced tissue adhesion," *Advanced Functional Materials*, 30 (11), 1909197.
11) 佐藤修一『自然にひそむ数学——自然と数学の不思議な関係』、講談社、1998
12) Kamei, J., Abe, H., Yabu, H. (2017). "Biomimetic bubble-repellent tubes: Microdimple arrays enhance repellency of bubbles inside of tubes," *Langmuir*, 33 (2), 585-590.
13) Wong, T. S., Kang, S. H., Tang, S. K., Smythe, E. J., Hatton, B. D., Grinthal, A., Aizenberg, J. (2011). "Bioinspired self-repairing slippery surfaces with pressure-stable omniphobicity," *Nature*, 477 (7365), 443-447.
14) Shimura, R., Abe, H., Yabu, H., Chien, M. F., Inoue, C. (2021). "Biomimetic antibiofouling oil infused honeycomb films fabricated using breath figures," *Polymer Journal*, 53 (6), 713-717.
15) Abe, Hiroya, et al. (2019). "Fe azaphthalocyanine unimolecular layers (Fe AzULs) on carbon nanotubes for realizing highly active oxygen reduction reaction (ORR) catalytic electrodes," *NPG Asia Materials*, 11 (1), 57.
16) Nyangau, E. O., Abe, H., Nakayasu, Y., Umetsu, M., Watanabe, M., Tada, C. (2023). "Iron azaphthalocyanine electrocatalysts for enhancing oxygen reduction reactions under neutral conditions and power density in microbial fuel cells," *Bioresource Technology Reports*, 23, 101565.

第二章　総合知と感性に基づいたものづくりの提案

坂井　信之

はじめに

　「新プロジェクトX」というNHKの番組が2024年4月から放送されている。前身は2000年から2005年まで放送されていた「プロジェクトX～挑戦者たち～」という番組で、「新」はこの流れを継ぐものである。「プロジェクトX」も「新プロジェクトX」も、自動車や電気製品など、ものづくりが得意だった在りし日の日本を振り返る内容が多いことが特徴である。筆者は、この番組を見ると、「世界初」の技術を日本人が次々と開発していったように見え誇らしい気持ちになる一方、現状の日本のものづくりの状況に少し物足りなさを感じてしまう。筆者は日本経済の黄金期に思春期だったためか、日本製品がいかに優れ世界を席巻していたかということを目の当たりにしてきた。自動車、家電、パソコンなどは日本製品が世界中で使われていた。しかし、今の大学生はそのような黄金期については実感がないらしい。自動車はEVが主流になったが、ニュースになるのはアメリカのあるメーカーやコストパフォーマンスが良い中国の諸メーカーの製品である。家電は、世界中でのシェアを落としており、そもそも黄金期を支えたメーカーそのものがなくなりつつある。パソコンに至っては、大学生がプライベートで使うものに日本製品はほとんどない。

　このような悲観的な見方には、もちろん異論があるに違いない。それでも自動車は生産や輸出は伸びている、半導体電子部品などでは今でも世界的に評価が高い、など。しかしながら、ガラケー、録画用ビデオ（VHSやベータ）など日本が主導してきたものがなくなり、スマホやデジタル家電など、海外のアイデア商品に取って代わられているのは事実で

ある。これは世界的な話ではなく、日本国内でも同じ状況である。

　本章ではこのような事態に対応するためのアイデアを提供したい。なぜ日本製品は魅力的でなくなったのか？なぜメーカーはそのことに対処できないか？日本は理系の知識と技術は進んでいるはずなのに、何が足りないのか？これらに対する答えのキーワードは「総合知」と「感性」である。

　そこで、この章では「理系・文系」という従来の二分法の話題から始め、その解決策として「総合知」や「感性」を導入する。最後にこれらの知識を「ものづくり」へ応用することで社会の諸課題への対応を例示していく。

第一節　理系・文系という分類にはどのような意味があるか？
1.1　理系・文系の二分法

　すでに別のところ（坂井、2018）でも論じたが、そもそも学問を理系・文系の二つに分けることに学問上の意味はない。それでも、高校生や大学受験生はともかく、大人でさえもこの二分法を主張することが多い。たとえば医療を受けるときのインフォームド・コンセントのときに「自分は文系でわからないので任せる」あるいは博物館の歴史展示に興味を示さず、「自分は理系なので習ってこなかった」などの発言を耳にしたことはないだろうか？海外でも受験などの試験科目上、自然科学、社会科学、人文学などの区別はあるが、それらを社会人になっても引き続き主張することはあまり見られない。筆者の所属する自然科学領域の学会でも、その会場にたとえばアルハンブラ宮殿の見学ツアーを組み込み、皆が嬉々として参加し、歴史について議論するという場面もよく経験する。

　では理系・文系という二分法はいつからあるのだろうか？学問体系の歴史を綿密に調べた隠岐（2018）は、次のように述べている。西洋ではそもそも自然科学と人文科学という分けかたではなく、上級学部（専門課程）と下級学部（学芸課程）に分かれており、自然科学、社会科学、人文科学という区別が大学の教授科目として確立するのは20世紀初頭に

なってからであり、さらにこれらの学問体系を人文社会系と理工医系に大別する傾向がみられるようになったのは1960年代以降になってからである。たとえば19世紀初頭のベルリン大学では自然科学の教育において哲学を中心とする人格陶冶が重視されていた。一方で、人間を自然から引き離し客観的な世界観を採用する立場（理系的）と人間中心の世界観を採用する立場（文系）は世界的にもみられる学問体系であるとも隠岐は述べている。しかしながら、両者にまたがる経済学や医学などの学問もあり、簡単に二分することは難しいとも述べている。

その一方で、日本では明治期（19世紀後半）からすでに文系と理系の区別がはじまったとも述べている。たとえば1918年の第2次高等学校令では第8条に「高等学校高等科ヲ分カチテ文科及理科トス」という文言がみられるという。その後、戦争、戦後の復興という時代の流れで、日本では理系重視の態度が広まるようになったことは我々も理解できる。

このようにみると、理系・文系の二分法は学問体系の機能的区分というよりは人間の姿勢に基づくものと言えるかもしれない。さらに二分法には以下に示すような心理学的なメリットが期待されるように筆者には思える。このメリットは大きく分けると以下の二つが考えられる。

1.2 言い訳を提供する

人間は生まれ持った才能を持っている。大谷翔平のようなとびきり優れたものではないかもしれないが、誰しもそれぞれの才能を持っている。たとえば物事を覚えることが得意、覚えることは不得意だが論理的に考えることが得意、物事を細かく考えるのが得意、他人とコミュニケーションを取ることが得意などの才能である。さらに、それらの才能はその人の興味と相互作用を示し、我々の能力はさらに細分化される。たとえば覚えることが得意な人でも、顔を覚えるのが得意、ものの名前を覚えるのが得意、空間を覚えるのが得意などその対象は人によって異なる。

これらの才能は義務教育から始まる勉強で強く実感される。たとえば

理科の実験などで論理的に考えることは得意だが、英語の単語や歴史の年号を覚えるのは不得意な子どももいるだろう。この時、自己防衛機制として、「自分は理系だから、文系科目が苦手でも仕方がない」と前向きに才能を捉えることで、自己を卑下しなくても済む。あるいはたまたま理科の試験の前日に試験勉強が満足にできなかった時に、「自分は文系だから、理科の試験点数は低いかもしれない」と自己弁護（セルフ・ハンディキャッピング）をすることがあるかもしれない。いずれの場合も、失敗した場合に自尊心を損なわずに済むという気持ちになることで、自尊心を防衛している。現代のように、失敗が多かったり、自分より優れた人を多く見聞きする社会では、これらの自己防衛機制は重要であろう。

　これらの心理的な経験を経ることで、子どもたちは理系・文系という区別を言い訳として使うメリットを実感する。最初は単なる言い訳であったものが、自己成就予言のような形で、その人の才能を縛ってしまい、理系・文系というラベルが固定化するのかもしれない。

1.3　選択の満足感を上げる

　選択することは満足感を高める。たとえば元が取れないと分かっていても、色々なメニューから選んで食べたいという気持ちのため、バイキング料理店へ通う人が多い。選択できるということは自由があるということであり、人は選択したいという欲求を生まれつき持っている。

　『選択の科学』というベストセラー書籍の著者であるシーナ・アイエンガーらは次のような研究をおこない、選択することの利点に関する研究をおこなった。実験参加者がヨーグルトを味見する際に、ヨーグルトを自分で選択し、それを食べておいしさの評価をおこなった場合は、実験者が予め決めて与えたヨーグルトを味見した場合に比べて、よりおいしいと評定した。選択することでおいしさが高まるのは、認知的不協和によって説明できる。認知的不協和というのは、自分の信念（これまでの人生観など）と結果が互いに矛盾する場合、結果を自分の信念に合うように無自覚に歪めるという現象を指す。つまり、選択したヨーグルトを

食べる場合、いくつかある中からこのヨーグルトを自分が選択したのだからおいしいに違いないという信念が生じる。食べた結果、そのヨーグルトがおいしくなかった場合、信念と結果の間に矛盾が生じる。そのため、認知的不協和によって、ヨーグルトのおいしさが変化させられて（＝よりおいしく感じられて）しまう。

　アイエンガーらはさらにこの研究を展開させた実験をいくつか報告している（Iyengar and Lepper、2000）。たとえば実験1では、6種類のジャムと24種類のジャムをスーパーマーケットの店内で展示販売をおこなうと、24種類のジャムを展示したときには多くの消費者が展示に集まるが、実際に購入する人の数は6種類のジャムを展示したときのほうが多いということを報告している。また実験3では、実験者が選んだ任意のチョコレートを渡された群（コントロール群）、6種類のチョコレートの中から実験参加者自身が欲しいと思ったものを選んだ群（6種類群）、30種類のチョコレートの中から実験参加者自身が欲しいと思ったものを選んだ群（30種類群）のチョコレートの味に対する満足度を評定させた。その結果、それぞれの参加者が手にしたチョコレートは種類が違ったものの、平均された満足度の評定値は6種類群＞30種類群＞コントロール群の順になった。我々もレトルトカレーや紅茶などを用いた再現実験を行い、選択効果を確認した（Onuma and Sakai、2019）。

　しかし我々の研究結果では9種類のサンプルから一つを選んだ場合には満足度の向上が見られるが、3種類あるいは12種類から選んだ場合にはそれほど満足度は上昇しなかった。アイエンガーらの研究でも、コントロール群の満足度が一番低いのは予想されたとおりであったが、30種類ものチョコレートの中から自分の最も好きなものを選んだはずなのに、6種類の中から選んだほうがより満足度が高かった。

　アイエンガーらは関連する研究と合わせて、「過ぎたるは及ばざるがごとし」という格言でこの結果を説明した。つまり、30種類の中から一つだけを選ぶという作業には非常に頭を使うし、時間もかかる。一方、6種類くらいであれば、それぞれを総当たりで比較することさえ可能だし、

選ぶのにそれほどの労力はかからない。そのため、30種類もの中から一つを選ぶという作業では、「選択する」という満足感がおいしさを高めるという効果を弱めてしまったと考えられた。

　なぜ6種類や9種類が一番良いのだろうか？心理学や脳科学の分野でマジカルナンバーセブンという用語がある。ヒトの認知容量（一度に覚えたり、比較したりするものの数）の限界は7 ± 2程度であるということである。6や9という数字はこのマジカルナンバーセブンの範囲内にある。つまり、6～9種類の中から一つ選ぶという作業は選択効果を生じさせるが、12や30種類など選択肢が多すぎるとこの効果が消滅するのは、ヒトの脳の情報処理能力の限界を示しているといえるだろう。

　この選択効果から、理系・文系の二分法を考えてみよう。現在の大学で学ぶことのできる学問は10の選択肢を容易に超える。たとえば東北大学でも学部は10あるが、学科単位で受験要項が異なることや東北大学外の受験可能性などを考えると、受験時の選択肢数は選択効果をもたらす選択肢の上限（9）を超える。このように考えると、受験する学部学科を選択する際に認知的負荷が大きくかかり、自分の選択に満足する可能性が低くなると予想される。さらに、せっかく合格できても、合格したときの満足感が低下し、その学部学科への所属意識も低下してしまうかもしれない。一方、最初に理系・文系の区別をしておくと、選択肢の数は上記の半分程度となる。その結果、選択に関わる認知負荷も適切な範囲に収まり、合格後の満足感は高まると期待される。

1.4　理系・文系の二分法の心理的メリット

　学問に理系・文系の区別はない。しかし、受験時に理系と文系に分かれることによって、ある科目が不得意なことの言い訳ができ自尊心を保つことができ、受験学部・学科の選択時に必要以上の認知負荷がかからず選択に関する満足度が高まる。このように考えると、理系や文系といった二分法は、学問そのものにベースを置いたものというよりは、心理的なメリットに基づいたものであるといえよう。

実際文学部に入ったとしても計算人文社会学で理系以上のプログラミングや統計技術を要求されたり、心理学で動物実験や脳機能計測を行ったり、考古学で出土品の物質分析をナノテラスで行ったりすることもある。理系・文系の二分法は受験テクニックと割り切り、大学に入ってからはニュートラルな気持ちで頑張っていただきたい。また、理系・文系と決めつけることによって、自分の才能を限定しないようにしていただきたい。

1.5　文系のものづくり

同じことは産業応用にも言える。冒頭に述べたように、もともと技術に基づくものづくりが得意だった日本では、理系が尊重される時代が長くあった。そのため、文系の人間がものづくりに携わることをよしとしない風潮が長く続いた。しかしここで述べたように理系・文系の区別に根拠はなく、そのことが人間の才能を規定するわけでもない。つまり、文系だからといってものづくりが不得意であるとは限らない。

一方、技術者が生み出したものの価値を決めるのは一般消費者であったり、それらを扱うマーケティング部や営業部の文系人間である。理系技術者が機能を追求したものを作ったとしても、それが文系人間に伝わらないと気づいてもらえない。あるいは、理系技術者の中には文系人間の興味を推測することが難しい場合もあるかもしれない。たとえば、ある自動車メーカーの技術者と意見交換をしていたとき「僕らが一生懸命技術を磨いて作った新型車両だけど、購入者アンケートで一番満足感が高かったのは『ここにティッシュケースがあること』だった、がっかりしたなあ」という発言があった。開発者の肩を持てば、このような回答はアンケート実施者が技術者の意図に気づかないまま調査を実施してしまったことによる齟齬かもしれない。

このような消費者と技術者の間を繋ぐことができるのは文系人材である。次に述べるように、現状の日本のものづくりに元気がないのは文系的センスの導入が後手に回っているからとも言える。これからは、文系もものづくりに携わることを積極的に進めていく必要があろう。

第二節 ご存知ですか？「総合知」と「感性」

2.1 理系・文系の再定義

　前の項では理系・文系の二分法について解説した。ここでは最初にそれぞれの学問についてもう少し具体的に記述してみたい。現在文系とされる学問体系の多くは、人に関わる学問である。文学や言語は人が自分の意見や気持ちを伝えるためのものであるし、歴史も人の営みの積み重ねによるものである。心理学は人とものあるいは人と人との相互作用に関するものであるし、社会学は人間が生活する上での仕組みに関するものである。法学は人の振る舞いに関するものであるし、政治学は人を治めるためのものである。経済学や経営学も人によって生み出される活動に関わる。一方、理系学問に分類される理学は自然の振る舞いに関する記述であるし、工学は人が作ったものを対象としている。医学は病気の原因となる生物や細胞を対象とするのが主であるが、一方文系に分類されることの多い看護学は人をサポートするという点で人を対象としている。そのため、この稿では、文系を人を対象とする学問、理系をものを対象とする学問の総称として定義しておきたい。

　このようにみると、ものづくりに関するのは理系であるという考えは当然のように見える。しかし、本稿で最初から述べているように、このような考え方が、日本のものづくりの元気のなさの原因であると筆者は考えている。

2.2 ものと人

　よく考えてみよう。人の長い歴史にはものが存在することで大きく変わった瞬間がある。青銅器や鉄などから、産業革命時の機械、戦時に発達した兵器など、その例は枚挙にいとまない。これらのものの開発自体が歴史を変えたというよりは、これらの技術を人がどう使うかによって歴史は大きく変わってきた。

　変わるのは歴史だけではない。ものを使う人の認知も大きく変わる。たとえば近眼のかたが眼鏡をかける時を想像してもらいたい。眼鏡をか

ける前の世界はぼんやりしていて、得られる情報も少ないが、眼鏡をかけた後の世界は近視ではない人と同じようなはっきりした世界になり、得られる情報の不足も解消される。このようにものはものとして単に存在するのではなく、それを使う人の世界観も変える。

　また、ものを使うことにより、人の心や脳も大きく影響を受ける。使いにくいと感じるものを使わないといけない時のイライラを考えると想像できよう。たとえば、普通のハサミを左手で使った時のイライラ感はわかりやすいだろう。また、脳科学で有名な実験（入来、2006）では、サルがもの（熊手）を使っているうちに、熊手の先を触られるとそのサルの体性感覚野の手の領域にある細胞が反応するようになることが知られている。つまりものを体の一部と脳が認識するようになる。このように考えると、人に関する知識や興味抜きでものを作るということが無謀であることが理解できるだろう。

　高度経済成長期に活躍されたかたは、自分たちの若い頃は違った、人のことを考えなくても、作ったものは社会に受け入れられたし、片っ端から売れていったと反論されるかもしれない。しかしそれはものがなかった時代の話である。今やものが余る時代となり、同じ機能を持つ複数の製品が競合する時代である。機能が同じであれば、消費者は心に響くほうの製品を購入するだろうし、もしかしたら心に響くことを期待せず、単に安い製品を選ぶかもしれない。製品間に多少の機能差がある場合でも、消費者は機能は少ないが心を満足させるほうを選ぶだろう。前項で述べた選ぶことによる満足感（選択効果）でその機能の足りなさへの不満を埋めるかもしれないし、「そのような機能はそもそもあまり使わない」と自分に言い聞かせるかもしれない。いや、そもそも消費者は、技術者が準備したそれらの機能をすべて使っているのかも疑問である。

　一方、技術者たちは、ものに対する知識や技術は豊富であるが、それを使う人のことは考えてこなかった。そのため、技術さえ進んでいけば、すべての社会問題は解決すると期待していたのかもしれない。

2.3　総合知とは？

　そのような日本産業の現状に有効だと思われるのが「総合知」であると筆者は考えている。ところで、皆さんは総合知という言葉を聞いたことがあるだろうか？内閣府が提唱する新しい概念で、「あらゆる分野の科学技術に関する知見を総合的に活用して社会の諸課題への的確な対応を図ることを推進する」もととなるものと定義される。従来の学際的や融合領域という概念とは異なり、社会との連携や社会への実装に重きを置いているところに特徴がある。

　東北大学にも 2024 年 4 月に総合知インフォマティクス研究センターが設置された。いろいろな事情により、2024 年度は筆者がセンター長を務めている。「文学部なのにインフォマティクス？」ということを訝る向きもあるだろう。話が少し逸れるが、少し丁寧に説明したい。

　たとえば、東北大学以外の大学では「文系」の学生が情報学を学ぶ学部も次々に設立されている。これまで情報学は情報の制御に関する学問というイメージがあったが、書籍や言語、経済活動などの情報そのものを研究することも情報学には含まれている。理系の情報学が情報の入れものに関する技術を発展させてきたため、これからは中身、すなわち情報そのものの研究を積極的に進めるために文系の学問の関わりが必要になってきた。たとえば、全国の図書館には収蔵庫が満杯になり、これ以上新しい図書の購入は控えてほしいという通達が出ているところもあるという。東北大学図書館では蔵書スペースを工夫するため、比較的古い蔵書からスキャニングし、デジタルデータ化することも考えている。しかし、古典的な書籍はそのものに価値があり、スキャニングすることによって、その紙の質感、筆使い、修正・訂正の跡などの貴重な情報が残らないことが危惧されている。このような点（記載情報そのものだけではなく、文脈・環境情報）を考慮することは人の特性であり、おそらく現状の AI ではこのようなことを推測し、解決することは難しいだろう。

　AI と情報といえば、情報の確からしさについての検証も課題として挙げられる。たとえば Wikipedia の記事など、人であれば真偽を確かめなが

ら作成することが多いが、生成系 AI は、情報量の多い情報に基づいて文章を作成する。その情報の真偽あるいは質問者が必要としている情報かどうかは考慮できていない。

先にも述べたように、AI を始めとした科学技術の進歩は人、社会、歴史などを変えてしまう。これらの問題を取り扱う研究分野としてエルシー（ELSI：Ethical, Legal and Social Issues）という概念が最近提唱されている。このエルシーは、経済学、歴史学、社会学、法学、哲学、倫理学など、主に文系の研究者たちが得意としてきた分野である。

これらの例は情報においても、人の価値観や感性に関する知識が必要とされることを示している。手前味噌であるが、総合知インフォマティクス研究センターでは、これらの人の価値観や感性を取り入れた情報学を目指している。そのためには、従来の取ってつけたような複数の学問の寄せ集めではなく、一つの目標と社会的アウトプットを明確にして、学問領域を超えた研究活動をおこなう必要がある。我々のこれからの活動に注目していただきたい。

筆者は、このような総合知的アプローチにより、日本がこれまで培ってきた技術と人の価値観や感性が連携することが可能になり、ものづくり日本の再建につながると考えている。総合知的視点により、新しく開発した製品の機能や技術を、理解されやすい形で消費者に届けることができるようになるだろう。また、消費者の求める価値を効率的に吸い上げ、その欲求を満たす製品や技術を開発することができるようになることも期待される。

第三節　感性とものづくりは結びつくか？

3.1　本稿での感性の定義

最初に本稿で述べる感性について定義しておきたい。一般的にはカントが述べた「感性」という言葉が有名かもしれない。しかしながらこの意味での「感性」は、五感による情報収集のことを意味する。つまり、強いて単純化すれば感覚という意味であり、ここで述べようとしている

意味とは異なる。

　ここで感性という言葉で表現したいのは、感覚と理解の間にある認知のことである。感覚は感覚器官が適刺激によって活性化されたときに生じる。その情報は感覚神経を通じて脳へと運ばれる。しかしながら、たとえばバニラアイスを味わっているときを想像してほしい。そのとき我々は、甘い味、バニラの香り、冷たい温度感覚、滑らかな舌触りなどをそれぞれ別々に感じているのではなく、それらが一体となってバニラアイスの味を形成している。つまり、感覚だけでは我々の外界の理解はできないのだ。

　感覚による情報は、その人自身の経験によって形成された記憶を刺激する。それらの感覚情報の結びつきに基づいて、今見ているもの、音を出しているもの、口の中に入れているものなどの認識ができる。この結びつきは、カントによって「図式」と名付けられた。「図式」が「感性」から「悟性」への橋渡し役を担うのである。心理学的に言えば、この「図式」は記憶及びそれに基づく予期である。バニラアイスの例に戻ろう。温度の低さは砂糖の分子が甘味受容体に吸着することを妨げるため、アイスに含まれる砂糖による受容体の活動は体温程度の同濃度砂糖に比べるとかなり弱くなる。冷たいバニラアイスの感覚情報、つまり「感性」の信号は弱い。しかし一方で、日常生活で砂糖とバニラは同一食物内で共存することが多く、その摂取経験を通じてバニラの香りは砂糖の甘さの表象を伴っている。この甘さの表象により、砂糖の甘さはバニラの香りによって強められる。このようにバニラアイスの味わいひとつをとっても、感覚のみでは説明できない部分がたくさんある。

　さらにこれらの感覚情報により、バニラアイスという記憶が想起され、「今食べているのはバニラアイスだ」という認知が生じる。並行して、「美味しい」「冷たくて心地よい」などの感情も生起する。

　バニラアイスの味は食べる状況や食べる人によっても違う。たとえば塩辛いラーメンを食べた後のバニラアイスの味と、ケーキやチョコレートなど甘いものばかりを食べた後のバニラアイスの味は違って感じられ

る。また暑い日中に食べるバニラアイスの味は、冬の寒い屋外で食べる味とは違うはずである。これらは単なる感覚情報の集積というだけでは説明できない現象である。

そこで、本稿では、感性という言葉でこれらの心的体験を包摂する。感性とは「感覚により喚起される心的経験の総称」とここでは定義したい。このような定義の上で、感性がものづくりにどのように関わるかをみていきたい。

3.2 感性とものづくり

たとえば自動車を例に挙げよう。ある人たちにとっては自動車は単なる移動手段であり、安全に移動させてくれれば十分であろう。また別の人たちにとっては、楽しむことが車に乗ることの目的であり、移動は副産物のようなものかもしれない。しかしながら、いずれの人の場合でも、乗車中、体性感覚は振動や加速度を、温度感覚は車内の温度を、嗅覚は車内の匂いを、聴覚は車内の音楽やタイヤからくる振動音などを、そして視覚は常に変化する情報を伝えている。また、それらの感覚情報の心地よさ（眠ってしまうなど）やワクワク感あるいは不一致感や不快感（車酔い）なども生じるだろう。これらはすべて自動車に対する感性として現れる。前者はセンサーで情報を得ることができるが、後者はセンサーの情報に基づく何らかの判断がなされなければ得られない。人間にとって重要なのは前者の情報ではなく、後者の判断（＝感情）であることはいうまでもないだろう。しかしながら、この感情の部分はこれまでのものづくりから抜け落ちてしまっていたように思う。

電気製品も同じである。機能が進歩していることは間違いないが、それを使う人の感情や感性についてはそれほど重きを置かれてこなかった。たとえば自然に使えるデザイン（アフォーダンス）を考慮したり、使い心地の良さを追い求めたりした商品はみなさんの周りにどのくらいあるだろうか？また、人の感性への考慮がなされた商品は日本製のものだっただろうか？

感性はこれからのものづくりに必要な要素である。作られたものを使うのは人である。ものからひとへの視点の移動は今後の売れるものづくりに必要というだけでなく、この移動こそがものづくり日本復活の中心になるのではないだろうか。もちろん、現在に至るまでにこのような試みがなかったわけではない。古くは人間工学、最近は感性工学と呼ばれる学問分野がその先駆である。人が製品をどのように使っているか、人に優しい（使い心地の良い）製品はどのようなものか、などを工学的に明らかにしてきた学問である。このような研究分野は今後さらに発展するべきだと筆者は期待している。

第四節　感性の測りかた
4.1　商品開発と官能評価
　ではどのようにすれば感性を測ることができるだろうか。このことについては少々厄介である。ものづくりの現場で、よく使われている技術は官能評価として知られている方法である。統一された環境で、統一された状況で、統一された方法で、いつも一定の評価をおこなうようにトレーニングされた専門家（パネルと呼ばれる）が実施している。たとえば食品開発の場面では、室温や湿度がコントロールされた真っ白な評価ブースで、カップに入れられたスープなどを少量味見をして、複数（大抵は10〜20項目くらい）の項目を専門家が評定する。自動車開発の場合は室内のモデル車両やテストコースなどで、プロのドライバーが官能評価を担うことも多い。たいへん残念であるが、このような官能評価では、品質の良さを知ることはできるが、その使い心地の良さや満足度はわからない。官能評価は先に述べた感覚（いわゆるカントのいう「感性」）を調べるもので、本稿の中心話題である感性を調べるものではないからである。感性を調べるためには、使用者の「悟性」も必要とされる。
　そこで、感性を調べようとする場合、最初に思いつくのは、商品の使用者に使用感を聞けば良いというものである。たとえば「商品の使い心地について満足度を1〜5でご回答ください」というようなよく見かける

質問はどうだろうか？しかしながら、このような調査は全くと言って良いほど効果がない。たとえば、夏の暑い中、道を歩いているときに声をかけられて、冷たいビールの試飲会に遭遇した。当然、「暑い中」「歩いていて疲れていた」「タダでもらった」などの要因がポジティブに働き、その試飲の点数を歪めてしまうかもしれない。また、愛想としてポジティブに回答する人もいるかもしれないし、とても美味しく感じたとしても5を選ぶことが極端のように感じられて4と回答する人もいるかもしれない。いずれの場合でも、使用者の本当の意思を汲み取ることはできない。また、今日は4と回答したが、明日は3と回答するような気分になるかもしれない。このように、単に使用感を一般消費者に評定させるのは、個人間のばらつきや、個人内でのばらつきが生じやすい。最近、一般消費者でも簡便に実施できしかも再現性が高い方法がいくつか提案されているので、これらの方法を積極的に利用すれば、感性を測ることも可能になるだろう。

4.2 生理学的手法による感性の測定

ものを心地よく感じたら、いい気分になる。この気分を測ることで使用者の満足感を測ることができるはずだ。では使用しているときの気分を生理機器で調べれば、主観を排除することができるため、安定した結果が得られるのではないだろうか？広島大学に設置された感性イノベーション研究推進機構（現在は別の研究センターとして活動している）ではこのような生理科学的アプローチが採用された。しかしながら、この研究機構では、本稿でいう感性というよりは感情を客観的に調べるということが主な目的であったため、本稿の目指すところとは多少異なる部分がある。とはいえ、この研究機構では一定の成果が得られ、それらの知見を元に、現在では一般社団法人感性実装センターとして、産業への実装化の段階にはいっている。

我々の研究室でも自動車を運転しているときのドライバーの視線を計測したり、運転中の脳機能変化をNIRSと呼ばれる装置を使って計測した

りした経験がある。この研究ではさらに運転の前後で、唾液中のアミラーゼ活性や心拍の揺らぎの変化を調べ、快適性との相関をみるなどの実験も実施した。しかしながら、これらの手法は、生理反応の変化を数値として明らかにするが、それらの数値の変化がどのような主観的体験の変化につながるかということは明らかにはできない。つまり、主観評定を抜きにして、生理計測のみを行っても、その結果の解釈に困ってしまう。今後はこれらの生理反応の変化がどのような主観的体験に付随するものかを詳細に調べていく必要があるだろう。

4.3　行動観察による感性の測定

　また、別の手法として、一般消費者の行動をみるという方法も考えられる。たとえば、試食中の人の表情を録画し、表情筋の活動を推測することで、その人が感じているおいしさや満足度を推定するという方法である。最近ではたくさんのデータを収集し、それらを AI により解析することで、自動推定ツールを作るという試みがなされている。

　また、行動そのものを測定する方法もある。たとえば、複数のお菓子の試食評価（官能評価）をさせたのち、お土産として、どれかひとつを持って帰って良いと教示する。その実験で試食したお菓子サンプルのうち、最も気に入ったものを持って帰るだろうと期待しての実験である。また、その持ち帰った商品の評価データを、遡って詳しく調べることで、どのような評価を受けた商品の持ち帰り確率が上がるかということを調べることもできる。しかしながら、先に述べた選択効果や他者の目を気にしての選択行動など、背景に多くの心理学的文脈があるため、それらを考慮した上での実施パラダイムが必要となる。

第五節　おいしい食物づくりにつながる感性評価

　前項では感性の働きかたについての概略を述べた。そこで本項では、これまで我々が実施してきた食物を対象とする研究を例に挙げ、一般消費者がおいしいと感じる食物づくりへ繋がる研究手法を具体的に提案す

る。なお、本項はすでに公刊した筆者のエッセイ（坂井、2022）をもとにして、よりわかりやすく書き下したものであることを予めご了承いただきたい。引用文献を含めて詳細な説明については坂井（2022）を参照いただきたい。

5.1 官能評価の限界

　食や香りの領域ではこれまで官能評価という手法を使って研究が行われてきた。具体的には食物の持つ化学特性や物理特性を人の「五感」つまり感覚によって記述するということである。当初は感じられる感覚の強さを数値で表現することから始まった。現在では強さの記述だけでなく、質の記述をする方法や時間に伴う味の変化を表現する方法、質や強度の時間的変化とおいしさや心地よさなどの感情との関係性を記述する方法など、毎年新しい手法による研究が開発されている。

　当然ながら、これらの方法を採用する評定法は表現用語をすべての評定者が共通で認識できていることを前提としている。しかしながら、我々自身が研究をしてきた経験では、評価方法にある程度知識と経験を持っている大学生であっても、不安定で一貫しない評価が得られることがある。そのため、評価前の事前研修・教育が重要となる。官能評価は人が食物を味わっているときの感覚や感情について表現することを目的としているが、その目的を達成するためには、評定者の教育、評定項目の選定など、かなりの作業が必要となる。最近では一般消費者でも安定した再現性の高いデータを得ることができる方法（たとえば当てはまる形容詞をすべて選ぶあるいは質や程度が「ちょうど良い」かどうかを判断させる方法など）や、幅広い年齢層に共通で適用できる絵文字（emoji）を使って表現する方法なども開発されている。

　現在では、上記の方法で得られた官能評価の結果をセンサーで検知したものの化学・物理特性と合わせてAIに学習させることにより、センサーのデータから人がその食品を食べたときの感性を予測できると考えている研究者も多い。しかし、著者は、人による評価が機械にとって変わる

ことは難しいと予想している。なぜそのように考えるかということを例を挙げながら説明したい。コロナに罹患した方は経験があるかもしれないが、突然「味がわからない」状態になって病院に行ったら、においの感覚が低下しただけで、味覚に異常はなかったという例はたくさんある。このように人は食物を食べているときに生じる感覚を味覚だと思い込む傾向にあるが、実際には嗅覚がその多くを担っている。このことは味覚と嗅覚の「学習性の共感覚」現象と呼ばれている。この学習は日常の摂食経験によって自動的に形成され、どの部分が味覚でどの部分が嗅覚かを分別することは非常に難しい。いわば感覚の融合である。これは、複数の人が同じ食物を食べた場合、それぞれの人の生後の食経験によって、人それぞれに異なる味体験が生じるということである。もし企業が人の食経験を完全にコントロールできる状況であれば、感覚間相互作用を含めて、官能評価の結果を予測することは可能になるだろう。しかし実際は違う。人はそれぞれの食経験を毎日積み重ねており、人それぞれの学習性の共感覚を獲得している。

さらに、従来の官能評価では「ノイズ」とみなされていた順序効果に実は大きな意味があることも著者ら自身の研究によって明らかになってきた。簡単にまとめると、人は食物や香りを絶対的に評価するのではなく、相対的に評価する傾向があり、その相対評価に用いられる基準は、最初の一口や2回目の味である。おそらく人はどのような感覚情報がおいしいと細かく記憶しているのではなく、最初の1～2口で、「そういえばこんな味だった」と思い出すのであろう。機械だとこのような順番効果は生じない。この傾向は感情評定において特に強くみられる。つまり、品質（甘さや苦さ）の記述は順番で変わりにくいが、おいしさや心地よさの評定は順番の効果が大きく関わる。

加えて、従来の官能評価ではブラインド（目隠し状態）で商品を評価することが前提とされてきた。商品ではなく、企業やブランド、摂取経験などによる評価の歪みを排除するためである。しかしながら、我々が日常生活で商品を手にするときに、ブラインドのような（ブランドや商

品名が隠されている）状態だと違和感を感じ、おいしさや使用感をネガティブに評価する。人は、商品についているブランドマークによって、その商品を手に取る前からその品質の良さを推測し、そのブランドイメージに一致するように評価を変える（坂井・ペンワンナクン・大沼、2018）。

さらに、最近官能評価系の学会で盛んに論じられているのは、消費者が味わう状況を再現した評価系の利点である。たとえば爽やかで軽いビールを雪の降る寒い屋外で飲んだり、ダークビールを夏のビーチで飲んでもおいしくないだろう。また、店頭でテイスティングをして満足したから買ったボルドーワインも、自宅で手作り料理とともにいただくと嫌な口当たりを感じたりするかもしれない。このように人の味わいには文脈刺激も深く関与していることが明らかになってきている。たとえば、食べている食物自体は全く同じ（おにぎり、スープ、コロッケ、サラダ）でも、それをコンビニで買ってきたまま提供した場合よりそれぞれの器に入れて提供した時のほうが、よりおいしく、より健康的であると評価される。南東北では秋に河原で芋煮会をすることが多いが、同じ芋煮会を研究室内で実施しても、おいしいとは思えないという経験も文脈効果の一例であろう。

つまり、官能評価の前提が、すでに我々の日常生活とは異なるため、官能評価の情報からその商品の実際の売れ行きや消費者による受容を予測することは難しいと思われる。これらのことから、従来の官能評価ではやはりものの品質確認しかできず、人のおいしいと思う食物や心地よいと感じる香りなどを作ることはできないと筆者は考えている。

官能評価はあくまでも製品の品質をヒトの感覚を用いて記述するもので、人がそれらの製品の使用感やおいしさをどのように感じているかということを測定する方法ではない。もちろん、絶対評価が必要な商品の出来不出来を検査するという官能検査的な目的には現在の手法でも良いだろう。しかし、人が食物を味わった時に生じるのは味覚や嗅覚情報そのものではなく、それらの情報を元にした感情評価を伴う食物の認知で

ある。つまり、舌や鼻のセンサー情報がボトムアップ的（末梢→感覚野）に食物の味を作っているのではなく、センサー情報によって活性化された感情反応や記憶などに基づくトップダウン的（連合野→感覚野）な感覚情報処理なのである。

5.2　感性評価の提案

本稿では官能評価の進化系として感性評価と呼べる手法を提案したい。感性評価は官能評価に感情心理学・脳科学の観点を取り入れた手法である。官能評価が食物そのものの特性を五感により表現するものであったのに対して、感性評価では人（特に消費者）がその食物をどのように認知・評価するかということを測定するものになる。

前項で紹介したような官能評価ではノイズとみなされた要因を、感性評価では積極的に変数として取り入れる。そのため、感性評価では実験室などの日常とかけ離れた環境で食物を評価させたり、商品パッケージなどの情報を一切伏せた条件で評価させたりすると大事な情報が抜け落ちてしまい、消費者の評価を再現できないと考える。むしろ、商品情報や試食環境などを心理学や脳科学の知見に基づいて十分に管理・検討し、それらの要因を積極的に実験変数に入れるべきだと考えている。たとえば著者らの研究では、ある有名コーヒーブランドを冠した商品がおいしいと評価されるのは、そのブランドを冠したコーヒーショップが「おしゃれ」だからであることを示唆する結果を得た（坂井ら、2018）。そのブランドが「品質が良い」というイメージがあるから、そのブランドの商品はおいしいと感じるということであればわかりやすい。しかし、消費者は単に「おしゃれだから」おいしいと思うのである。このことは「スタバなう」というツイート数が、同規模の店を持つ「ドトールなう」よりも圧倒的に多いことからも支持される（網倉、2016）。

これら背後にある脳メカニズムを fMRI により検討した McClure らの研究グループは、このようなブランド効果が記憶に結びついていることを報告した。具体的には、コーラをブラインドで試飲した時には主観的な

快感情と関連する腹内側前頭前野が、一方ブランド情報を見ながら試飲した時には海馬や背外側前頭前野など文化的な背景を持った記憶に関連する脳部位が活動することを見出した（McClure et al.、2004）。これらの知見は、従来の官能評価のようなブラインド条件で評価させると得られない。感性評価では他に気分ヒューリスティックなどのヒトの認知バイアスも取り入れながら、結果を広く解釈するべきだと考える。

なお、企業研究者のかたによく誤解されるが、感性評価とは単に官能評価と脳機能計測を合わせるというものではない。筆者の経験上、脳機能計測の結果は主観評価の裏付けや解釈には利用できるが、脳機能計測の結果のみで何か新しい発見ができるものではないし、主観評価で得られないデータを脳機能計測の結果が示すこともない。もし主観評価では全く得られないような違いを脳機能計測データが示した場合は、おそらく脳機能計測のデータが本当の意味でのノイズを拾っているだけである。

おわりに

「良いもの」を作れば、消費者はそれを食べたり使ったりする中で良い気持ちになり、その結果良く売れる商品になるだろう、と考えている研究者や企業も多いようだ。企業で行われている多くの官能評価も「品質が良い」という情報を、「おいしい」「心地よい」という感情に置き換えて研究している部分もあるように感じる。このような考えかたは、ものが不足気味で、誰もが同じものを手に入れたいと思っていた高度経済成長期の時代に留まっている。質の良い商品を作れば、黙っていても売れていた時代である。一方、今の時代はものが余っている。何かの付加価値がないと、せっかくの新規開発品が市場に埋もれてしまう。しかし、この付加価値は、これまで日本が追求してきた機能や技術ではないかもしれない。このような理系技術者には重きを置かれてこなかった感性について、文系的アプローチを取り入れることにより、ものづくり日本の再興のチャンスがあると筆者は考えている。

参考文献

網倉久永（2016）「ドトール／スターバックスセルフサービス方式コーヒーショップ業界での競争」『一橋ビジネスレビュー』2016 SUM, 126-142.

入来篤史（2006）「霊長類頭頂葉皮質における手指空間表象」『動物心理学研究』56、113-118.

Iyenger, S. S. and Lepper, M. R.（2000）When choice is demotivating: Can one desire too much of a good thing? *Journal of Personality and Social Psychology*, 79, 995-1006.

McClure, S.M., Li, J., Tomlin, D., Cypert, K.S., Montague, L.M. & Montague, P.R.（2004）Neural Correlates of Behavioral Preference for Culturally Familiar Drinks. *Neuron*, 44, 379-387.

隠岐さや香（2018）『文系と理系はなぜ分かれたか？』星海社新書.

Onuma, T. and Sakai, N.（2019）Choosing from an optimal number of options makes curry and tea more palatable. *Foods*, 8, 145: doi:10.3390/foods8050145

坂井信之（2018）「理系と文系」『東北大学出版会会報　宙』第31号、3-5.

坂井信之（2022）「おいしさの創出――人の感情を取り入れた感性評価の提案――」『エモーション・スタディーズ』8、28-35.

坂井信之・ペンワンナクン　ユワディー・大沼卓也（2018）「ブランド認知が美味しさ評定に及ぼす効果」『睡眠と科学』30-31、34-40.

第三章　脳神経マルチセルラバイオコンピューティングの挑戦

山本　英明

はじめに

　DNA の二重らせん構造を解き、1962 年にノーベル生理学・医学賞を受賞した生物学者のフランシス・クリックは、後年に研究分野を脳神経科学に移し、特に意識の神経基盤を探求しました。そして、晩年の著書"The Astonishing Hypothesis"[1] の冒頭に以下のように記しています：

> The Astonishing Hypothesis is that "You," your joys and your sorrows, your memories and your ambitions, your sense of personal identity and free will, are in fact <u>no more than the behavior of a vast assembly of nerve cells and their associated molecules.</u>
> 私の言う「驚くべき仮説」とは、あなた——つまりあなたの喜怒哀楽や記憶や希望、自己意識と自由意志など——が<u>無数の神経細胞の集まりと、それに関連する分子の働き以上</u>の何ものでもないという仮説である。（下線は筆者）

　クリックの言葉にもあるように、私たちの脳は、神経細胞（ニューロン）という不安定なバイオ素子に基づいて構成されながら、自己組織的に、そして高いエネルギー効率で高度な情報処理を実現します。このような特性は単一の細胞では表れず、その単純な整数倍としても説明できません。多数の神経細胞が精緻に配線されて、マルチセルラ（多細胞）ネットワークを構成することにより、脳的機能ははじめて創発されます。
　次世代超スマート社会の実現に向けて、脳神経回路の情報処理様式はビッグデータからの特徴抽出やデバイスの低消費電力化を実現するため

のモデルとして用いられ、現在、人工ニューラルネットワークやそれに基づく人工知能（AI）技術、さらにはニューラルネットワークの計算を効率的に実装するための脳型ハードウェアの開発が急ピッチで進められています。しかし、学習効率、エネルギー効率、そして汎化性などの点において生物の脳に迫る知能システムはいまだ存在しません。そのため、生物の脳をより深く理解し、密接に模倣することで、現行の脳型コンピューティング技術が直面しているこれら問題を解決するためのブレイクスルーをもたらすことが期待されています。

第一節　脳とAIの比較論：エネルギー効率と学習効率を中心に

　脳を構成するニューロンの数は生物によって異なり、例えばマウスでは約7,100万個、マーモセット（小型サル）では約6.34億個、ヒトでは約860億個と言われています［2］。ニューロンは、生物の身体を構成する他の細胞と同様に、遺伝子DNAを包み込む核、エネルギー産生装置であるミトコンドリア、タンパク質を合成するリボソーム、それらを取り囲む細胞膜などから構成されています。しかしニューロンは他の体細胞とは異なり、シナプスと呼ばれる構造体をつくって他のニューロンと結合し、それを介して入力信号を受け取ると1ミリ秒程度の間だけ活性化するという特殊な性質を持っています。シナプス結合の強さが、可塑的に変化するというのも重要な特徴です。

　このような特徴をもったニューロンが機能素子として複数集まり接合すると、抵抗やコンデンサといった電子素子が配線されて電子回路を構成するように、「神経回路」が形成されます。脳を構成する神経回路の構造は非常に複雑ですが、最近の脳神経科学の研究により、普遍的な基本構造ユニットが存在することや、脳の領域ごとに特徴があることなども分かってきました。例えば、哺乳類の脳の一番外側を覆う大脳皮質という領域は、「マイクロカラム」と呼ばれる直径30μm程度の基本構造ユニットから構成されていることが知られています［3］。

　現在の多くのAI技術の基盤になっている人工ニューラルネットワーク

は、神経細胞の振る舞いや神経回路網の接続構造、さらにはシナプス結合強度の変化を数学的に記述したものです。人工ニューラルネットワークの研究は歴史が古く、1962 年にローゼンブラットが提案したパーセプトロンモデルや 1979 年に福島により開発されたネオコグニトロンなどまで遡ることができます。ネオコグニトロンは大脳皮質の視覚野の配線構造に着想を得て開発されたと言われています。

その後、2012 年頃にディープラーニングが成功したことで、人工ニューラルネットワークの情報処理能力が格段に向上し [4]、それを実装した画像認識や自動運転技術などの AI 技術の開発や実用化が進められています。人工ニューラルネットはソフトウェア上に実装されるだけでなく、特定の計算を高速・低消費電力で実行するために、Intel や IBM などがニューラルネットワークを実装した専用集積回路の開発を進めたりしていますし [5]、またいくつかの会社のモバイル向けシステム・オン・チップ（SoC）にはディープラーニングに特化した回路ユニットが内蔵されるようになったりしています [6]。

このような人工ニューラルネットやそれを発展させた計算モデルをベースにつくられた AI は、人に迫る（時には、人を超える）情報処理をやってのけて、社会を驚かせているわけですが、生物は生物でやっぱり素晴らしく、最先端の AI にもまだかなわないことがいくつかあると言われています。その代表がエネルギー効率です。最先端の機械学習モデルの学習には、MW 級の電力を消費するクラスター計算機が使われていますが、一方でヒトの脳は約 20 W 程度の代謝エネルギーで駆動されています．もっと単純な生物で見ると、ゼブラフィッシュは 0.1 μW 程度しか使わないそうですが、それでもエサを狩ったり、敵から逃げたり、生存に必要とされるそれなりに複雑なタスクを実行しています [7]。

学習の効率も、AI に比べて生物の方が優れているのではないかと言われています。2016 年に、Google の AlphaGo という AI が囲碁で当時の世界チャンピオンに勝って、人間を超えたということで話題になりました。これは AI 開発の素晴らしいマイルストーンの 1 つだと考えられるわ

けですが、このAIを訓練する際には、16万回分の対局のデータが使われたと言われています［7］。人間で同じことをやろうとすると、1日5回の対局を毎日休みなく続けたとして、90年近くかかる、という計算になります。一方で、このとき対戦したイ・セドルさんは当時33歳。負けてしまったのであまり強いことは言えませんが、AlphaGoよりも少ない訓練データで強くなったと考えることができます。

　最近話題のChatGPTについても、こういう視点で見てみると面白いことが分かります。ChatGPTで使われている最先端の大規模言語モデルはGPT-4と呼ばれるものです。GPT-4についてはあまり情報が公開されていませんが、これの基になっているGPT-3についてはいくつかデータが公開されています。それによると、GPT-3の学習に使われた電気エネルギーは1000 MWhであり［8］、これは小規模な集落の年間の消費電力量に相当します。一方で、ヒトの脳で使われる代謝エネルギー（20 W）を、例えば20歳まで積分したとしても3.5 MWhです。これはGPT-3に比べて2桁以上小さい値です。

　電気エネルギーは、学習だけでなくAI計算の実行時にも必要です。国際エネルギー機関（IEA）の最近の報告書によると、典型的なGoogle検索が0.3 Wh程度の電力を使うのに対して、ChatGPTの1リクエストあたりは約10倍の2.9 Whの電気エネルギーを消費するそうです。全世界では1日90億回ものデータ検索が行われているそうですので、それがすべてGoogle検索からChatGPTに置き換わると、年間で10 TWhの電気エネルギーが追加で必要になることを意味しています［9］。文字生成に比べて画像生成はさらに多くの電気エネルギー（11.49 Wh）が必要だとも言われています［11］。今後、AIがさらに普及して広く使われるようになると、世界中のAIデータセンターで使われる電気エネルギーは増え続け、2022年で460 TWhだったものが2026年には1000 TWhに倍増すると予測されています。1000 TWhは日本の年間電力消費量におよそ匹敵する値です［9］。

また GPT-3 の学習には 45 TB（テラバイト）のデータが使われたと言われています［10］。電子書籍 1 冊の平均的なデータ容量は 10 MB 程度ですので、45 TB はおよそ 450 万冊の本に相当することになります。どれだけの量の本を読むのかは人それぞれですが、一人の人間がこれだけの数の本を読むのは現実的ではありません。上で紹介した囲碁の話も含めて、一般的には、人間は AI よりもより少ないデータから効率的に学習していると言われています。

少し前置きが長くなりましたが、ここまでの話を整理します。AI はすごい。これは間違いありません。しかし一方で、生物の脳もやはりすごい。従って、このような生物の脳の情報処理アーキテクチャをより深く理解し、模倣することは、持続可能（サステイナブル）な超スマート社会を実現するための次世代の AI 技術に結びつくと考えられます。

第二節　脳神経回路の研究

2.1　トップダウンによる研究

生物の脳を研究する際に、生命科学や医学で取られるもっとも基本的な方法は、ヒトやモデル動物の脳を詳細に解析することで作動原理を理解しようとする方法です。このような研究手法は分析的アプローチ［12］、あるいはトップダウン的アプローチと呼ばれます（図 1）。

脳をトップダウン的に調べるときに大事なのが、神経細胞の活動を計測する技術です。神経科学の分野では、過去 60 年以上に渡って、実験技術の改良が進められてきました。その結果、半導体集積回路におけるムーアの法則（※ 1 つの IC チップに乗せられるトランジスタの数は、1.5 〜 2 年ごとに 2 倍に増える）さながらに、1 本の電極プローブで同時に計測できるニューロン数は 6.3 年ごとに 2 倍に増え、1960 年頃には同時計測できる細胞数が 2 〜 3 個であったのが今では 1000 個以上の微小電極をアレイ化したデバイスも開発されています［13］。また顕微鏡技術も並行して進歩し、直径が通常の数倍あるお化けのようなサイズの対物レンズや

第一部　ものづくりと情報

図1　トップダウン型とボトムアップ型のアプローチによる脳神経回路の研究

光検出器を独自に開発し、マウスの脳で 10,000 個を超える神経細胞の活動の同時計測を成功させた研究も報告されています［14］。このようなバイオエレクトロニクスやバイオイメージングの技術が進歩したことで、脳機能と神経活動の関係をこれまでになく詳細に解析することが可能になり、例えば、生きたマウスの頭を開頭して、視覚刺激を与えている時の、大脳皮質視覚野の神経活動を単一細胞レベルでモニタリングすることも可能になっています。その結果、例えば 2015 年の研究ですが、視覚刺激に対応して出現するニューロン集団の時空間発火パターンが存在することや、刺激応答と同じ発火パターンが自発活動と呼ばれる脳の中で内的に生成される活動の中に埋め込まれているといった脳の計算原理の一端が分かってきています［15］。

このような研究を目の当たりにするたびに、神経内科医のラマチャンドランの著書「脳の中の幽霊、ふたたび」［16］の中にある挿話を思い出さざるを得ません：

　　いまが 22 世紀で、あなたとあなたのパートナー（エスメラルダさん）が抱き合っているところを、神経科学者の私が観察しているとしましょう。私はエスメラルダの脳をスキャンして、彼女があなたを愛しく思っているときに彼女の脳の中で起きていることをすべて

あなたに告げます。(……) するとあなたは彼女に向かって
「そういうことなの？君の愛はほんものじゃないのか？化学物質に過ぎないのか？」
と言うかもしれません。エスメラルダはそれに対してこう答えるべきです。
「違うわ。それどころか、この脳の活動こそ、私が本当にあなたを愛しているという確かな証拠よ。あなたはこの証拠を見て、私の愛が本当に存在するという確信を深めるべきなのよ。」

(一部、訳語を修正)

電気電子工学を専攻していた筆者は、ちょうど神経科学に傾倒し始めていたころ、本当にこのような技術が実現するのだろうかと半信半疑に思いつつも、魅力を感じながらこの一節を読みました。最近では、上述したような、神経活動を電気や光で検出する技術に加えて、ドーパミンなどの脳内化学物質を検出するための蛍光プローブの開発も進んでいます [17]。組織の深部を観察するための顕微鏡技術の開発も進められ、脳の表層から1.5mm以上深い領域の観察に関する報告もあります [18]。22世紀を待たずして、ラマチャンドランの挿話に近いことが実現し、さらにはクリックが述べた驚異の仮説が事実として受け入れられる日は訪れるのでしょうか。

2.2 ボトムアップによる研究

神経科学の方法論に話を戻しますと、これは複雑系科学一般で言われていることですが、脳のような複雑系の理解を進めるときには、トップダウン的な解析に加えて、要素から全体を作り上げることでシステムを理解する研究も同時に進める必要があります。このような研究手法は構成論的アプローチ [12]、あるいは「ボトムアップ」的アプローチと呼ばれています（図1）。そしてボトムアップ的に神経回路の性質を調べる上で重要なツールになるのが、脳神経回路の機能素子である神経細胞を

シャーレの中で育てるという技術です。中枢神経系を構成する神経細胞をシャーレの中で培養するという実験は、50年前には決して当たり前の技術ではありませんでしたが、細胞生物学の進歩により、今ではルーチーンの技術となっています。シャーレ内で神経細胞を育てて作らせた回路は、「培養神経回路」と呼ばれています。

　シャーレ内で培養した神経細胞が成熟化するまでにかかる期間は細胞種ごとに異なりますが、例えばラットの大脳皮質から採取した神経細胞では10日ほど培養を続けると、細胞間にシナプス接合が形成され、神経回路は何も入力が入っていないときにでも活動を生成するようになります。この活動は自発活動と呼ばれており、2.1でも述べたように、動物の脳でも観察される現象です。ただ、培養神経回路では、生物の脳で見られる活動と性質が異なり、ネットワーク全体が強く同期した活動パターンが現れます。これはこれで面白い活動パターンですが、生体系のモデルとして扱いたい場合には問題があります。

　生体脳と培養神経回路の間に存在するギャップを埋める際に、電子工学の技術は非常に強力なツールになります［19］。具体的には、半導体デバイスをつくる技術を使って、ニューロンの接着位置や神経突起の成長経路をコントロールするデバイスをつくって、動物の脳のなかで見られるような回路構造の一部をシャーレの中で再現することができます。例えば、筆者らは、東北大学電気通信研究所附属ナノ・スピン実験施設にある半導体クリーンルームにある共用設備を使って、フォトリソグラフィという技術でエポキシ樹脂のパターンを作り、それを鋳型にして、神経細胞をパターン培養するためのマイクロ流体デバイスを作っています（図2）。こういうデバイスの中で神経細胞を培養することで、すべての細胞が一斉に発火するモードと一部だけが発火するモードが混在するような発火パターンが作れるようになって、脳と全く同じとは言えませんが、シャーレの中の神経回路の構造や機能を、生物の脳に近づけることができるようになってきました。マイクロ流体デバイスを使った細胞操作技術については、最近、応用物理学会誌に解説記事を書きましたので、詳

第三章　脳神経マルチセルラバイオコンピューティングの挑戦

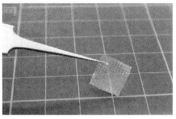

図2　東北大学電気通信研究所附属ナノ・スピン実験施設の半導体クリーンルーム内での実験の様子（左）と、作製したマイクロ流体デバイス（右）

細についてはそちらをご参照ください［20］。

培養神経回路の刺激応答特性の解析

　脳のモデルになるような神経回路が再現できたら、次はそこに刺激を入れて、その応答を調べたくなります。そこで、筆者らの研究チームは、光遺伝学（オプトジェネティクス）と呼ばれる生物系の実験手法［21］により刺激を印加し、それによって引き起こされる神経活動を蛍光カルシウムイメージング［22］により計測することで、光を使って培養神経回路の刺激応答を計測する実験系を構築しました（図3上）。実験では、哺乳類の脳神経回路において、視床という領域から大脳皮質が受け取る信号を模した非同期信号を神経細胞に印加し、それによって引き起こされる活動変化の大きさが回路の構造にどのように関係するのかを調べました。

　実験の結果、モジュール性［23］という特徴を有する神経回路ほど非同期信号の入力に対する感受性が強くなり、培養神経回路特有の過剰な同期が崩れやすくなることが分かりました（図3下）。細胞外のカリウム濃度を上昇させることで神経回路全体の興奮性を一斉に上昇させた場合にはこのような変化が起きなかったことから、ここで観察された脱同期には入力信号が非同期的である必要があることが分かりました。

　筆者らはさらに、バルセロナ大学、マックスプランク研究所、グラナ

第一部　ものづくりと情報

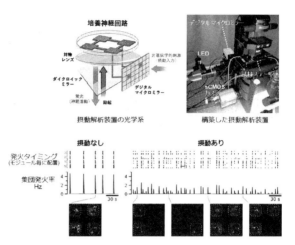

図3　(上) 培養神経回路の刺激応答を計測するための実験系の模式図と写真　(下) 実験結果の例
自発的に活動をしている培養神経回路に対して非同期的な入力信号を摂動として加えると、活動が脱同期する。
図の一部は文献 [24] より引用。

ダ大学との共同研究を通じて、一連の実験結果を説明する2つのシミュレーションモデルを構築しました。スパイキングニューラルネットワークと呼ばれる生物学的妥当性の高いモデルでの解析では、外部から入力を常時受けることによってシナプス伝達で放出される神経伝達物質が減少することが鍵になっていることが分かりました。この現象は、さらに、モジュールの機能を抽象化したメゾスコピックな数理モデルに落とし込むことができました。2つ目のモデルの解析により、モジュール間の信号伝達が確率的に開閉されることが実験結果の記述をする上で本質的に重要であることを明らかにしました [24]。

　感覚器からの入力がない時に視床から大脳皮質に送られる非同期的な信号はただのノイズと思われがちですが、大脳皮質の動的状態を変化させ、感覚入力に対する感受性やダイナミクスの複雑性といった特性を変調している可能性があること、そして生物の脳神経系で進化的に保存されてきたモジュール型の配線構造は活動状態の制御性を高めていることを今回の実験結果は示唆しています。これまでにもモジュール構造は、

神経回路における同期と非同期状態の均衡を保ち［25］、また神経回路の損傷耐性を高めるなどの機能的意義があると言われてきましたが、今回の実験により、さらに新たな側面が明らかになりました。

培養神経回路を使った物理リザバーコンピューティング

最近ではまた、リザバーコンピューティング［26］と呼ばれる機械学習の新しい枠組みを用いて、ラットの大脳皮質神経細胞で構成した培養神経回路の計算能力を解析することもできるようになりました。リザバーコンピューティングは、高次元非線形システムの過渡的な動態を利用して時系列データを処理する方法で、もともとは、再帰結合を含む人工ニューラルネットワーク（リカレントニューラルネットワーク）の学習を効率化する目的で提案されました。リザバーコンピューティングでは中間層（リザバー層）と出力層を結ぶ結合行列のみが学習で最適化されますので、その後、さまざまな物理系をリザバー層として使えば、その刺激応答特性をなんらかの情報処理に結びつけるための枠組みとして有効であることが広く知られるようになりました。このような研究は、「物理リザバーコンピューティング」と呼ばれています。筆者らは、前節で述べた光遺伝学と蛍光カルシウムイメージングを用いて培養神経回路の応答を計測した上で、リザバーコンピューティングの枠組みを使用して、応答パターンの計算論的意味を解析しました（図4）［27］。

実験の結果、培養神経回路は異なる箇所に入力されたパルス入力を分

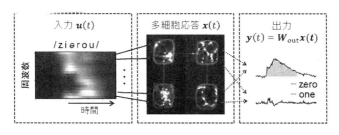

図4　培養神経回路を使った物理リザバーコンピューティングの概念図

類することが可能であり、ネットワークのモジュール性が分類精度と正の相関を示すことが分かりました。また、培養神経回路が数百ミリ秒程度の短期記憶を持ち、これを利用して人間の発話音声のような時系列データの分類が可能であることを実証しました。さらに興味深いことに、培養神経回路に基づくリザバー計算機はカテゴリー学習が可能であり、1つのデータセットで訓練されたネットワークによって、同じカテゴリーの別のデータセットを分類することができました。線形分類器で入力信号を直接解読すると、このような分類は不可能であったことから、培養神経回路はリザバーコンピューティングの性能を向上させるための汎化フィルターとして機能することを示唆しています。この研究の詳細については、筆者らと一緒にこの実験を進めた住拓磨博士（現、東北大学材料科学高等研究所助教）が日本神経回路学会誌に執筆した解説記事をご参照ください [28]。

　半導体技術は、元々はエレクトロニクスの分野においてトランジスタなどの電子素子を小型化するために開発がすすめられたものですが、本節で紹介したようにバイオの研究にも応用することができます。特に培養神経回路の研究では、構造を自在に制御するための技術開発を進めることで、神経回路の機能をボトムアップ的に調べるための手段が揃ってきたと思っています。

2.3　トップダウンとボトムアップの統合

　筆者は、これまでボトムアップのアプローチで神経回路の機能を調べるための技術開発を進めてきました。その結果、前項で紹介したような研究が進んだものの、そこで扱っている神経回路のサイズは100細胞から1000細胞程度です。得られた知見を、生物の脳の理解に結びつけるためには、モデル動物の脳を扱うトップダウン的な研究や、トップダウン・ボトムアップの研究で得られる知見を統合的に説明する数理モデル研究との連携が必須でした。

　そのような思いに駆られていたとき、科学研究費助成事業（通称、科

研費）で「学術変革領域研究 (B)」が新設されました。これは、若手研究者を中心とする3～4グループが集まって実施する新たな異分野連携研究を助成するプログラムです。このプログラムに「脳神経マルチセルラバイオコンピューティング」という領域名で応募し採択されました [29]。メンバーの専門分野は生命系・工学系・情報系と多岐にわたりますが、「マルチセルラバイオコンピューティング」という共通の目的を設定することで、専門を跨いだ連携研究をスタートさせました。

　プロジェクトが始まったのは 2021 年 8 月下旬で、新型コロナ第 5 波がまさにピークを迎えんとしていた時でした。そのタイミングでは日本各地にいる領域メンバーが対面で集って会議を行うことは不可能でした。とはいえ、研究期間には限りがありますので待ってはいられず、総括班会議や領域会議をオンラインで開催しながら領域活動をスタートさせました。やがて第 5 波が収束して移動制限も緩和されましたので、徐々に対面でのミーティングや研究会も再開させました。オンラインではなんとなく、1 日のスケジュールが 1 時間程度に短くコマ分けされてしまいますが、出張中は全員その心配がありません。ゆっくりと議論を深めることができ、面と向かってディスカッションをすることの楽しさと重要性を再認識しながら、領域活動を進めました。

　そして、3 年間の領域活動を通じて、いくつかの重要な成果を上げることができました。例えば、前項で紹介した培養神経回路によるリザバーコンピューティングの実験は、工学を専門とする筆者と、情報科学を専門とする公立はこだて未来大学・香取勇一先生との共同研究の成果です。また神経生物学者の同志社大学・松井鉄平先生は、マウスの視覚情報処理系のトップダウン的解析による自己組織化原理を解明し、その成果は科学誌 Nature に掲載されました [30]。さらに同志社大学・正水芳人先生は、モデル動物脳で局所損傷後の自己修復過程を多細胞神経活動と行動解析の両面から解析できる独自の実験手法を構築しました。この他にも、国内の学術講演会にてシンポジウムを企画したり、国際会議においてヨーロッパの大型研究予算で運営されている NeuChip.eu プロジェクト

[31] との合同セッションを企画したりしながら、研究成果を発信し、海外機関との連携を強化しました。

このプロジェクトは2024年3月に終了しましたが、トップダウンとボトムアップの双方向から脳情報処理の本質の理解を目指して新しい異分野連携体制を構築できたのは大きな成果であったと考えています。

おわりに

一つの終わりは、新たな始まりでもあります。

これまでに培ってきた異分野融合研究や研究者ネットワークをさらに発展させるために、より規模が大きい「学術変革領域研究(A)」という科研費プロジェクトへの提案をとりまとめ、2024年4月からの新規課題として採択されました。新しい領域名は「脳神経マルチセルラバイオ計算の理解とバイオ超越への挑戦」です［32］。この領域では、学術変革(B) のメンバーを中心としたグループに加えて、生物の理解をシステム応用に結びつけるために、脳型ハードウェアがご専門の先生や、神経ロボティクスがご専門の先生にもメンバーに入っていただき、一緒に研究を進めます。

領域名にある「バイオ超越」という用語には、「バイオに倣って設計されたシステムが、従来の計算機では到達困難な学習効率・エネルギー効率・環境適応性で特定の問題が解けるようになること」という意味を込めています。現在、半導体やAIはもちろんですが、量子コンピューティング、さらには光と、情報通信技術の分野が大きな盛り上がりを見せています。その中でバイオコンピューティングは今まだ黎明期にありますが、メンバー一丸となってこの新興分野を発展させて、『新しい途』を拓いていきたいと考えています。

参考文献

[1] F. Crick, "The Astonishing Hypothesis: The Scientific Search for the Soul," Scribner (1994). 邦訳：『DNAに魂はあるか：驚異の仮説』講談社 (1995).
[2] S. Herculano-Houzel, Front. Human Neurosci. 3, 31 (2009).

[3] ジェフ ホーキンス他『考える脳 考えるコンピューター [新版]』ハヤカワ文庫 (2023).
[4] 岡谷貴之『深層学習 改訂第2版』講談社 (2022).
[5] 合原一幸他『人工知能はこうして創られる』ウェッジ (2017).
[6] 日本経済新聞朝刊 2019年4月25日.
[7] L. Smirnova et al., "Organoid intelligence (OI): the new frontier in biocomputing and intelligence-in-a-dish," Front. Sci. 1, 1017235 (2023).
[8] D. Patterson et al., "Carbon emissions and large neural network training," arXiv 2104.10350 (2021).
[9] International Energy Agency, "Electricity 2024: Analysis and forecast to 2026" (2024).
[10] T. B. Brown et al., "Language models are few-shot learners," arXiv 2005.14165 (2020).
[11] A. S. Luccioni, Y. Jernite, E. Strubell, "Power hungry processing: Watts driving the cost of AI development," arXiv 2311.16863 (2023).
[12] 岡瑞起『ALIFE 人工生命:より生命的な AI へ』ビー・エヌ・エヌ (2022).
[13] I. H. Stevenson, K. P. Kording, "How advances in neural recording affect data analysis," Nat. Neurosci. 14, 139-142 (2011).
[14] K. Ota et al., "Fast, cell-resolution, contiguous-wide two-photon imaging to reveal functional network architectures across multi-modal cortical areas," Neuron 109, 1810-1824 (2021).
[15] L. Carrillo-Reid, J.-e. K. Miller, J. P. Hamm, J. Jackson, R. Yuste, "Endogenous sequential cortical activity evoked by visual stimuli," J. Neurosci. 35, 8813-8828 (2015).
[16] V. S. ラマチャンドラン『脳の中の幽霊、ふたたび』角川文庫 (2011).
[17] T. Patriarchi et al., "Ultrafast neuronal imaging of dopamine dynamics with designed genetically encoded sensors," Science 360, eaat4422 (2018).
[18] 川上良介・根本知己「生体深部の高解像度イメージング技術」応用物理 84、913-917 (2015).
[19] 山本英明「第6章 ナノテクで神経細胞の回路をつくる」、東北大学学際科学フロンティア研究所「百科繚乱」編集委員会編『百科繚乱 vol.2 〜若手研究者が挑む学際フロンティア〜』東北大学出版会 (2020).
[20] 山本英明・平野愛弓・佐藤茂雄「マイクロ流体デバイスを用いた神経回路機能の実細胞再構成」応用物理 92、278-282 (2023).
[21] 神経細胞に遺伝子導入した光感受性イオンチャネルを活性化させることにより培養神経回路を構成する特定の神経細胞に刺激を入力する手法
[22] 細胞内のカルシウムイオン濃度に応じて蛍光強度が変化する生体分子や化学物質を用いて、神経細胞の活動を可視化する手法
[23] 密に結合した部分集団(モジュール)が全体の中に複数存在しているようなネットワークの構造。生物の脳神経系の特徴の1つとして、進化的に保存されていることが知られている。
[24] H. Yamamoto, F. P. Spitzner, T. Takemuro, V. Buendía, H. Murota, C. Morante, T. Konno, S. Sato, A. Hirano-Iwata, A. Levina, V. Priesemann, M. A. Muñoz, J. Zierenberg, J. Soriano, "Modular architecture facilitates noise-driven control of synchrony in neuronal networks,"

Sci. Adv. 9, eade1755 (2023).

[25] H. Yamamoto, S. Moriya, K. Ide, T. Hayakawa, H. Akima, S. Sato, S. Kubota, T. Tanii, M. Niwano, S. Teller, J. Soriano, A. Hirano-Iwata, "Impact of modular organization on dynamical richness in cortical networks" Sci. Adv. 4, eaau4914 (2018).

[26] 田中剛平他『リザバーコンピューティング：時系列パターン認識のための高速機械学習の理論とハードウェア』森北出版 (2021).

[27] T. Sumi, H. Yamamoto, Y. Katori, K. Ito, S. Moriya, T. Konno, S. Sato, A. Hirano-Iwata, "Biological neurons act as generalization filters in reservoir computing," Proc. Natl. Acad. Sci. U.S.A. 120, e2217008120 (2023).

[28] 住拓磨・山本英明・千葉逸人・香取勇一・平野愛弓「培養神経回路のネットワーク構造とリザバーコンピューティング」日本神経回路学会誌 31、131-140 (2024).

[29] https://www.mnbc.riec.tohoku.ac.jp/Areas_B/

[30] T. Murakami, T. Matsui, M. Uemura, K. Ohki, "Modular strategy for development of the hierarchical visual network in mice," Nature 608, 578-585 (2022).

[31] https://neuchip.eu/

[32] https://www.mnbc.riec.tohoku.ac.jp/

第四章　不連続的に異なる枠組みに向かう現代暗号

静谷　啓樹

現代暗号は情報社会全体に深く織り込まれ、私たちは意識することなく暗号を日常的に使う段階にまで達しています。いま、その現代暗号は現行方式を捨て、新しい計算モデルに基づく攻撃方法に耐性を備えたものに一斉転換しようとしています。現代暗号の特徴と基盤となる科学、次の枠組みに向かうべき技術的理由や現状などについて、原則として数式を使わずに紹介します。

第一節　概　説

1.1　現代暗号とは

現代暗号という言葉は、文字通り今の時代に使われている暗号という意味ももちろんありますが、遅くとも紀元前19世紀頃から現在に至る数千年の暗号史の中で、特定の時代区分の暗号を表す術語としても使われています。後者の意味で、現代暗号は1970年代に現れました。その特徴は二つあり、しかもそれ以前の暗号にはなかったものです。

一つは、暗号系の基本的構成要素である鍵生成・暗号化・復号について、それらのアルゴリズムをすべて公開するという考え方を導入したことです。鍵生成とは、平文（ひらぶん）を暗号文に変換（暗号化）するための暗号化鍵と、暗号文を平文に戻す（復号する）ための復号鍵とを作成する方法のことを言います。鍵の作り方だけでなく、暗号化の手順と復号の手順、さらに安全性の数学的証明も公開することにより、例えば証明の不十分な点や誤り、運用次第で露呈する弱さを衝いた攻撃法などを見つけることが可能になります。このように、世界中の専門家たちによる批判的検討を経て、その時代で最も強い暗号に鍛え上げることが

できる、という利点が生まれました。

　特徴の二つ目は、暗号系の安全性概念として従来の物理的安全性、情報理論的安全性に加えて、新たに計算量理論的安全性が導入されたことです。計算量理論的安全性とは、標語的に短く表現しますと、数学的な問題を解く難しさと暗号系の破りにくさ、つまり安全性がリンクしている状態のことを言います。その核心部を担うのは、一方向性の写像です。集合間の写像について、順方向の元の対応は簡単に計算できるのに対し、逆方向の対応を計算することは難しい問題になってしまうものを指します。集合が数の場合は一方向性関数と言います。計算量理論は、計算可能性理論とともに計算理論という領域を構成しており、数学におけるヒルベルトの第10問題を源流の一つに持ち、問題の難しさに理論的な特徴を与えようとする学問分野です。このため現代暗号理論は計算量理論というインタフェースを通じて、純粋数学など数理科学分野全般とも連携することとなりました。さらに、現代暗号は単に秘密通信だけでなく、デジタル署名や認証など、権利・財産を保護するための多様な機能も達成されるため、伝統的な軍事・外交の文脈を離れ、ネットワーク社会の市民生活に必要不可欠な基盤技術として使われるようになりました。

　以下では、二つ目の特徴をもつ現代暗号を中心に紹介するため、漠然と現代暗号ないし暗号系と言えば、現代暗号のうち特に計算量理論的安全性に基づいて構成された暗号方式たちを指すものとします。

1.2　計算能力との関係

　現代暗号では一般に、数学的な問題を解く難しさと暗号系の破りにくさ、つまり安全性がリンクしているのでした。そこで使われる難しい問題は代数学や数論の言葉で定義されるものが多く、大きな整数を使った具体的問題を提示して絶望的に手に負えないものに仕上げる傾向があります。このため、鍵生成・暗号化・復号に非常に大きな整数の演算が必要になり、相応の計算能力（計算機性能だけでなくアルゴリズムの能力も含みます）を不自由なく使える環境が必須です。ところが、使える計算

能力が高ければ高いほど暗号系の運用にとって有利な環境かと言えば必ずしもそうではなく、むしろそれは暗号系への攻撃に転用されかねない、潜在的脅威を備えた環境と認識され得ます。形容矛盾とも、屈折した感情とも思われる表現を使えば、現代暗号と計算能力は親密な敵対関係にあります。

しかしこれではあたかも、有能な側近のことを自分の存在価値を脅かす敵と認識する器の小さいリーダーのようでもありますが、このアレゴリーで自然に推測される結末と決定的に違うのは、現代暗号の場合、敵に敬意を表して自ら平和的に身を引くとともに、自分をさらに次の段階に成長させる点です。実際、現代暗号の半世紀ほどの歴史を振り返ると、情報や情報システムに関係する人類の活動を現代暗号が広く下支えする姿が見られる一方で、数学・理論計算機科学・半導体技術・ネットワーク技術の協働によって容赦なく巨大化する計算能力との破局的衝突を、用心深く回避してきた事実も浮かび上がります。

この衝突回避行動は、現代暗号の本来機能を維持するために必要な対抗策と総括できますが、具体的な対抗のレベルは様々です。救急絆創膏程度の小規模なものから、トーマス・クーン用語としてのパラダイム転換に近い大規模なものまであります。実は本稿の表題は、現代暗号が今まさに後者の大規模な転換を行いつつある姿を最終的に描くことを約束したものです。まずは、計算能力が脅威となるメカニズムを少し詳しく見ていきます。

1.3 難しさと安全性

ある数学的な問題が計算量理論的に難しいと言うとき、それは決して解けないという意味ではなく、効率的な一般解法が知られていないことを意味します。注意していただきたいのは、存在しないのではなく、「知られていない」という点です。何かに遠慮しているかのような口ぶりの理由は、将来、才能ある誰かが画期的解法を見出す余地を残す面もありますが、白状しますと、存在しないと言い切ることのほうがずっと困難

なためです。事実、もし非存在を証明できると、計算量理論の草創期以来の重要な未解決問題（P vs NP 問題）が解決します。なお、この未解決問題はリーマン予想や BSD 予想などと並んで、21 世紀の人々に解決が託された数学上の未解決問題の一つにもなっています。

　さて、計算量理論的に難しい問題の定性的性質を説明します。その問題の具体的な例題（計算量理論の用語でインスタンスと言います）が与えられたとき、小さいサイズのものなら簡単に解けるかもしれません。しかし、インスタンスのサイズを大きくしていくと、解を得るまでに要する時間や記憶容量が、まるで急勾配の上り坂か崖のように劇的に増大し、もはや解くのは現実的ではないという事実を突きつけられます。もちろん、解は存在しますから計算を続ければ数万年後くらいには解けると期待されるのですが、それは実態としては非現実的です。すなわち、いつかは解けますが、解けたところで人間のライフスパンに照らして遥かなる未来なので諦めてください、という一種の開き直りがあります。そしてこれこそが、「計算量理論的に難しい」が暗号の文脈で意味するものです。

　要するに現代暗号は、一定サイズ以上の大きなインスタンスが現実的には解けないのをいいことに、それが解けないと暗号は破れないというリンクを精緻に設計することで安全性を確保しています。とはいえ、巨大な計算能力を持つ計算機が出現し、難しさの崖を易々と登り切る可能性が常にあります。例えば、悪意ではない特定の目的で世界中の有志が SNS などで連携し、多数の高速計算機を高速ネットワークで相互接続して協調的に一つの巨大な計算機を構成する形での出現があり得ます。そのような計算能力が暗号系の安全性を担保する問題のインスタンスを解く能力に迫ると評価されたとき、暗号系への脅威と認識します（暗号理論では、暗号系が危殆化すると言います）。つまり、実際に暗号系への攻撃に使われるかどうか分からないのに勝手な敵認定で失礼な話なのですが、危険な攻撃者に転じる可能性を否定できない潜在的脅威として認識されることになります。

1.4　危機回避の実際

　難しい問題のインスタンスのサイズは、同時代で最高の計算能力を使っても遥かに手が届かない難しさに設定するのが常套ですが、それでも危殆化傾向が認識されたときは、その状態からできるだけ早めに離脱する必要があります。最も普通に行われる対抗策は、暗号系の安全性が寄りかかる問題の種類を変えず、インスタンスのサイズを一段と大きくして、追いついてきた計算能力を振り切るものです。

　例えば、ある暗号系が素因数分解問題の難しさに依拠して安全性を確保しているとします。素因数分解の概念は現行の学習指導要領では中学1年次で学習しますが、実は計算量理論の分野では、標準的な計算モデルで効率的な解法が知られていない、したがって困難な問題と認識されています。例えば、15 という整数を素因数分解せよとのインスタンスが与えられたとき、多くの人はすぐに相異なる二つの素数の積として 3 × 5 と答えられるはずです。しかし、相異なる二つの素数の積という点で同様であっても、10 進数で 309 桁（2 進表現で 1024 ビット）を分解せよというインスタンスでは、印象が相当に変わるのではないでしょうか。このサイズを分解することは 20 世紀末頃までは非現実的と見積もられていたのですが、いわゆる IT 革命を経て世の中の計算能力が上がってきたことから警戒して、2010 年限りで 1024 ビットの分解問題を利用することをやめました。代わりに 10 進 617 桁（2048 ビット）以上のインスタンスで分解問題の難しさを運用するよう変更されています。もちろん、これとて危殆化する日がやがて訪れます。

1.5　危機回避の限界

　2011 年、素因数分解問題のインスタンスの推奨サイズ（ビット長）を2倍に、10 進数としては 2^{1024} 倍に変更はしたものの、そのようなサイズ倍増という方向性の危機回避では暗号学的に安全な未来は到来しそうもないことが、実はその時点で既に分かっていました。それは 1994 年開催の理論計算機科学の国際会議で、量子力学的な性質を利用してアルゴリ

ズムを実行する計算モデル（量子計算モデル）上で効率的に実行可能な、あるアルゴリズムが発表されていたからです。ピーター・ショアが開発したそのアルゴリズムにより、素因数分解問題など、現代暗号の計算量理論的安全性の根拠として使われている数学上の困難な問題たちは、量子計算モデルを使えば現実的に解ける易しい問題になってしまうことが証明されていました。すなわち 1994 年以降、計算量理論的安全性に基づくほとんどの暗号系は、現実に稼働はしているものの理論上の安全性は、ある意味で失っていました。しかし、大きなサイズのインスタンスを扱える汎用量子計算機（量子計算モデルを具現化する計算機で、ゲート型量子計算機とも呼ばれます）の実現には様々な技術的困難を克服する必要があり、開発期間は相当長期に渡ると見積もられました。したがって現代暗号に深刻な脅威が近づきつつあることは間違いないものの、当面は切迫した脅威として扱わないとの評価がなされたため、その後も様々に応用範囲が拡大され、使い続けられる状態になっていました。

　もし、大きなサイズのデータを扱える汎用量子計算機の実機が稼働する日が来ると、現代暗号系とそれを応用したシステムは、実際に攻撃の対象になるかどうかは別として、安全性の根拠を理論上だけでなく現実的にも失いますので、一斉に破綻状態になります。その暗黒の日を指して Q-day と呼ぶことがあります。Q は量子の英文頭文字です。Q-day がいつなのかを予測することは難しく、間もなく来るとも 2050 年あたりとも言われていて、確度の高い絞り込みはできていません。

1.6　次世代現代暗号へ

　ショアのアルゴリズムに対して暗号理論を含む理論計算機科学のコミュニティはどう反応したかといいますと、まずはもちろん、この衝撃的な成果を激賞しました。実際 1988 年、国際数学連合（IMU）からショアにネヴァンリンナ賞（現 IMU アバカス・メダル）が授与されました。この賞は情報科学の数学的側面における顕著な貢献に対し、国際数学者会議（ICM）の場で授与されるものです。また 1999 年には、理論計算機科

学の学会である ACM SIGACT と EATCS からゲーデル賞も授与されました。これは、ショアが 1994 年の国際会議発表論文をもとに 1997 年に学術誌上で出版した論文に対するものでした。

　一方、暗号理論研究者たちには深刻な課題が残されました。何しろ、現役の暗号系の大部分を、理論上とはいえ撃破する方法が発見されたのですから。そしてその課題に研究者集団としてどう向き合ったかを極めて単純化して言えば、研究テーマを二本柱にして並行的に進めることとなりました。一つは、現に世界中で利用されている現代暗号の各方式とその理論背景に関して、一層の洗練を目指す研究活動。そしてもう一つが、Q-day を実質無効化する方策の研究です。つまり、量子計算モデルで解法を考えても容易に解けそうもない数学的問題の探索と、それに基づく新しい暗号系の開発、そして Q-day の前に一斉にそちらに移行するというプログラムです。これらは、高度情報社会を下支えする責任を担うこととなった暗号の研究者たちとして、冷静な態度だったと言うべきでしょう。

　21 世紀に入ると、扱えるデータのサイズは大きくはないものの汎用量子計算機の実機の開発が盛んになりました。この動向を受けて遂に 2016 年、量子計算機に耐性を持つ暗号（PQC、post-quantum cryptography）の標準方式の公募が NIST（アメリカ国立標準技術研究所）によりアナウンスされました。これには 69 件の方式が応募しましたが、数段階の選考過程の末、最終的に残った 4 件の方式が 2022 年に標準の PQC として選定されました。4 件のうち 3 件が格子（lattice）と呼ばれる数学的な対象に付随して定義された問題の難しさに安全性を依拠したもので、その問題には現在のところ量子計算モデルで効率的な解法は発見されていません。選定された 4 件は 2023 年から順次、標準方式として仕様が公表されていますが、2024 年には早くも、ビッグ・テックの一つが自社製品の通信方式に採用する旨を発表しました。

　科学・技術史の視点では、1970 年代から現在までを便宜的に現代暗号第一世代とするなら、汎用量子計算機に耐性を持つ暗号は第二世代の現

代暗号と呼ぶべきものです。いわゆる Q-day 以後、第一世代で担保されていた安全性は根拠をすっかり失いますので、現代暗号が実用目的で第一世代に後戻りすることはありません。トーマス・クーン用語としてのパラダイム転換に近い、と先に表現したのは、このように体系や方法論が一斉に不連続に変更されて元に戻らない姿を踏まえてのことでした。実際、第一世代と第二世代では、方法論としての数学の内容に、ほとんど重なりがありません。

注意が必要なのは、第一世代で安全性の根拠とされてきた難しい問題たちに関する様々な理論的成果（定理など、数学的に証明された事実）は、Q-day 以後も真理であり続ける点です。失われるのは暗号の安全性への応用という技術上の実利性だけです。

第二節　補　説

前節までが本稿の要旨にあたりますので、ここで読了しても差し支えありません。

この先は少し専門的な概念も交えた補足の説明になります。ただし、術語の定義は厳密さよりも直観的理解を優先します。また、数式を使わない原則は維持しますが、原則を外れたほうがむしろ理解を助けると期待される場面もあり、少しだけ数式を使います。

2.1　三つの安全性

古代からの暗号の安全性は概ね、物理的安全性と情報理論的安全性に分類されます。現代暗号ではこれらの安全性概念が廃れたのではなく、この二つに計算量理論的安全性が加わった形になります。

物理的安全性とは、物理的な実体のあるものに安全性が依拠している状態を言います。例えば、紀元前5世紀のスパルタで使われたスキュタレー暗号では、送信者と受信者が同じ寸法の円筒状の棒（スキュタレー）を持つ必要があり、その物理的実体こそが暗号化と復号の鍵になっています。一対のスキュタレーの片方を正当でない者が入手すると、これは

第四章　不連続的に異なる枠組みに向かう現代暗号

鍵が漏れたことになりますから、暗号文を復号できるだけでなく、暗号化に使えば、受信者側が真正性に矛盾を見出せない暗号文を偽造することが可能になります。

　現代の物理的安全性の典型的な例は量子暗号です。これは量子計算機に耐性を持つ暗号（PQC）と時々混同されるのですが、全然違うものです。量子暗号では、例えば光子（フォトン）に情報を載せて送るような通信方式が典型例です。この場合、通信路で誰かが傍受して光子を捕獲または観測すると、光子は消失または状態が変化するため（不確定性原理）、受信側では傍受されたことを検出できます。このように情報担体の量子としての特性を利用しながら、暗号通信に必要な鍵を安全に配送する方式などが考えられています。

　もう一つの典型例は物理複製困難関数（PUF、Physical Unclonable Function）です。集積回路は仕様・設計が同一であっても、製造の際に構造上の微少なゆらぎが個体ごとに生じることから、一部の入出力特性（関数）は観測可能な程度に個体固有の特徴を示します。その個体差を集積回路の指紋情報と見て認証などに使おうという考え方です。この場合、物理的安全性を担う実体は厳密には集積回路ですが、実際にはその集積回路を実装したハードウェアになります。

　情報理論的安全性とは、1940年代、情報理論に基づいて暗号の安全性を定式化したクロード・シャノンによる安全性概念です。ここで情報理論とは、情報の理論そのものではなく通信の数学的理論で、同じくシャノンが構築しました。情報理論的安全性の具体的な意味は、例えば平文1ビットに対応する暗号文が与えられ、それをもとに平文を推定するとき、平文が0か1かを確率1/2を超えて正答できない状態を言います。つまり、コイン投げの結果で答案を書くのと変わらない状態です。情報理論的安全性が成り立っている場合、まったく区別できない二つのものを区別しようとしているのですから、どんなに強力な計算能力を動員しても、無力です。そのため無条件に安全という表現もなされます。

　情報理論的安全性の概念は、現代暗号の安全性証明における識別不可

能性という言葉で一般化されています。例えば、暗号方式と鍵とを固定して、自然言語で記述した意味のある平文を暗号化して生成したビット列と、ランダムで無意味な文字列を暗号化して生成したビット列とが与えられて、どちらが意味のある文章に由来するビット列かを言い当てる問題があったとします。もし1/2より高い確率で正答できるアルゴリズムが存在するなら、それは平文の情報が暗号文に多少なりとも染み出していて、それを利用して識別していることになります。したがってこの問題は、確率1/2を超えて正答できない問題になっていることが理想であって、そうなるよう暗号系を設計することが重要になります。現代暗号理論ではこれを識別困難性ないし識別不可能性（indistinguishability）と呼び、暗号系の安全性とその強度を評価する際の重要な評価尺度となっています。

　計算量理論的安全性とは、数学的な問題を解く難しさと暗号系の破りにくさ、つまり安全性がリンクしている状態のことを言うのでした。ここで計算量理論とは、問題を解くための計算の難しさを研究する学問分野です。具体的には、問題を解く手順の効率化の限界、難しさによる問題たちの順序付けなどの検討のほか、ある問題とまったく違って見える別の問題が実は本質的に同じ問題と指摘したり、問題たちを難しさの特徴で分類して構造を調べたりします（1.3節で触れた「P vs NP問題」は、構造に関する未解決問題です）。そこでここでは、「難しさ」という言葉をどう価値中立的・定量的に扱うかを定義しなければならないのですが、それには準備が必要ですので、項を改めることにします。

2.2　難しさの定義

　例えばある問題について、家のPCでは1時間後にやっと答えが出たのできっと難しい問題だろうと思ったら、大学のスーパーコンピュータでは1秒もかからなかった、という事態をどう考えればいいでしょうか。難しさを情緒的ではない表現にしたいとき、長さや重さなどに定められているような標準的な尺度が必要になるのは明らかです。そこで計算量理

第四章　不連続的に異なる枠組みに向かう現代暗号

論では、CPU 性能などに影響を受けない標準的な計算機として、実在しない抽象計算機を考えます。それをチューリング機械と呼びます。後に量子チューリング機械という別の計算モデルも現れますので、量子力学と古典力学の関係と並行的に「古典チューリング機械」というレトロニムも与えられてはいます。しかし、古典という文字の印象から誤解され、現役の抽象計算機にもかかわらず、古色蒼然の機械と思われることも多いので、本稿では量子と区別するときに限って「慣用チューリング機械」「慣用計算モデル」などと呼ぶことにします。

　ある問題を解くアルゴリズムが存在するとき、それを計算するチューリング機械が等価的に存在します。実在はしませんが、仮想的に存在します。簡単のため、ちょうど PC にソフトウェアをインストールするように、チューリング機械にはそのアルゴリズムが実装されていると考えることにします。このチューリング機械は、入力（インスタンス）に対してアルゴリズムを実行し、解を出力します。このとき、問題の難易の指標として「計算時間」を採用します。ただし、PC とスパコンの例で述べたような、入力から出力までに何分何秒とかではありません。計算時間はチューリング機械の基本動作の回数で評価します。例えば、出力までに算術演算を何回実行したかに注目して計測します。そしてその回数のだいたいの大きさを、「入力の表現の長さ」を使って記述するのが約束です。入力の表現の長さとは、2 進表現ならビット長、10 進表現なら桁数です。ここでは現実世界の計算機に合わせて、文字も数字も 2 進表現にします。例えば、整数の 16 を入力するとき、16 は 5 ビットの長さで表現できますから、長さは 5 になります。

　具体的なアルゴリズムで「計算時間」を実感してみます。数字に特別な意味があるわけではありませんが、2^{16} を二通りの方法で計算します。アルゴリズム I は、$2 \times 2 \times \cdots \times 2$ と 15 回の掛け算を実行するもの。アルゴリズム II は、$2^2 = 2 \times 2$、$2^4 = 2^2 \times 2^2$、$2^8 = 2^4 \times 2^4$、$2^{16} = 2^8 \times 2^8$ と計算するもので、これですと掛け算の回数は 4 回です。すなわち、アルゴリズム I ではべき乗の数そのものと同じくらいの掛け算の回数、II では

べき乗の数に対する表現の長さほどの掛け算の回数になっています。IIのほうが「速い」アルゴリズムと感じられるのではないでしょうか。

これらを少しだけ一般化してみます。非負整数 x が入力されたとき、a^x（正整数 a の x 乗）を計算して出力する二つのアルゴリズムを考えます。入力 x の 2 進表現の長さは n とします。アルゴリズム I は、$x-1$ 回の掛け算を実行するものです。一方のアルゴリズム II は、n 回程度（実際はその定数倍程度）の回数の掛け算を実行するものです。すると、アルゴリズム I の掛け算回数はだいたい x ですから、n が概ね $\log_2 x$ であることに注意すれば、掛け算回数は指数関数 2^n くらいになっているのに対し、II は定数を無視してだいたい n ですから、n の多項式です。すなわち、算術演算の回数を入力の表現の長さに基づいて計算時間を記述するなら、アルゴリズム I は指数関数時間、アルゴリズム II は多項式時間です。そして一般に、I のような計算時間の特徴を持つものを指数関数時間アルゴリズム、II については多項式時間アルゴリズムとそれぞれ呼びます。

一般に、指数関数 2^x と x の勝手な多項式 $P(x)$ について、x を大きくしていくと指数関数のほうが多項式よりずっと急速に増大します。そこで、多項式時間かそれ以下の計算時間のアルゴリズムをもつ問題を易しい問題、または効率的に解ける問題と呼び、多項式時間を超える計算時間（指数関数時間もそうです）のアルゴリズムしか知られていない問題を難しい問題と呼びます。すなわち、多項式時間は難易の境界線となります。

2.3 一方向性関数

難しい問題は一方向性関数によく使われます。ただし、一方向性の定義には難しいインスタンスの分布まで考慮した強い定義と、そうではない弱いものがあり、ここでは弱い意味の一方向性関数を漠然と考えます。例えば、相異なる 2 つの素数 p、q が与えられたとき、両者の積 $N=pq$ を計算する関数を考えます。この関数は整数の掛け算だけですから易しいものです。ところが、N が与えられて 2 つの素数 p、q に分解する逆方向の計

算は素因数分解問題になり、慣用計算モデルでは一般のインスタンスに対して多項式時間アルゴリズムが知られていない難しい問題になるため、一方向性と見られています。実際、素因数分解問題を解く最速のアルゴリズムとして一般数体ふるい法が知られていますが、それでも指数関数時間より少し速いだけで、多項式時間には達していません。

なお、Nだけを知っている人とp, qも知っている人とでは実行可能な計算に差が出るため、Nを暗号化鍵の一部として公開し、p, qを秘密の復号鍵を生成する情報とすることで、公開鍵暗号と呼ばれる暗号方式の代表例である RSA 暗号が構成されました。公開鍵暗号方式では暗号化鍵と復号鍵が異なるため、非対称鍵暗号方式とも呼ばれます。一方、暗号化鍵と復号鍵が同じ（つまり送信側と受信側で鍵が同じ）方式を共通鍵暗号方式、または対称鍵暗号方式と言います。

そのほか、離散的な値をとる指数関数も一方向性と見られています。正整数 m, g, x の入力に対し、$y = g^x \bmod m$ を計算して y を出力する関数を考えます。ここで「$\bmod m$」とは、m で割った余りを y の値にする、という意味です。この関数の計算はべき乗だけですから前小節で見たように簡単に実行できるのですが、逆方向の（m, g, y が与えられて x を求める）計算は離散対数問題と呼ばれ、慣用計算モデルでは難しい問題になります。離散対数を計算する具体的なアルゴリズムとしては、m が素数のときに適用できる一般数体ふるい法が最速ですが、指数関数時間より少し速い程度です。なお、整数だけを使う見通しのよい代数系の上で離散対数問題を定義して説明しましたが、一般には群と呼ばれる代数系、特に元の数が有限個である有限群の上で定義されます。集合の任意の元を対象に何らかの演算が定義され、いくつかの公理を満たすとき、その集合を群と言います。少し大がかりな例になりますが、0 で割ること以外の四則演算ができる有限集合である有限体について、その上で定義された楕円曲線は自然に有限群となり、暗号系への応用上、重要な離散対数問題を構成できます。楕円曲線とは円を潰したような図形のことではなく、代数学・幾何学・解析学を横断する現代的な研究対象で、1.3 節の前半で

触れた BSD 予想は有理数体上の楕円曲線の性質に関する未解決問題です。

2.4　P vs NP 問題

　前小節の文章では、一方向性と「見られています」という表現を使いました。この他人事のような表現には理由があり、1.3 節と 2.1 節で触れた未解決問題「P vs NP 問題」と深く関係しているためです。そのことを補足します。

　まず記号の定義です。P も NP も集合の集合で、計算量ないし複雑度のクラスと呼ばれます。集合 A がクラス P に属するとは、任意の文字列が与えられたとき、それが A の元かどうかを効率的に（多項式時間で）判定できることを言います。一方、集合 B がクラス NP に属するとは、任意の文字列が与えられたとき、それが B の元かどうかを効率的に判定できるとは限らないものの、B の元であることの証拠の文字列を見せられれば、確かに B の元であると効率的に（多項式時間で）検証できることを言います。例えば、n 個の論理変数から構成される勝手な論理式が与えられたとします。論理変数は 0 か 1 の値をとりますから、全部で 2^n 通りの $\{0、1\}$ パターンがあります。そこで、その全パターンの中に論理式を 1 にするようなもの（すなわち、論理式 = 1 という方程式を満たす解）があるかどうかは、簡単に判定できるとは限りませんが、そうなるパターン（方程式の解）を教われば、確かに 1 になると簡単に検証できます。NP に属する集合たちの判定問題は、どれもそのような感触のものです。なお、定義から自然に P ⊆ NP です。

　以上で、「一方向性と見られています」問題を説明する準備ができました。なぜそういう表現になったかと言いますと、一方向性と証明された関数はただの一つも知られていないためです。そして、もし一つでも一方向性と証明できると、未解決の「P vs NP 問題」が P ≠ NP という形で決着します。すなわち、弱い定義の一方向性関数が存在するならば、P ≠ NP です。逆に P ≠ NP ならば、弱い定義の一方向性関数の存在を証明できます。つまり両者は同値です。したがって、P = NP ならば、そも

そも一方向性関数は存在しません。それゆえ、この数学上の未解決問題は現代暗号の重要関心事であるとともに、現代暗号の技術で成り立っている情報インフラにとっても死活問題なのですが、研究者の多くはP ≠ NPと考えています。ただし、依然として証明できていません。

2.5　ゼロ知識証明

少し寄り道になりますが、一方向性関数だけでなく、現代暗号に強烈な影響を与えた概念にゼロ知識証明（zero knowledge proof）というものがありますので、短く紹介します。

情報理論的安全性の説明で触れた識別不可能性の概念が本質的な役割を果たした画期的な例は、1980年代前半に計算量理論分野に現れたゼロ知識証明でした。ゼロ知識証明とは、識別不可能性に密着したゼロ知識性という性質を満たす対話証明のことで、ある命題が正しいという事実を、なぜ正しいかの情報を示さずに証明できる対話型の証明法です。

対話証明は、本来は計算量理論における概念です。これを道具に既存の計算量のクラスにメスを入れることで思いもよらない特徴付けが発見されるなど、計算量理論の深化に多大な貢献をしました。ゼロ知識性も満たす対話証明は現代暗号の文脈と親和性が高く、例えば暗証番号を伝えることなく暗証番号を知っているという事実のみを証明する方法などがすぐに考案されました。現在ではゼロ知識証明の考え方やプロトコルは、その変形版を含めて、電子投票や暗号資産など様々な暗号技術に組み込まれています。

2.6　ショアのアルゴリズム

本筋に戻ります。量子チューリング機械と慣用チューリング機械では何が違うかといいますと、量子計算モデルでは状態の重ね合わせが使える点です。典型的な例ですが、nビットの総当たり（nビットの全パターンを試す方法）で解を求めるような場合で差が出ます。慣用計算モデルではnビットのパターン総数である2^n通り実行する必要がありますが、

量子計算モデルでは長さ n の量子ビット（qubit）が 2^n 通りのパターンを重ね合わせた状態の入力にすることが可能で、その場合、計算結果も 2^n 通りの重ね合わせになります。ただし、2^n 通りのすべての結果が得られるわけではなく、観測によって得られるのは1つだけです。したがって、ほしい結果を得る確率を上げ、要らない結果を得てしまう確率を相対的に下げる工夫が量子計算モデルのアルゴリズムに要求されます。具体的には、状態を重ね合わせたとき、不要な部分については波が打ち消し合って減衰するようなことを仕組むのが普通です。反対に、そういう仕組みができそうもない問題に対しては、量子計算モデルが威力を発揮するのは簡単ではなくなります。

ショアは、量子チューリング機械で素因数分解問題と離散対数問題に対する効率的なアルゴリズムを構築しました。これにより、素因数分解や離散対数の計算の難しさに頼って一方向性と見られている関数は、量子計算モデルのもとでは一方向性を失うことになりました。なお離散対数問題については、ショアの論文では正整数 N で整数を割った余りの代数系で考えた離散対数問題を解くものでしたが、後に別の研究者たちによって、上位概念であるアーベル群の上で定義された離散対数問題にも適用できることが示されています。実はショアのアルゴリズムは後に一般化した解釈がなされ、有限ないし有限生成アーベル群上の隠れ部分群問題と呼ばれる問題を解くものとして再定位されています。アーベル群とは、その群で定義された演算「・」に関して、$a \cdot b = b \cdot a$ という可換性がどの元についても成り立つものを言います。有限生成とは、群の有限な部分集合の元たちによって他のすべての元を記述可能なときです。部分群とは、群の部分集合が同じ演算で再び群になっているものを指します。

ショアのアルゴリズムの核心は、周期性を検出する部分です。素因数分解問題や離散対数問題が周期とどう関係するのかを説明することは簡単ではないのですが、原理的な事項だけ紹介します。有限群とその部分群のそれぞれの元の個数について、後者は必ず前者を割り切るという、

群論では基礎的な事実を応用しています。求めたい量と関係している元の個数を持つ有限群について、その部分群を周期という量を通じて発見・利用するなどして解に結び付けています。具体的には、離散対数問題・素因数分解問題のどちらについても、インスタンスに応じた重ね合わせ状態を生成してから量子計算版の離散フーリエ変換を使い、そこで得られた周期から解につながる情報を得て問題を解きます。フーリエ変換は周波数分析（スペクトル解析）では普通の手法で、周期と表裏の関係にある周波数の箇所に強い線スペクトルが観察されるようなこと（この場合は高い確率で観察されること）と思って差し支えありません。このアルゴリズムは効率的で、量子多項式時間と呼ばれます。ただ、多少の失敗確率を含んでいるため、入力のビット長くらい繰り返すことで信頼できる解を得ることができます。繰り返し分を考慮しても量子多項式時間です。

　集合の元かどうかを判定する問題の場合、量子計算モデルを使って多項式時間で判定できる集合のクラスを **BQP** と呼びます。**BQP** と **NP** との重なり具合や包含関係はまだ研究途上です。ただし、**P** は **BQP** に包含されます。一方、素因数分解問題や離散対数問題とそれぞれ等価な難しさの判定問題（射影と呼ばれる手法で容易に構成できます）は、どちらも明らかに **NP** に属するものの **P** には属さないと思っていたら、ショアにより、それらはクラス **BQP** にも属することが分かった、ということになります。

2.7　次世代暗号

　2022 年、NIST が PQC として選定した次世代の方式は 4 件です。このうち 1 件が公開鍵暗号と鍵共有（KEM）用、他の 3 件は署名用です。

　KEM とは key encapsulation mechanism のことで、簡単に言いますと、鍵を公開鍵暗号方式で暗号化して送り、相手と鍵を共有する方式です。共有した後は、その鍵をもとに共通鍵暗号方式を使います。実は、国際標準の共通鍵暗号方式である AES は暗号化・復号ともに計算量が軽く高

速通信が可能で、量子計算モデルによる攻撃であっても破られるとは知られていません。したがって、AESに対する固有の攻撃法が見つからなければ、第二世代に移行後も使い続けられるでしょう。KEMに類似の考え方は、暗号化と復号の処理が重い公開鍵方式と高速通信を両立させる運用技術として現代暗号の初期から構想されていましたが、20世紀末頃から厳密な理論研究が進められました。

　署名用3件のうち1件は、ハッシュ関数を使った署名方式です。ハッシュ関数とは、任意の長さの文字列を一定の長さの短い文字列（ハッシュ値）に対応させる関数です。この豪快な多対一対応構造から明らかなように、まったく異なる文字列同士が同じハッシュ値になる可能性があります。これを暗号理論では衝突と表現します。しかし暗号用のハッシュ関数は一般に、ある文字列と同じハッシュ値を持つ別の文字列を見出すことが非常に困難なように設計されています。これを衝突困難性と言います。また、入力を少しでも変えると出力が著しく変わるため、もとの文書とハッシュ値のペアが分かっているとき、文書を少しでも改ざんするとハッシュ値がまったく異なるものになって、改ざんが検出されます。これらの特性を利用して、署名方式が構成されます。

　用途による分類ではなく、安全性の根拠となる困難な問題という切り口では、ハッシュ関数に基づく署名方式以外の3件が格子に関係する問題です。線形独立なn個のベクトルたち（基底）の整数係数の和によって表現できる点の集合をn次元格子と言います（つまりベクトル空間の離散部分空間です）。暗号への応用では、ユークリッド距離など何らかの距離が定義されている必要があります。格子は基底を与えることで一意に決まりますが、同じ格子を張る基底は一つとは限らず、互いに変換可能です。このような格子に付随する問題として、最短ベクトル問題（SVP、shortest vector problem）というものがあります。それは、基底が与えられたとき、その格子の中で原点からの距離が最短の点（原点を除く）を見つける問題です。これは現在のところ、量子計算モデルで（もちろん慣用計算モデルでも）効率的に計算できるアルゴリズムは知られていませ

ん。

　実際には、SVPそのものというより、多項式時間帰着という概念を使うことでSVPの最悪計算量と同じかそれ以上の難しさを持っていることが証明されているLWE（learning with error）という問題が使われる傾向にあります。LWEがどういう問題かを短く言えば、多変数の線形連立方程式を雑音環境の中で解く問題です。もちろん、解こうと頑張っている人の思考を雑音で妨害することではありません。連立方程式の各式に雑音項が付加されているという意味です。雑音がなければ効率的に解けるのですが、雑音のために真の解になかなか到達できないという難しさがあります。このLWE問題は、ごく少数が難しいインスタンスなのではなく、インスタンス全体について平均的に難しいことから、暗号系での利用に都合がいいものです。

　なお、NISTは2022年、PQCの追加募集を署名方式に限定して開始し、初期段階で不備のあったものを除く40件の応募方式について、選考を進めています。この中には既に選定された方式と同様、格子問題を利用しているものが含まれていますが、少ない種類の問題に依存して総崩れとなった第一世代の経験を踏まえ、問題の種類の意味で多様性のある選考結果になることを期待しています。

2.8　今後の展開

　最後に、現代暗号の将来にとっての重要な関心事を紹介します。全部で4点あります。

(1) 世代移行計画

　将来、どこかの時点で第二世代への移行が完了するはずなのですが、世界全体がどういう日程・方法で移行を進めるかの全体像はまだ不透明です。ただし、各国で移行計画の検討は進められています。また、財産や個人情報を預かる金融機関や行政機関などの一部でも移行実施態勢の検討を始めています。

　ところで、移行期特有の攻撃があります。これは、第一世代の方式で

生成された暗号文を単にため込むものです。これがなぜ攻撃かと言いますと、ひたすらため込んで保管し、Q-day 以降にそれを解読するという方針だからです。「Store now, decrypt later 攻撃」と（Harvest now, decrypt later とも）呼ばれます。これを防ぐための運用上の工夫が必要で、各国で基本的な行動計画が策定されています。

(2) 多様性の確保

2.7 節でも触れましたが、量子計算モデルによる計算でも難しい問題は、その種類に多様性が乏しいため、もし格子関連問題に有力な近似アルゴリズムなどが発見されると、影響が広範囲に及ぶことになります。問題の種類を豊かにすることが必要です。

例えば、NIST の PQC 公募では最終選考中に攻撃方法が発見されて選外となってしまいましたが、超特異楕円曲線の同種写像に付随する問題の難しさに依拠した方式がありました（術語の定義は省略します）。超特異楕円曲線の同種写像とその関連理論は、従来の現代暗号にはない深さがあり、しかも暗号系の構築に有利な特性（ラマヌジャン・グラフが構成できるなど）も持ち合わせていて、改めて検討がなされることが期待されます。

(3) 汎用量子計算機の開発

数万量子ビットほどの汎用量子計算機があれば、現在のインスタンス・サイズでの素因数分解問題や離散対数問題は解けると考えられています。しかし、雑音による誤りで状態の重ね合わせが崩れる現象が量子計算機の大規模化で課題になっています。誤り訂正符号を使う、という方針自体は正しいのですが、量子計算機では量子的なふるまいを妨害せずに従来の符号理論を適用することができません。

実は、ショアはあのアルゴリズムを発表した翌年、汎用量子計算機用としては初めての誤り訂正符号も提案しています。これを端緒に量子誤り訂正符号理論が活発になりましたし、ショアのアルゴリズムをどう効率的に実装するかの議論も盛んです。Q-day を起こすような計算機の出現時期は、このような課題への方策を物理学的な実現可能性の範囲内で

技術的に実装できる時期に依存します。

(4) P vs NP 問題の決着

　2.4節で短く紹介しましたように、これは20世紀中には解決せず、21世紀の人々に託された非常に困難な未解決問題です。暗号理論を含む理論計算機科学における多くの研究者は P ≠ NP と予想していますが、仮に P = NP ですと一方向性関数は存在しないことになり、計算量理論的に安全な暗号という分類に属する方式は消滅します。

　現在のところ、もし P ≠ NP という証明ができたとしたら、こういう方向性や証明手法ではあり得ない、というところまでは分かっていて、それらを避けながら新しい方向性の検討と理論的な道具作りが進められています。若い人々がこの問題に関心を持ち、世代を越えた努力で道具を豊かにして、いつの間にかこの問題を解決できるまでに理論が成長していた、という展開を期待しています。

第三節　図書案内

　本稿のような解説の場合、大量の文献を載せるのが常です。しかし、原則として数式を使わない直観的な解説を旨としていたにもかかわらず、最後になって突如、研究者しか読まないような原著論文に読者を突き放すのでは、人間性を疑われかねません。そこで、ある程度の専門的なレベルに到達可能な和書を3点、紹介します。

　第一世代の暗号系を解説する啓蒙書・教科書はたくさん出版されていますが、専門書は多くありません。ハンドブックや事典ではない専門書としては、

　　岡本龍明・太田和夫共編『暗号・ゼロ知識証明・数論』共立出版
　　（1995年）

があります。やや古い本ですが内容は体系的に整理され、充実しています。

　第二世代暗号系の端緒となったショアのアルゴリズムの解説書として次があります。

西野哲朗『量子コンピュータ入門』東京電機大学出版局（1997年）

全体的に説明が親切で分かりやすく、慣用チューリング機械と量子チューリング機械の解説から入ります。ショアのアルゴリズムの発表直後の出版でもあり、その衝撃の余韻も伝わります。一方、第二世代に関する和書はまだ点数が少ない状況です。研究活動が一段落しておらず、使う数学が格段に難しくなったことも一因と思われます。原著論文ではない解説記事や講演資料ならば、検索すれば見つかります。ただし、第一世代や第二世代という言葉は本稿に固有のもので一般的ではありません。PQCなどで検索してください。

もし、暗号理論というより計算量理論のほうを骨太に学びたい場合は、

戸田誠之助『グラフ同型性判定問題』日本大学文理学部・冨山房（2001年）

があります。著者は、数え上げ計算量のクラスと既存の計算量のクラスに関する驚異的な包含関係を証明した「戸田の定理」により、1998年にゲーデル賞を受賞した理論計算機科学者です。本書は、計算量理論の基礎から深い概念まで、グラフ同型性判定問題を一貫した演習教材として使用することで学べます。

第二部

人間・社会・歴史

第五章　「倫理の専門家」として病院で働く

田代　志門

はじめに

　私はもともと文学部の社会学研究室で研究者として育ち、今はそこで教員として働いていますが、それ以前の10年間は医学部と病院で「(生命)倫理の専門家」として勤務していました。特にがんの専門病院で働いていた頃は、医療者や研究者からの倫理に関わる相談対応に多くの時間を費やしました。こうした経緯もあって、文学部に戻ってからも研究・教育の傍ら全国の医学部や病院の倫理相談に乗ったり、倫理教育を提供したりという仕事を続けています。とはいえ、高校生や大学生の頃には、将来こんな途があるとは思ってもいませんでしたし、今でも一般的にはよく知られていない仕事だとは思います。

　何しろ日本で教育を受けると高校生の頃に理系と文系に分けられ、医学部は理系、文学部は文系という整理になってしまいますから、この2つの学部を行ったり来たりすることは稀です。また、病院で働く専門職と言えば主に医療系の資格があることが前提で、私のような文系の研究者が専門職の話し合いに口を出すことはほとんど想定されていません。実際一昔前は、文系研究者が医療現場で発言するのは煙たがられ、医療者との間にも敵対的な関係が形成されがちでした。しかし時代は変わりました。最近では医学部と文学部を行き来する研究者も増えてきましたし、医療者から積極的に現場に参画してほしいと依頼されることも少なくありません。そしておそらく今後この流れは強くなることはあっても弱くなることはないでしょう。

　このエッセイでは、その背景にある医療の大きな変化を整理しつつ、こうした場において文系研究者が何を期待され、何をしているのかを私

の経験に即して述べたいと思います。というのも、医療現場で働く「倫理の専門家」に期待されている役割を考えることは、今後の文学部的な知の可能性を示すことにつながると私自身は考えているからです。そこで、まず次節では私がどのような経緯で医学部と病院に就職し、そこで具体的に何をしてきたのかを整理してみましょう。

第一節　病院勤務の生命倫理学者になる
1.1　社会学から生命倫理学へ

　私自身は大学院に進学して以降、社会学、特に医療社会学を専門としつつ、その一方で生命倫理学と呼ばれる新しい分野横断的な領域で研究を進めてきました。社会学は経済学や政治学と同じく社会科学の一分野で、「調査とデータをふまえて社会の現実を理論的に理解しながら説明しようとする科学」だとされます[1]。私はそのなかでも特に医療に関わる「社会の現実」を追いかけています。特に専門としているのは医学研究の倫理と規制に関わる問題と終末期医療の問題です（田代 2011、2016）。ただし、社会学という枠は現実から少し距離を置いて考える分にはよいのですが、臨床現場や政策的な意思決定の場面に参画しつつ「こうすべきだ」という議論をする際には少し窮屈に感じられることもあります。そこで私はもう一つの枠として生命倫理学[2]（bioethics）という分野を選び、そこで異分野の研究者や現場の医療者と共同でより実践的な研究を進めてきました。このエッセイでの私の立ち位置はひとまずはこちらの方にあります。

　では生命倫理学とは何でしょうか。この分野の代表的な事典を紐解くと、「学際的な環境において、倫理学の多様な方法を用いて行う、生命科学と医療の道徳的次元……の体系的研究」（Reich ed. 1995: xxi）とあります。「生命科学の道徳的次元」について言えば、再生医療や脳科学などの新たな医学・生命科学研究がもたらす倫理的・法的・社会的課題が思い浮かびます（今日では「ELSI（ethical, legal, social implications）」と呼ばれる領域です）。他方で「医療の道徳的次元」としては生命維持治療の中止や

宗教的理由による輸血拒否など、臨床の意思決定に関わる問題群があります。こうした課題を「学際的」に追求するのがこの分野の特徴なのですが、これは要するに人文・社会科学から医学・自然科学に至る様々な研究者や臨床家が分野を超えて共同で取り組むということです。

　歴史的に言えば、生命倫理学は1970年代のアメリカで誕生・発展した研究領域であり、その出発点は人体実験スキャンダルに代表される医師・医学研究者への不信にありました（Rothman 1991 = 2000）。要は同意を得ることなく、リスクの高い実験に患者を参加させていたことが社会問題化し、それに対する対応が必要だと考えられるようになったのです。これは現在では「研究倫理（research ethics）」と呼ばれる領域になり、私の専門の一つはこれです。さらにその後、脳死・臓器移植など新たな医療技術を社会としてどのように受容していくかが問われ、それに対応していくなかで次第に新たな学問領域として確立していきました（Jonsen 1998 = 2009）。日本でも1988年に日本生命倫理学会が設立され、学際的な学会らしく理事は「生命科学・医療系」「哲学・倫理学系」「法律学・経済学系」「宗教学・社会学系」の4分野からバランスよく選出されています。ですので、私の場合はひとまずは社会学を背景としつつ、学際的な研究領域である生命倫理学に取り組んでいる、ということになります。

1.2　医療現場に近づく

　さて、そんな私がひょんなことから医学部に教員として就職することになったのは今から15年前のことでした。そこは大学医学部にある[3]生命倫理学の研究センターで、トップは医師でしたが、研究スタッフの背景は看護学、公衆衛生学、心理学、哲学・倫理学と多様で学際的な環境が整っていました。ただ、私自身は当初研究プロジェクトの一員として雇用されたこともあり、病院と関わる仕事は限られており、現場との距離は文学部にいた頃と大きくは変わりませんでした。

　その次に勤務したのは医療系大学の研究支援組織です。ここでは前の職場と変わって、様々な専門家とチームを組んで研究者からの様々な研

究相談に対応することが本務となり、その傍らで自分の研究・教育を進めるというスタイルになりました。私の役割は研究倫理の専門家として研究者に助言したり、倫理教育を提供したり、というものでした。とはいえ、上司の理解もあり、かなりの時間を自分の研究に使える環境にあったため、ここでも現場との関わりは限定的なものに留まりました。しかし、この状況は次の職場で大きく変わることになります。

　3つ目の職場はがん医療に関する国の研究機関で、私はこの組織に初めて作られた生命倫理の部門の責任者として招かれ、組織のデザインを含めて一任されました。最初の所属先は以前と同じく研究支援組織でしたが、すぐに社会医学系の研究所、さらには病院にも併任となり、メンバーは増え、仕事の範囲も拡大していきました。なによりそれまでとは違い、初めて自ら「生命倫理」という看板を掲げて活動したこともあり、自分たちの専門性を医療者や研究者に適切に理解してもらえるよう常に気を配る必要がありました。

　まず具体的に求められていたのは研究倫理に関する仕事でした。ここでは特に「研究倫理コンサルテーション」と呼ばれる活動を紹介しておきたいと思います。研究倫理コンサルテーションとは一般的には研究の計画から公表に至るあらゆる場面で研究倫理の専門家が助言を行う活動とされています（會澤 2013）。典型的には「事情があって患者からの同意が得られないが、医療情報や生体試料を研究で利用したい場合にどうしたら良いだろうか」とか、「医療の一環として行った処置だが、学会報告するに際して倫理審査は必要だろうか」といったような質問に答えることですが、これに留まるものではありません。一部の米国の病院では以前から実施されていましたが、2000年代半ば以降に国の大規模な研究助成事業の募集要件のなかで体制整備が明記されて以降、急速に注目されるようになりました。日本では、2010年代後半から政策文書のなかでその必要性が謳われるようになり、2020年には「研究倫理相談員」という名称で特定の病院に対して設置が義務付けられました（松井ほか編 2022）。私はこうした相談対応を年間100件程度こなしつつ、年間4、5回

第五章 「倫理の専門家」として病院で働く

程度の倫理研修を行い、その傍らで自分の研究を進める、というスタイルで働くようになりました。

なお、それまでの職場との違いで言えば、何といっても病院との距離が変化しました。この組織ではがん医療とがん研究（さらにはがんの政策）が極めて密接な関係にありました。また、私の居室は病院長や看護部長などの病院幹部の部屋の並びにあり、それまでの職場とは異なり、すぐ隣に病棟があるという状況になりました。さらに物理的な距離の問題だけではなく、研究相談の内容もその多くが病院で医師が患者を対象として行っている研究であり、がん治療と密接にかかわっていたため、臨床との距離は急速に縮まりました。実際、この病院は日本を代表する研究病院でもあり、研究に参加することはがん医療とほとんど一体となって行われていました。そのため、これまでとは異なり、私の居室にフラッと医師がやってきて何かしらの相談をする、という状況が日常になっていったのです。

1.3　病院の一員になる

働き始めて2年が過ぎたところでさらに大きな変化が起きました。病院に新たに臨床倫理の部門が作られ、そこの責任者を兼ねるようになったのです。「臨床倫理（clinical ethics）」とは生命倫理学の一分野であり、具体的な事例に即して実際的な医療上の意思決定の倫理的妥当性を吟味するものです（田代 2020: 36）。生命倫理学のなかでは比較的後発ですが、最も実践的な領域です。これにより、私は病院内でも公式の役割を与えられることになり、さらに深く現場にコミットするようになりました。

この部門では新たに臨床倫理コンサルテーションの提供を始めました[4]。臨床倫理コンサルテーションは一般的には「医療やケアの現場において倫理的問題に直面した人々が、これらの問題を解決できるように支援する活動」だとされます（堂園編 2019: 2）。ここでいう倫理的問題とは、例えば「入院後に認知機能が低下してきた高齢の患者がいるが、入院前の同意に基づいてこのまま手術をしてしまってよいのだろうか」と

か、「小児がんの患者に対して新しい治療を行うためには本人に対する説明が必要だが、両親が詳しい病名や病状説明に反対しており、どうしたらよいだろうか」といったものです。

　こうした相談に対応するにあたり、私はそれまで実施していた研究倫理コンサルテーションとは異なり、専門家が回答する方式ではなく、生命倫理の研究者を含む多職種チームが現場の相談者と話し合い、そこでの合意事項をベースに助言を行う、という方式を採用しました（田代 2019）。この背景には、研究倫理と臨床倫理の違いが関係しています。研究倫理では主に実施予定の研究計画の倫理的妥当性が問われるのに対し、臨床倫理では「今ここ」にある具体的な選択・意思決定の是非が問われます（田代 2020）。例えば、ある研究計画において告知されていない患者集団を研究対象者に含めるべきか、という問いは研究倫理の問いであり、専門家の立場から研究デザインに対して一般的な助言を行うことは可能です。しかし、研究に参加してもらうためには告知すべきだが、特段の事情があって「この患者」に関してはそれができない、というときに立ち現れてくるのは臨床倫理の問いです。こうした問いは文脈依存的であり、一般化した形で何らかの「正しい答え」を導くことは困難です。だからこそ、倫理の専門家が「正解らしきもの」を示すのではなく、選択に直面している当事者間で合意形成できるよう議論の交通整理を行う立場で関わる方が望ましい、と考えたのです[5]。

　以上の経緯で私は徐々に自分の仕事の範囲を広げて臨床現場に近づいていくことになったわけですが、これは何も私だけのことではありませんでした。既に述べたように、国の政策や医療機関の方でこうした活動を必要としており、それに応じているうちにいつの間にかこうなった、といった方が正確でしょう。実際、私が病院で臨床倫理の活動を始めることになった直接的なきっかけは、現場の医師からの要請でしたし、その後病院に臨床倫理の部門ができることになったのは、病院長がその必要性を外部の講演で耳にしたことによるものでした。そこには既にニーズが存在しており、2010 年代に日本全国で似たような動きが生じていたの

です。ではなぜこのようなニーズは生じてきたのでしょうか。次節では時間を少し遡り、そもそもこうした臨床倫理支援が活性化してきた背景にある、医療の大きな変化について見ていきたいと思います。

第二節　なぜ医療現場で「倫理」が求められるのか

2.1　医療の目的の変化とQOL

本節では3つの視点から1990年代以降の医療の変化を整理し、それとの関係でなぜ現在、病院での倫理問題への対応がクローズアップされることになったのかを見ていきたいと思います。まず取り上げたいのは医療の目的の変化であり、具体的にはQOL（quality of life）という概念が表現する価値観への支持の拡大です。もともとQOLは「生活の質」と訳され、1970年代に暮らしの豊かさを測るための社会経済的な指標として開発されました。それが医療分野に持ち込まれ、次第に患者の視点から医療の質を評価する指標として使用されるようになったのです。ただし、QOLは単なる指標に留まるものではなく、新しい医療の目的を指す概念としても用いられてきましたし、今なおそうした意味で使われています。ですから、ここではひとまずは医療の目的としてのQOLに絞って話を進めていきたいと思います。

QOLの新しさを考える際には、それ以前の医療の目的との対比で考えるとわかりやすいと思います。近代医療が導入され、様々な病気が制圧されていくなかで、日本でも高度成長期までの医療の目的は一つに収斂していく流れがありました。それは「治癒して社会復帰」という目的です。もちろんこの目的は現在でも重要であり、患者の期待もここにあります。何かしらの不具合があって病院に来たのだから、その不具合をすっかり治して元通りにしてほしい、というのは誰もが願うことでしょう。しかしながら、現実の医療においては、ある時期からこうした期待に沿うことが必ずしもできなくなってきました。

それは一つには感染症中心の時代から慢性疾患中心の時代へと変化し、完治が難しい病気や高齢者医療・終末期医療のボリュームが大きく

なってきた、という事情があります。実際、慢性疾患の場合には、すっかり元の状態に戻る、ということはゴールではなく、どう病気とうまくつき合いながら日常生活を送っていくかが課題になります。医療はそのための手段の一つであり、最終的な目的はあくまでも QOL の維持・向上に置かれることになります。

　ではそもそも QOL とはどのような特徴を持った概念なのでしょうか。社会政策研究者の猪飼周平は、現代の QOL 概念には 3 つの特徴があると指摘しています（猪飼 2010: 8）。1 つ目は全ての人がその向上に取り組んでいる実践的な問題であり、いわば「みんなの問題」であることです。2 つ目はその向上に関する情報が本人とその周囲に集中しており、専門家からは遠いことです。最後の 3 つ目は究極的には不可知であることです。

　最初の 2 つですが、QOL が誰にとっても重要な問題であり、それに関する情報は専門家ではなく本人の方にある、というのはわかりやすいでしょう。医療の目標設定を考えた場合、「治癒して社会復帰」が目標の場合、それは客観的に定義が可能ですから、その目標は患者と話し合いをせずとも医師が一方的に設定することができます。これに対して QOL の維持・向上を目的とする場合には、そもそも本人がどのような生活や人生を送りたいと考えているのか、という情報なしには目標設定は不可能です。その意味で専門家は QOL については常によく「知らない」のです。

　これに比べると、3 つ目の「究極的には不可知」というのはややわかりにくいかもしれません。猪飼はこれについて「主観的な日常への満足がどのようにして得られるのかは、本人もよく知らないのが普通であるだけでなく、本人が満足することが、そもそもよい生活であるといえるかどうかも確信することができない」（猪飼 2010: 8-9）と述べています。要は専門家にとってだけでなく、本人にとっても不可知だというのです。これは一見奇妙な指摘のように思えますが、確かに自分自身を振り返ってみても、必ずしも自分がどのような状態になると生活の質が上がるのか、ということは自明ではありません。むしろ（当初は気乗りがしなくて

も）実際に何かをやってみて「ああ、確かに私の生活の質は上がった」と気づくことの方が多く、事前には予想が立てにくいからです。

　このことは病気になったり障害を負ったりした場合にはより重要な意味を持ちます。例えば、障害のパラドクス（disability paradox）と呼ばれる現象があります。これは私たちが健康な時に考えている生活の質の高低と、実際に病気になったときの生活の質の高低が必ずしも一致しないことを示す概念です（森田・田代 2023: 156）。要は病気になる前は「こんな状態になったら死にたい」と思っていたとしても、いざなってしまえばその環境に適応して「思ったより悪くない」と感じることがそれなりにあるのです。こうした変化はその後も続いていきますから、その意味ではどこまで言っても（本人でさえ）「これで QOL の本体を捕まえたぞ」ということは難しい、ということになります。

　そうすると何が生じるのでしょうか。それは本人にとって何が QOL の維持・向上に資するのかを繰り返し関係者間で話し合い、その都度新たな目標設定を立て続ける、ということを帰結します。いってみれば QOL という概念の導入とともに、医療の目標は専門家が一方的に立てるものではなく、常に共同で見直され、探究される対象へと変化していったのです。

2.2　医療の進め方の変化と SDM

　以上のような医療の目的の変化と並んで、医療の進め方、つまりは意思決定プロセスも大きく変化してきました。その最初の波は日本では 1990 年代に海外から輸入された「インフォームド・コンセント」概念とともに始まります。がん領域で言えば、それは 1980 年代に生じたがん告知論争を経て、1990 年代にはまずがん専門病院で病名が患者に伝えられるようになり、2000 年代になるとその流れは一般病院へと拡大していきます（田代 2016）。その結果、現在では病名はもちろんのこと、病状や予後についても詳細に伝えることが推奨されるようになりつつあります。これは 1980 年代にはがん専門病院であっても患者には「あなたの病気はがん

第二部　人間・社会・歴史

ではないが、この病院には腕のいい医者や最新の医療機器があり入院することになった」と伝えていたことを考えれば驚くべき変化です（波平1990）。

　さらにこの波は近年では共同意思決定（shared decision making, SDM）という新たな形へと変化しつつあります。例えば、哲学者の清水哲郎は早い段階でこの変化をインフォームド・コンセントの「説明―同意モデル」から「情報共有―合意モデル」へという形で整理しています（清水1997）。清水のいう「説明―同意モデル」とはインフォームド・コンセントの概念を医師の裁量権と患者の自己決定権の「棲み分け」として理解し、いわば「説明する人」「決める人」という役割分担で捉えるモデルです。これは例えば今でも「インフォームド・チョイス」という言葉で患者の選択権を強調する場合にはしばしば念頭に置かれている図式です。

　もちろんその背景にはそれまで患者の決定がないがしろにされ、病名や病状について正確な情報を伝えられないなかで、医師と家族での決定により物事が進められてきたことへの反省があります。しかしその一方で、そもそもこうした「患者丸投げ」型の意思決定プロセスが望ましいかと言えば、多くの医療者と患者は首をかしげるでしょう。何しろ病気になって困りきって専門家を尋ねたら、一方的に医学的な情報だけを提供され、「あとは自分で決めてください」と言われるのは、いかにも冷たい対応だからです。

　これに対して清水が「情報共有―合意モデル」と呼ぶのは、医療者と患者・家族が相談し、一緒に考えるというプロセスを通じた合意形成を重視するモデルです[6]。このモデルでは説明するのは医療者だけではありません。患者も自分の人生や生活について説明する必要が生じます。これは先ほど述べたように、新たな目的として台頭してきたQOLの維持・向上に関わる情報が専門家からは「遠い」からに他なりません。清水は以下のように述べています。

　　医療者側には、病気の状態と治療法についての専門的知識がある一

方、患者側には自分の人生の実情についての情報、自分はどう生きたいかについての判断ないし人生設計がある（Brock 1989: 333-337）。これら両者からの情報をお互いに提供し合い、現時点で如何にするかを考え、合意による決定に至るプロセスが、行為が共同であるための要となる——〈インフォームド・コンセント〉という用語によって提示されていることはこのことにほかならない。(清水 1997: 76-77)

　こうした考え方は、今日国際的には共同意思決定（SDM）と呼ばれているものと共通のものです。SDMは、1982年の米国大統領委員会報告書公刊に際して、単なるイベントとしての同意ではなく、そこに至る双方向の話し合いプロセスを重視する新たなインフォームド・コンセントの概念として登場してきました（Childress & Childress 2020）。それを1990年代後半にカナダの医療社会学者チャールズらがモデル化し（Charles et al. 1997）、現在では望ましい意思決定のモデルとして広く支持されるようになったのです[7]。ここでは細かい話はできませんが、結果だけではなくプロセスを重視し、そのプロセスへの患者の実質的な参加を重く見る、という点ではいずれも共通しています。

2.3　適正な手続きに関する社会的要請とプロセス・ガイドライン
　こうしてQOLとSDM（ないしはインフォームド・コンセント）という概念は日本の医療現場に「輸入」され、過去20年の間に医療者と患者・家族との徹底した話し合いを進める方向へと現場を変えてきました。これはもちろん医療者自身による取り組みや患者・家族からの要請という形でも進んできましたが、特に近年では国や学会によっても推進されています。つまり、医療現場で生じる倫理的問題については、こうした話し合いを重ねるというプロセスを踏むこと自体を適正な医療の要件として定め、公的に推進するという事態です。最後にそのことを見ておきましょう。

日本でこの流れを最初に明確に示したのは、2003年に策定された「重篤な疾患を持つ新生児の家族と医療スタッフの話し合いのガイドライン」です（田村・玉井編 2005）。このガイドラインは当時の医療現場におけるガイドラインとしては画期的なものでした。というのも、通常医療におけるガイドラインと聞いて想定するのは、ある種のマニュアル的なものであり、例えば特定の疾患や症状に応じて対処法を決める際に参考にするフローチャートのようなものだからです。これに対して、このガイドラインでは意図的にそれまでに採用されていた疾患単位のガイドラインを止め、むしろ最終的な決定に至るまでの「話し合い」にフォーカスしたのです。この種のガイドラインは後に具体的な判断基準（what）ではなく、踏むべきプロセス（how）を定めたものとして「プロセス・ガイドライン」と呼ばれるようになります。

　なかでも、厚生労働省が2007年に定めた「終末期医療の決定プロセスに関するガイドライン」はその代表的なものです[8]。この背景には、2000年代半ばに医師による生命維持治療の中止（主に人工呼吸器の取り外し）により警察が動いた事例が相次ぎ、何らかの公的ルールが必要だと考えられるようになったという事情がありました。問題になった事例の多くが、専ら家族からの要請により主治医が単独で判断したものだったので、本人の意思確認を中心的な軸としつつ、多職種チームで十分な話し合いを進めることを重視した内容になっています。

　もちろん、こうしたスタイルのガイドラインについては現場の医療者からは「こういう場合には生命維持治療を中止してよい」という明確な記載が必要であり、役に立たないという批判もありました。しかし、ここまで見てきた医療の目的と進め方の変化を踏まえれば、そうした実体的な基準の策定は困難であり、その都度の丁寧な合意形成が必要になることは言うまでもありません。実際、このガイドラインの取りまとめに関わった法学者の樋口範雄は、以下のように実体的なルールの危険性を指摘しています。

……今求められているのは明確なルールだという。明確さは画一性を意味する。人は誰も死すべきものであり、誰もが終末期を一度は迎えることになるが、それでもそのありようは人それぞれである。病気もがんのような急性のものから糖尿病など慢性のものもある。医療機関も小さな診療所もあれば、大きな大学病院もある。家族のありようも一様ではない。それぞれのさまざまな終末期に、明確だが画一的に適用されるルールを作ろうとすることが、いかに困難か、あるいはいかに危険か。（樋口 2008: 86-87）

　いずれにせよ、こうしたガイドラインが国や学会から出てくるにおよび、2010年代以降は倫理的な課題への対応として丁寧な話し合いのプロセスを踏み、合意形成へと至ることの重要性が現場でも次第に認知されるようになってきました。しかしこのことは必ずしも医療現場での意思決定を容易にするものではなく、むしろ複雑化するものでした。というのも、多職種がそれぞれの立場から見えていることを積極的に発言し、患者・家族も意思決定プロセスにしっかりと参画してモノを言うようになると、多種多様な意見が出て必ずしもそれが一つに収束しない、という事態を招くからです。
　くわえて、患者の意思確認ができない場合にはさらに難しい問題が出てきます。終末期においては多くの患者が何らかの形で意識状態が低下することが多いと言われており、患者に近しい人間が本人の意思を代弁し、意思決定を進めていく必要があります（木澤 2020）。しかし、普段から周囲の人と終末期の医療について細やかな話し合いをしている人ばかりではありませんから、いざその場面になったとしてもスムーズに本人の意思を代弁できるとは限りません。また、近年では独居世帯が増え、家族がいても関係がこじれていて直ちに連絡を取ることが難しい場合などもあり、本人意思に重きを置くようになればなるほどこうした意思決定には結論が出にくくなってきます。
　そのため、プロセス・ガイドラインにおいては特に本人意思を直接確認

できない場合を念頭に置いて、合意形成が難しい場合には別途「複数の専門家からなる話し合いの場」を設けて協議することを推奨しています。「倫理の専門家」が倫理コンサルテーション・チームの一員として招かれているのは、まさにこうした場なのです。

2.4 倫理の専門家の役割とは

　ここまで見てきたように、病院で生命倫理学者が雇用されるようになってきた背景には医療の大きな変化があります。今や多様な背景をもつ関係者が集まり、本人の意思を尊重しつつ、その都度患者の人生や生活にとって何がベストなのかを考えることは医療の一部になりました。臨床倫理の支援は、こうした話し合いのなかでしばしば生じる価値判断に関する対立をどう調整するか、という課題とともに広がってきたのです。

　その一方でここまで曖昧にしてきた問題があります。それは私を含め、こうして病院に連れてこられた「倫理の専門家」は本当にこの役割を担っているのか（あるいは担えるのか）という問いです。ある意味、研究倫理の場合には専門性はもう少しわかりやすいところにあります。関連する法令やガイドラインを知悉しており、一つひとつの研究計画に関わる倫理的な課題を特定し助言を行う、という行為は、従来の専門家の役割の延長線上に位置づけられるからです（例えば病院で感染症のコンサルタントや顧問弁護士が行っていることとの類比で）。しかし、先に見たように臨床倫理の場合には、個別性の高い問題に対して、原則として当事者が問題解決できるよう支援することを目的としています。そうなると、倫理の専門家の役割はむしろ単なる仲介役であり、これは通常「コンサルテーション」という言葉の響きに含まれる専門家のイメージとは異なっています。ではここでいったいどのような専門性が活かされていると言えるのでしょうか。最後にこの点を考えてみたいと思います。

第三節　言葉の専門家として
3.1　実践家に付き添う書記

　臨床倫理の課題に対応するなかで倫理の専門家が果たしている役割を考えるうえで、かつて清水哲郎が『医療現場に臨む哲学』のなかで展開した哲学者の役割に関する議論が参考になります。彼は医療現場に参画した哲学者として、自らを「言葉の専門家」と規定し、その役割を以下のように説明しています。

> 　言葉の専門家は指導しない。指導的理念を提示しもしない。リードは現場にいる医療の専門家がする。理念を見出す（見出している）のも彼らである。言葉の専門家は、実践する彼らに付き添いつつ、彼らの代理人として、実践の現場を、あるいは記述し、分析し、整理してみせる〈書記〉である。……
> 　言い換えれば、言葉の専門家は言葉の鏡である。それは（目下の例で言えば）医療の専門家が実践する姿を映し出す。実践家は言葉の鏡に映った自分の姿をみて、納得し、反省し、また鏡の性能にクレームをつける。書記は、提案した記述に対する実践家の対応を受けて、更に進んだ記述に向かい、あるいは修正し、また実践家を納得させるべく言葉を探す。このようにして拓かれた対話の場において、記述する言葉の網の目が整備され、両者の共同作業を通して、記述の結晶化が目指される。（清水 1997: 4）

　清水はこうした役割を「実践家に付き添う書記」と呼ぶのですが、これは私が「倫理の専門家」として医療現場で行ってきたことの一部をうまく言い当てています。つまりそれは多職種が集まるカンファレンスの場で、言葉や概念に注目してそれぞれが把握している事実や考えを表現することを手助けし、相互理解を深めていくプロセスを支援する、という役割です。実際、私は医療現場で働くようになってはじめて自分の言葉に対する感度やこだわりが（良くも悪くも）一般的な医療者とは別次

元にあり、自分に何かしら専門性があるとすれば、それは言語運用能力に関わるものである、ということに気づきました。そしてまた、それは同時に医療現場において言葉的コミュニケーションの果たす役割が私の想定以上に大きいという事実を知ることでもあったのです。

　一般的な医療のイメージは言葉というよりは、ある種の物質的なものだと思います。例えば医師の行う手術や投薬、看護師の行う体位交換やバイタルサイン測定といった行為は患者の体に対する物理的な接触や介入を伴うものであり、そこに医療の本質があるように見えます。しかしながら、それと同時にこうした行為は常に言葉に変換され、言葉によって他の関係者に共有されていくのです。それは話し言葉によってもなされますが、何よりも公式にはカルテ（診療録）への記載という形で担保されています。

　かつての医療とは異なり、現在では多職種が一人の患者に関わるようになり、また医師の側も必ずしも一人で専ら一人の患者を診る、というわけでもなくなってきました。そのため、多くの情報がカルテに記載され、共有されることで医療行為の連鎖が成立しているのです。しかも現在のカルテの多くは電子カルテですから、医師の書く記録だけではなく、看護師や薬剤師、メディカルソーシャルワーカーや心理士の記録が折り重なる形で（いわゆるハイパーテキストのような形で）そこに存在しています。

　とりわけQOLや意思決定プロセスに関する情報の中核は数値化が困難であり、今なおニュアンスのある自然言語によってカルテに記載されています。例えば、倫理的問題を検討する際にはまず「患者の意向」が確認されますが、これは必ずしもデジタルな情報とは限りません。時期により聞く人により意向は揺れ動き、しかも微妙なニュアンスを伴う言語表現として記録され、常に解釈の余地が残ります。例えば、患者の言った「やっぱり治療を諦めざるを得ないんですね」という言葉を諦念の言葉と受け取るのか、諦めたくない気持ちを伝えた言葉と受け取るのかは文脈依存的です。そして倫理的困難として経験されることの多くが、こ

第五章　「倫理の専門家」として病院で働く

うした言葉の解釈に関わっているのです。この意味で、医療現場で文系研究者に求められている専門性は言語に関するものであり、その役割は端的に言えば「書記」である、という清水の見立ては今なお有効でしょう。

3.2　調律と翻訳

　ただその一方で、現実に倫理の専門家として私が実践してきたことを振り返って考えると、それは必ずしも現場の医療者の言葉を整理し、ブラッシュアップし投げ返す、ということだけには留まっていないことも事実です。というのも、それに加えて現実の相談や話し合いの場では、医療者が倫理の専門家であればよく知っているだろうと考える概念や言葉について私に質問をし、私はそれについて調べたことをまとめあげ、その場で使えるよう整えて手渡す、ということもしているからです。

　例えば、「最善の利益（best interests）」という概念があります[9]。この概念は生命倫理学の専門的な文献で議論されているだけでなく、前節でみた国や学会のガイドラインにも登場するものです。そうすると、実際の事例を検討するなかで医療者からは「ではこの場面で目の前の患者の最善の利益を考えるとはどういうことを意味しているのでしょうか」とか「私たちはどのように考えていくと患者の最善の利益を考えたことになるのでしょうか」という質問が出てくることになります。こうした質問を受けた私はこの概念の出自や現在の使用法について専門的な文献に立ち返って調べ、今ここで直面している意思決定に何か役に立ちそうなことはないか検討します。その結果を私は医療者に伝え、少なくともこの言葉が指す意味の外延を関係者が共有した上で、この事例において医療者が「最善の利益」に適うと思っていることについて話すよう促すことになります。実際、先に出てきた QOL や SDM といった概念も既に医療現場に埋め込まれてはいるものの、その意味は明確ではなく、場合によっては議論を前に進めるために学術的な議論状況を調べて現場にフィードバックすることが有用な場合があります。

第二部　人間・社会・歴史

　ところで、こうした役割はむしろ古典的な文系研究者の役割として認識されてきたものと共通しています。つまり、自分たちの役割は過去の文化遺産の管理者であり、そうした遺産に対して定期的に手入れを行い、人々が日常のなかでそれを使えるようにしておくことこそが重要だ、という考え方です。例えば、19世紀のドイツの社会学者マックス・ウェーバーは自分の研究者としての役割について尋ねられた時に、政治家や芸術家といった実践家と対比する形で以下のように述べたと言われています。

> ひとつ、こういう光景を想い浮かべてみてください。私の書斎の天井には、ヴァイオリンや笛、太鼓、クラリネット、ハーブなど、いろんな楽器がつるされています。あるときにはある楽器が、別の時には別の楽器が音をかなでます。ヴァイオリンの音色がひびくとしましょう。それはわたしにとっては宗教的価値を表します。ついでハープとクラリネットの音色が聞こえてきます。そこに私は芸術的価値を感じとります。それからトランペットがひびきわたります。それはわたしにとっては自由の価値を意味します。……ときどきこれらの楽器は不協和音を出すことがあります。それをうまく調和させ、そこから一つのメロディーを生みだせる人は、ただ天分のある人だけ、つまり予言者や政治家、芸術家など、多少ともカリスマにめぐまれた人だけなのです。わたしは教師であり、ですからまた認識を人々の使いものにできるよう調律する仕事にたずさわっております。わたしの楽器は棚にしまっております。（雀部1993：293）

　ここでウェーバーは調律師の比喩を用いているのですが、私自身が医療現場で行ってきた仕事の一部には明らかにこうした調律師的な仕事が含まれていました。つまり、知的遺産として学術的に継承されているストックに手を入れて使えるようにするという仕事です。ただし、ウェーバーと違って、私がしてきたのはじっくりと腰を据えて行うものではな

く、もっと即興的に行われる間に合わせの仕事でした。また、何よりも私自身も医療者とともに実践に参与し、「不協和音の調和」に取り組んできました。要は現場での当事者同士の話し合いを進める傍らで、そこに生命倫理学の概念を「使える」形に調整して手渡しつつ、自らもそれを用いていたわけです。そうだとすれば、これは調整に留まらず、実際にコミュニケーションに参画するという意味で「通訳」や「翻訳」とでも呼ぶべき行為なのかもしれません（実際、これまでに私は何度か医療者から比喩的に「（難しい議論を）翻訳してほしい」と言われたことがあります）。

　以上をまとめておきましょう。倫理の専門家の中核的な専門性は言語の運用にあり、現場の関係者が話している多種多様な言葉の間の交通整理を行うことがまずは求められています（書記）。しかし実際にはそれに加えてその会話で使用されている言葉や概念の背景を辿り、その使い方を調整する、ということも行っており（調律）、さらにはそれを使いやすいように現場の医療者に手渡し、実際に一緒に使ってみる、という仕事をも担っています（翻訳）。そしてこれらは確かに私に限らず文学部の研究者が広く身につけている専門性を活かした仕事だ、と言えるのです。

おわりに

　以上ここまでこのエッセイでは私自身の過去の経験を振り返りながら、医療現場に近づくなかで見えたことを、より大きな社会的な変化を踏まえて整理してきました。はじめに述べたように、米国で生まれた生命倫理学が日本に輸入され、ようやく私の世代になってそれが現実と密接な関係を保ちつつ研究される時代になりました。米国の研究病院で最初に生命倫理学者が雇用されたのは1977年のことだと言われていますから、そこから30年以上が経過してこうした状況が生まれたことは実に感慨深いものがあります。

　ところで、米国で最初に病院勤務の生命倫理学者となったジョン・フレッチャーは当時を振り返り、赴任当初は周囲のイメージは「警察」「セ

ンター長のスパイ」「研究の障害物」であったものが、活動を続けるうちに「教師」や「コンサルタント」に変化してきた、と指摘しています（Fletcher 1995）。これに対して私の経験は（少なくとも表面的には）当初から既に「教師」や「コンサルタント」の役割が期待され、その役割を部分的には担いつつも、そこから別の関係を模索してきた、とも言えるでしょう。

　このエッセイではそれを書記、調律、翻訳という比喩を使って考えてみました。これらの比喩はいずれも上から教えたり指導したりするというイメージではない形で「倫理の専門家」の役割を説明しようとしたものです。それは言葉の専門家として医療現場で話されていることと文学部的な知のストックの両方を見据えて、現実の問題解決の場に医療者とともに臨む姿を捉えようとしたものでした。

　さらに言えば、本来こうした現場でどの程度使える概念や言葉になっているのか、という視点で既存の知のストックを点検することは、実は文学部的な知の発展にとっても重要な意味を持っています。もちろん性急な有用性に傾くことは学問の発展にとっては有害な場合もあります。しかしその一方で、本来の文系の知は触れれば現実を変えてしまうような鋭利さを持っていたようにも思います。それが制度化され、専門的な知の再生産が繰り返されるなかで、次第にその鋭さを失っていったのではないでしょうか。だからこそ、たとえ間に合わせの仕事だったとしても、切羽詰まった現実と切り結ぶ場でいったんは言葉や概念を使用してみる、ということには文化遺産の管理者としても大きな意味があると私は思います。その意味で、この分野に今後とも新たな若い人たちが多く参入してくることを願ってやみません。

謝辞

　本研究は、日本学術振興会科学研究費助成事業基盤研究（B）「臨床倫理システムの理論的総仕上げと超高齢社会における高齢者のよい人生への貢献」（研究代表者：清水哲郎）による成果の一部である。

注

1) 日本社会学会の作成した「社会学への誘い──高校生・進路考えている皆さんへ」における「社会学の定義」によります（https://jss-sociology.org/school/voyage1/）。
2) その他にも生命・医療倫理学（biomedical ethics）や医療倫理学（medical ethics）等の表現がありますが、このエッセイではこれらの間には特に区別は設けていません。一般的には「医療倫理」という言い方をするときには伝統的な職業倫理との連続性が意識されることが多く、「生命倫理」だと患者の権利や市民参加といった新たな要素が強調されることが多いと思います。
3) 正確には医学部ではなく公衆衛生大学院に設置された医療倫理学の研究室が獲得した大規模研究費によるプロジェクトにおいて特任の教員として雇用されたのですが、ここでは話を単純化して書いています。
4) こうしたサービスを提供する臨床倫理コンサルテーション・チームの設置は近年急速に増えており、過去5年間に関連書籍の出版が相次いでいます（堂園編 2019；堂園・竹下編 2020；野口編 2021；児玉ほか編 2023）。
5) ただし、この方針は必ずしも臨床倫理コンサルテーションの形式として標準的なものではありません。例えば米国の大病院では倫理の専門家が助言するという形式が採用されています。この根底には臨床倫理支援についての考え方の違いがあり、この点については田代（2019、2020）で説明しています。
6) このモデルは現在、日本老年医学会の「高齢者ケアの意思決定プロセスに関するガイドライン──人工的水分・栄養補給の導入を中心として（2012年度版）」において全面的に取り入れられています。
7) チャールズらはSDM（シェアード・モデル）を必ずしも規範的に正しいモデルとして設定したわけではなく、従来の専門家が決めるモデル（パターナリズム・モデル）と患者が決めるモデル（インフォームド・モデル）の間にある第三の可能性として提案しました。なおかつ、彼女たちは実際にはこれらのモデルのハイブリッドが多いことも同時に指摘しています。SDMの解説としては石川（2020）が有用です。
8) このガイドラインは2015年に名称を「人生の最終段階における医療の決定プロセスに関するガイドライン」、2018年に「人生の最終段階における医療・ケアの決定プロセスに関するガイドライン」へと変更し、内容的にも改訂を重ねて現在に至っています。なお、その他の専門学会のプロセス・ガイドラインとしては、日本小児科学会「重篤な疾患を持つ子どもの医療をめぐる話し合いのガイドライン」（2012年）、日本老年医学会「高齢者ケアの意思決定プロセスに関するガイドライン」（2012年）、日本透析医学会「維持血液透析の開始と継続に関する意思決定プロセスについての提言」（2014年）、日本救急医学会・日本集中治療医学会・日本循環器学会「救急・集中治療における終末期医療に関するガイドライン」（2014年）があります。このうち日本小児科学会のガイドラインは2024年7月に改訂されています。
9) これについては田代（2023）を参照してください。ここではわかりやすくするために話をやや単純化して説明しています。

参考文献

會澤久仁子、2013、「研究倫理コンサルテーション——関係者のニーズへの応答」『医学の歩み』246(8): 570-576.

Charles, Cathy, Amiram Gafni, and Tim Whelan, 1997, "Shared Decision-making in the Medical Encounter: What Does It Mean? (or It Takes at Least Two to Tango)," Social Science & Medicine 44(5): 681-692.

Childress, James F. and Marcia Day Childress, 2020, "What Does the Evolution from Informed Consent to Shared Decision Making Teach Us About Authority in Health Care?" AMA Journal of Ethics, 22(5): 423-429.

堂園俊彦編、2019、『倫理コンサルテーションハンドブック』医歯薬出版株式会社.

堂園俊彦・竹下啓編、2020、『倫理コンサルテーションケースブック』医歯薬出版株式会社.

Fletcher, John C., 1995, "Clinical Bioethics at NIH: History and A New Vision," Kennedy Institute of Ethics Journal, 5(4): 355-364.

樋口範雄、2008、『続・医療と法を考える』有斐閣.

猪飼周平、2010、『病院の世紀の理論』有斐閣.

————、2010、「海図なき医療政策の終焉」『現代思想』38(3): 98-113.

石川ひろの、2020、「Shared Decision Making の可能性と課題」『医療と社会』30(1): 77-90.

Jonsen, Albert R., 1998, The Birth of Bioethics, Oxford University Press.（細見博志訳、2009、『生命倫理学の誕生』勁草書房.）

木澤義之、2022、「ACPの概念をもう一度考え直してみる」『緩和ケア』32(3): 179-181.

児玉聡・佐藤恵子・竹之内沙弥香・松村由美編、2023、『京大式臨床倫理のトリセツ』金芳堂.

松井健志・山本圭一郎・伊吹友秀・井上悠輔編、2022、『相談事例から考える研究倫理コンサルテーション』医歯薬出版株式会社.

森田達也・田代志門、2023、『臨床現場のもやもやを解きほぐす——緩和ケア×生命倫理×社会学』医学書院.

波平恵美子、1990、『脳死・臓器移植・がん告知——死と医療の人類学』福武書店.

野口善令編、2021、『名古屋第二日赤流! 臨床倫理コンサルテーション——実例に学ぶ、本当に動けるチームの作り方』羊土社.

Reich, Warren Thomas, ed., 1995, Encyclopedia of Bioethics, Revised Edition, Simon & Schuster Macmillan.

Rothman, David J., 1991, Strangers at the Bedside: A History of How Law and Bioethics Transformed Medical Decision Making, Basic Books.（酒井忠昭監訳、2000、『医療倫理の夜明け——臓器移植・延命治療・死ぬ権利をめぐって』晶文社.）

雀部幸隆、1993、『知と意味の位相——ウェーバー思想世界への序論』恒星社厚生閣.

清水哲郎、1997、『医療現場に臨む哲学』勁草書房.

田村正徳・玉井真理子編、2005、『新生児医療現場の生命倫理』メディカ出版.

田代志門、2011、『研究倫理とは何か——臨床医学研究と生命倫理』勁草書房.

————、2016、『死にゆく過程を生きる——終末期がん患者の経験の社会学』世界思

想社.
―――、2019、「臨床倫理サポートの新しい流れ――委員会からチームへ、そして対話の文化へ」『看護管理』29(8):702-708.
―――、2020、「臨床倫理」伏木信次・樫則章・霜田求編『生命倫理と医療倫理 第4版』金芳堂、36-48.
―――、2023、「患者の「最善の利益」とは何か――狭い概念から広い概念へ」『緩和ケア』33(5):375-379.

第六章　演劇的手法を用いた教育実践・社会課題に挑戦する
　　　　―脳科学者の研究生活を振り返る

虫明　元

はじめに
　研究の歩みは不思議なもので、各時点では未来が見えづらいですが、未来から過去を振り返ると、その道筋に何か意味があるように感じます。また、思いがけず新しい方向に進んだり、道がないと思っていた場所に道がつながっていることに感慨深いものを感じます。

　私はもともと脳科学者として、睡眠に関する研究から始め、その後、覚醒しているサルの大脳皮質から情報表現を探求していました。医学部にいたこともあり、コミュニケーション教育や健康についても重要だと理解していました。

　しかし、教育に演劇を取り入れたり、さらに孤立孤独防止事業を提案し実施することになった経緯は、今思い返してみて、脳の基礎研究を超えて、新しい途を拓いてきたのかなと思うことがあります。今回は、この道のりを4つのパートに分けて振り返ってみたいと思います。

第一節　眠りの脳研究から活動中の脳研究へ
　私の研究生活の最初は、睡眠時の脳の自発活動を電気活動として特徴を解析する事でした。そして、その後、今度は覚醒中の課題を行っている動物の脳から活動電位を計測して、その活動の表現している情報を解明しました。このように、睡眠と覚醒、自発活動と課題関連活動と、いわば脳の働きの陰陽両面を調べることは、その後の長い研究生活にとって、とても貴重な時期でした。さらに留学により、大脳皮質の働きだけでなく、基底核、小脳という皮質下の重要な部位の研究に携わる機会を得て、システムとしての脳の理解を深めることになりました。

第二部　人間・社会・歴史

1.1　睡眠中の自発活動

　私は、1977年に仙台第一高等学校から東北大学医学部に入学しました。生理学を学び脳と心身の関係に興味を持ちました。そして当時は漠然と将来は神経系の基礎研究か臨床に進みたいと思いました。そして1983年4月に東北大学の医学部大学院に入学しました。

　私の初めの指導教官である中浜博教授は、かつて世界的に有名なマウントキャッスル先生の下で研究を行った先生でした。中浜先生は慶応大学出身で、当時、東北大学病院の外来棟5階の脳疾患施設に属する脳波部門の教授でした。マウントキャッスル先生は、「脳機能コラム説」を提唱した神経科学の権威でした。そして、当時、脳の情報処理をエントロピーという量で定量化して脳の情報処理機構を定量的に解明する試みをしていました。

　脳の活動を情報量として定量化するというアイディアは、脳が情報処理をしていることから、エネルギーの増減とは異なる尺度が必要だと思っていたので、とても興味深く思いました。そして、私は睡眠と覚醒に関わる脳の自発活動の動的変化を情報量の観点から研究をすることにしました。特に、記憶の形成に関わる海馬という部位でのレム睡眠とノンレム睡眠の違いを、単一細胞の活動を時系列で追うことで研究しました。

　私たちはネコの海馬からの活動記録を取り、脳の自発的な活動中にも情報処理が行われ、睡眠や覚醒時の情報処理を定量化できるはずだとの仮説を立て、脳活動の時系列データから情報処理を定量化しようとしました。

　たとえば安静時の脳活動には多数の周期性が含まれており、1/fのパターン、すなわち低周波数で大きな振幅、高周波数で低い振幅が見られました。現在の活動がどの程度過去の時系列に依存するかで評価する尺度を中浜教授は「dependency」と呼びました。この統計量の動的な変化を脳の状態と関連付けることで、脳の自発活動の特性を評価しました。特にレム睡眠中にこの統計量が増えることが見出されました。

睡眠中には、セロトニンなどのアミン系の活動が低下することが知られていました。そのため、薬理的にこれを操作し、レム睡眠期の脳の状態に似た自発活動の変動を示すのではないかと仮説を立てて脳活動を調べました。実際にセロトニン合成酵素を抑制すると、覚醒時でも夢見のレム睡眠中と似た活動が再現できるのではないかと考えました。実際に、脳活動はレム睡眠に似た特性を示し、dependencyが増加しました。セロトニンが低下すると、人では幻覚や夢を見る状況が生じることが知られているため、これは非常に興味深い結果でした。これらの所見を論文としてまとめ1987年3月に医学博士を得ました。

1.2　覚醒時の大脳皮質の内外の機能差

　1987年に博士課程を終えた頃、北大から丹治順先生が東北大学の脳疾患施設の脳波部門教授として赴任されました。丹治先生は、サルの行動中の神経活動の記録に成功したエバーツ先生のもとで学び、日本に帰国してから、この手法を応用して新しい研究を始めることになりました。

　これまで睡眠中のネコの脳で自発活動を調査していた私は、自発活動の情報分析には限界があると感じていました。そこで、サルを使った動物実験で、課題を行っている間の脳活動を調べるという研究手法は、情報の中身を理解できる可能性が広がるので画期的に思われました。

　しかし、動物の行動を制御しつつ、同時に脳活動を記録することは容易なことではありません。動物の行動をコンピュータでモニターしながら、どんな反応をするかを予測し、その反応に応じて、課題を制御するプログラムを開発することがまず必要になりました。

　また、訓練にはタッチキーや視覚提示装置など多くの機器を使用しました。これらを制御するためにはインターフェースが必要で、多くは自作で行い、データをAD変換してパソコンに取り込みました。当時は、パソコンのメモリースペースを熟知し、どこを制御すると何が起こるかを理解しながら直接パソコンのハードウェアをコントロールする必要がありました。実験が始まる前は、毎日工作室で回路を作ったり、部品屋

に通って部品を買う生活が続きました。その時、自分は本当に医学部にいるのか、それとも工学部にいるのかと思うことすらありました。

　サルの訓練は非常に手間がかかりました。サルをケージから訓練室まで連れて行く際には、移動用のチェアを使用しましたが、慣れるまで自らチェアに乗ることはありませんでした。徐々に慣らしていく必要がありました。訓練室が初めての場所だったため、最初は何をすべきか分からず、ジュースを報酬として与えることで、次第に特定の課題をこなす動機づけを行いました。この手法はスキナーのオペラント条件付けに基づいています。徐々に、訓練の手順に慣れていくと、ニホンザルもどんどん学ぶ速度が速くなりました。ニホンザルは本当に好奇心を持って辛抱強く学ぶ動物で、これはなにかしら、日本人の特性にも合い通じるものがあると感じていました。

　研究開始の 1980 年代当時、前頭葉内の運動野がいくつか存在し、それぞれがどのように機能するのか、どれくらいの範囲に分化しているのかが大きな研究課題でした。当初の研究テーマでは一次運動野、運動前野、補足運動野の機能の違いを比較しました。

　この研究では、サルの前に設置されたパネルに 4 つのボタンがあり、サルに連続的な到達運動を訓練しました。この訓練は、光の指示信号に基づいて行う場合と、記憶に基づいて行う場合の両方で比較しました。4 つのボタンのうち 3 つがランダムな順序で点灯し、点灯したボタンを押すようにしました。これは比較的簡単な課題で、サルはすぐに覚えました。次に、同じボタンが同じ順番で繰り返し点灯するように設定しました。するとサルは順番を覚え、光を消しても同じ順番でボタンを押すことができるようになりました。

　この課題遂行中のサルの一次運動野、運動前野、補足運動野からの細胞活動を記録しました。光で誘導されるボタン押しを行うときの活動は「視覚誘導性連続動作活動」と呼び、記憶に基づいて行う場合は「記憶誘導性連続動作活動」と呼びます。ただし、どちらの条件でも行われる手の連続運動は、運動としての特徴はほぼ同じで、記憶に基づくか視覚に

基づいているかという文脈だけが異なっていました。

この課題を実行している際、一次運動野では、3つのボタンを押すたびに3回の活動のピークが見られます。視覚誘導性連続動作も記憶誘導性連続動作も似たような細胞活動が確認できます。一方で、運動前野の細胞は視覚誘導性連続動作で活動が高まりますが、記憶誘導性連続動作では活動が低下する特徴を示します。さらに、補足運動野では記憶誘導性連続動作で顕著な細胞活動が見られるのに対し、視覚誘導性連続動作では活動が大きく低下します。

この研究成果から、同じ運動野であっても、行われる文脈によって大脳皮質の運動野は全く異なる活動パターンを示すことが明らかになりました。前頭葉の運動関連領域の内側に位置する補足運動野は、外部の感覚情報に依存しない内発的な運動に関与します。それに対して、外側に位置する運動前野は外部の感覚情報に依存した外発的な運動に関与します。

この内側と外側の対立的な関係は、運動野に特異的な関係だと当初思われました。しかし、後に研究が進むにつれて、これは運動野だけでなく、前頭前野を含む前頭葉と頭頂葉を含む広い範囲で、内側と外側のコントラストが認められました。

基本的に内側は自発的で内発的な運動や認知に関与し、外側は外発的な運動や認知に関与するという共通の対立軸と考えられます。解剖学者サニデスらは、大脳皮質には大きく2つの系統があり、それが内外の機能差を生み出しているという皮質二重起源説という考え方でした。我々の所見はこの説によく一致しており、脳の働きを統一的に理解できると思われました。

1.3　海外での基底核と小脳の研究

1989年9月1日から1993年3月31日まで、私はアメリカのニューヨーク州立大学医学部生理学学科のピーター・ストリック教授の下でポスドクとして研究する機会を得ました。丹治先生は、かつてエバーツ先生のも

とで研究していたときに解剖学者のストリック先生と知り合い、その縁で、今度は自分がニューヨークのシラキュースにあるニューヨーク州立大学に行くことになったのです。

運動野と皮質下にある基底核と小脳は、機能的に連携していることが予想されていましたが、どのような関係になっているのかは不明でした。そこで、私の研究テーマは日本でのプロジェクトを基底核と小脳に拡張し、大脳皮質の補足運動野、運動前野の細胞活動を比較検討することでした。

ストリック教授の研究室では脳解剖と行動実験を行っていましたが、生理学的な研究は行っていませんでした。私の役割の一つは、丹治研究室での生理学研究のノウハウをストリック教授の研究室に伝えることでした。

考えてみれば、この流れは不思議なものでした。当時、まず丹治先生はアメリカのNIHでエバーツ先生から覚醒サルの脳活動記録方法を学び、それを日本に持ち帰り、さらに独自に発展させて、今度は日本人の私がアメリカの別の研究室に伝えるという流れでした。実験技術やノウハウは、論文からは理解できない部分も多く、結局のところ人から人へと伝えていくことが重要でした。

小脳と基底核の研究では、大脳皮質で見られた内外の機能差が、小脳核や基底核の淡蒼球の中のさらに機能の違う部位に対応して捉えることができました。これにより、大脳皮質から基底核、大脳皮質から小脳へのそれぞれ独立した回路が明らかになりました。これらは基本的に独立しており、並行的なループ回路を形成していると考えられますが、この独立性は絶対的なものではなく、部分的に開放的なループを形成しているため、生物のシステムは、機械的な回路よりも、アナログとデジタルの両方の特性を持つような設計であると言えます。

大脳皮質の運動野、基底核、小脳を研究することで、皮質下の関係性についての理解が深まりました。基底核と小脳が学習に関与していることが明らかになり、大脳皮質の機能と小脳や基底核の学習メカニズムを

考えることで、手続き的な学習の重要性が新たに認識されました。その後、大脳皮質と基底核と小脳による学習の神経機構は、『学習と脳－器用さを獲得する脳』としてまとめることができました。

第二節　高次機能から揺らぎと操作

　留学後の研究生活では、研究対象としての脳の範囲を前頭前野や頭頂葉にまで広げました。さらに振動やゆらぎという、安静時も課題中も常に脳の背景で観測される現象に注目しつつ、単に脳活動を記録するだけでなく、脳活動を光遺伝学を用いて操作するという手法を導入することになりました。

2.1　眼球運動と手、そして前頭葉と頭頂葉

　1993年に日本に戻ってくると、私は、新たな研究テーマを始めました。手の運動に関わる領野の機能差を見つけたことを、今度は、眼球運動に関して調べることにしました。

　特に、外側に位置した運動前野は視覚情報を基にした運動に関与することがわかっていますが、眼球運動も重要であり、手と目が同時に動くことが多いため、手と目との運動と関連領域の機能差を調べることが重要だと感じました。

　また眼球運動関連領域は手の運動関連領域とは異なり、前頭眼野、補足眼野、頭頂葉眼野という3つの領域が知られています。この領域の機能差に関しても手の運動に関する研究が役に立つのではないかと感じました。

　補足眼野と前頭眼野を比較すると、前頭眼野は目の動きに特化していますが、補足眼野には目や手の両方で活動する細胞が存在します。つまり、補足眼野の細胞にとっては、目的のターゲットを捉えるのに手でも目でも対応可能です。これを「運動等価性」と言い、同じ意図が共有されていればどの効果器を使うかは問題ではありません。

　驚いたことに、手の運動領野と思われていた運動前野にも目の動きと

手の動きの両方に応じる細胞が見つかりました。前補足運動野と呼ばれる内側側の領域も、従来は手の運動に関わると考えられていましたが、目の動きにも関与していることが分かりました。高次の運動野では、どの効果器を使用するかよりも、目標や意図の実現が重要であり、具体的な効果器の選択はより低次の運動野に任されているようです。

さらに、視覚的な手の運動では、固視点の位置に応じて目がどこを見ているかも重要であり、ターゲットが同じでも固視点の位置によって右や左の対象物となり得ます。このような眼位依存性の手の運動細胞も運動前野に発見されました。

全ての運動は筋活動の結果であり、手がターゲットに到達するためには手首や肘、肩の関節角度で指定される空間座標が必要ですが、ターゲットは視覚により目から網膜に投影されるため、固視点の右左という網膜座標で表されます。目は頭部に位置するため、網膜座標は頭部の角度で表される頭部座標にも関連します。したがって、ターゲットの位置は網膜座標、頭部座標、肩座標、肘座標、手首座標と複数の座標を経て最終的に手が目で見た場所に到達します。

このような座標変換は数学的には複雑ですが、我々が日常的に行う動作では、対象にすっと手を伸ばすだけで、実は脳内でどれだけ複雑に処理されているかを意識せずに行っていることは、驚くべきことです。

2.2 プランを立てる前頭前野

運動野の研究が進む中で、その上位に位置する前頭前野に対する関心が高まりました。そのため、日本科学技術振興機構が提供する若手研究者向けのさきがけ制度に前頭前野の機能解明を目的としたプロジェクトを提案し、1996年から1998年の間に採択されました。

前頭前野においても、連続的な運動を必要とする課題を用いて、運動とは異なる高次の操作情報がどのように表現されるかを調査しました。具体的には、4つの手の動作（左手回外、左手回内、右手回内、右手回外）に対して4つのカーソル操作（上下左右）を対応させ、手の動作と

第六章　演劇的手法を用いた教育実践・社会課題に挑戦する―脳科学者の研究生活を振り返る

操作を区別することができるようにしました。

　この方法で研究した結果、前頭前野の細胞のほとんどが手の運動自体よりもカーソル操作を表現していることがわかりました。例えば、ある細胞が手の動作（例えば左手回外）に反応する場合、それはカーソル操作が上から右であっても、常に手の動作が左手回外で活動することを意味します。逆に、ある細胞がカーソル操作上に反応する場合は、手の動作が左手回外でも右手回外であっても同じカーソル操作で活動します。これにより、細胞活動が、手の動作に関わるか、カーソル操作に関わるかを区別することができます。

　さらに、実験ではサルの前に上下左右のグリッド状の迷路を配置し、カーソルを中心のスタート地点から動かして周囲のゴール点に到達させました。この状況で、前頭前野にはゴールの位置や操作内容を表現する細胞が見つかり、ゴールを表現する細胞の一部が動作を開始すると同時に、操作内容を表す情報に変わることが観察されました。これは、情報表現が時間とともに変化することを示しています。

　細胞活動が表現する情報が、課題の中で変化することは大変興味深いことでした。これは、一つの細胞が、一つの役だけでなく、複数の役を文脈に応じて果たしていることを表しています。そのことは、その細胞がやり取りしている他の細胞との関係性も変化していることを示唆しています。従来、脳の回路というのは、学習すれば、ある特定の役割をもち、その役は固定的になっていると思われていました。しかし、実態は、学習後も、脳は柔軟にその細胞間の結合性を切り替えながら働いていることを示唆していました。

2.3　振動、ゆらぎ、同期から大脳皮質を理解する

　前頭前野の研究を進める中で、細胞活動が刻一刻と変化する多様な情報表現が見られることがわかりました。これにより、「個々の細胞の機能だけから本当に脳や心の全体像を理解できるのか」という疑問が生じました。脳の活動を総合的に捉えるためには、別のアプローチが必要だと

感じました。そのため、脳内で起こる様々な振動現象に焦点を当て、脳のダイナミクスを研究する CREST 研究グループを 2009 年から 2014 年にかけて組織しました。これは、以前から注目していた振動やゆらぎ、自発活動に関する研究の重要性を再確認した結果でした。

　前頭前野の細胞活動を分析しているとき、細胞が一過性に活動のゆらぎが大きくなる現象や、多数の細胞が同時に活動を同期させることが見られました。これらの現象が数理モデルでシミュレート可能かどうかを検証したところ、ある時点で細胞群が特定の情報軸で活動し、次の瞬間には異なる情報軸で再分類される自発的な過程が明らかになりました。

　脳内の振動波、特にデルタ、シータ、アルファ、ベータ、ガンマ波について、実験中のサルの脳から取得した局所電場電位や脳波を分析しました。特にサルの運動野で見られるベータ波やガンマ波を連続動作課題で詳しく調べました。その結果、新しい連続動作を覚える初期段階でガンマ波が見られ、その後記憶を使って行う段階でベータ波が優勢になることが分かりました。さらに、これらの波は互いに反対に変化しており、初回の指示時にはガンマ波が最大で、以後は次第に減少し、ベータ波が増加していくパターンが確認されました。

　このような振動現象は、多数の細胞の同期した活動によって生じており、振動の変化に伴うゆらぎも観察されました。これにより、個別の細胞活動が単純な発火頻度以上に、周囲の振動の位相によっても影響を受けていることが明らかになりました。脳の情報表現は、これらの振動と位相の関与によって、さらに複雑な次元が加わる可能性があります。この発見は、私を再び脳の自発活動に興味を持たせることになりました。

2.4　光遺伝学とてんかん

　脳の振動現象は、ただ観察するだけでなく、光遺伝学という技術を使って操作することが可能になりました。分子生物学の進歩に伴い、特定の分子を発現する DNA を細胞に導入すると、その細胞が持っていない新たな働きをもたせることができるようになりました。この技術をもちい

て、クラミドモナス由来のチャネルロドプシンという光で開くチャネルを、本来はそのチャネルのない脳細胞に発現させると、細胞を活性化または抑制できるようになります。

　特に、自発的な活動で調べていた海馬を対象に光操作を行いました。海馬は記憶に関わる領域であり、再帰的な回路が多く、振動やてんかん発作を引き起こしやすい特性があります。私たちは10ヘルツの一時的な刺激を用いて、容易に持続するてんかん発作波を生成する方法を見つけました。発作波が海馬の長軸に沿って行き来しながら持続する様子を多点計測で調査しましたが、同期性が高まると突然発作が停止する現象が確認されました。この可逆的なてんかん発作モデルは研究に役立ち、特許化も行いました。

　また、大脳皮質では、麻酔下でスローオシレーションに近い波が観察され、これも光操作で同期化させることができました。振動現象に関与する抑制細胞のうち、ソマトスタチン細胞とパルブアルブミン細胞はよく知られていますが、これらの細胞の働きを調査した結果、特にパルブアルブミン細胞がゆっくりとした振動の出現に大きく関わっていることがわかりました。この細胞はベータ振動の増加とガンマ振動の低下にも関与しており、これらの振動が連携することが重要だと判明しました。
これらの結果から、異なる帯域の振動が互いに影響を与え合っていることが明らかになりました。以前から1/fのゆらぎの重要性は認識していましたが、各帯域が相互作用し、振動が広範囲に脳の状態を変化させることが脳の全体的な動作原理を示していると考えられます。

第三節　脳研究からの人間理解

　前頭前野までの働きを調べていくと、前頭前野も、運動野同様に細かい領野に分かれ、しかも細胞の情報がダイナミックに変化することがわかってきました。つまり小さな小人のような司令塔は前頭前野には存在せず、実態は多数の領域の細胞のダイナミックなチームプレイだったのです。さらに脳活動が振動やゆらぎなどに常にさらされており、振動や

揺らぎのような背景的な脳活動と課題に関わる文脈依存的な脳活動も、互いに関係しあっていることがわかってきました。このような研究成果から、柔軟な脳の働きを支えるための複雑なダイナミックスが浮かび上がってきました。このような所見に基づいて、改めて脳が支える人間の思考やコミュニケーションの働きに関心を持つようになりました。そして、これまでの分析的な手法の研究に加えて、総合的な手法で実際の人間の行動を理解したいと思い始めました。

3.1 人の安静時活動と動物の自発活動

振動現象を中心に研究する「オシロロジー」という研究グループを2015年から2019年の間に立ち上げました。この振動現象は、人間や動物の脳活動において多数の帯域を持ち、互いに関わり合いながら、てんかんを含むさまざまな精神病態にも関連しており、基礎的にも臨床的にも大変重要な生理現象といえます。安静時活動では、大脳皮質の内側と外側との間のシーソーのような活動にも注目が集まりました。

この時期に、カナダの精神科医であるノーソフ先生と知り合う機会を得ました。彼はドイツ出身で、哲学から医学、特に精神科医および脳科学者としてのキャリアを歩んでいます。ノーソフ先生の研究は、人の脳が安静時にも活動していること、特にfMRIで見ると、内側と外側の血流がダイナミックに変化していることに焦点を当てています。

安静時において、内側を中心にしたデフォルト・モード・ネットワーク（DMN）が識別されており、これは認知課題実行時に低下することが知られています。しかし、社会的な課題や自己に関する課題で活性化することもわかっており、単純なタスク依存のネットワークとは言えなくなっています。DMNは、内的注意やマインド・ワンダリングなどの発散的思考に関与しているとされます。また、デフォルト・モード・ネットワークは、自己や他者の関係を理解する際にも働いており、社会的認知にも関わっています。

このように、大脳皮質のネットワーク研究が進む中で、動物と人での

脳の振動現象の研究が統合されてくると、人の精神活動を脳科学的に理解できるようになってきました。また、この時期に東北大学では大隅先生を代表とする「グローバルCOE」という大学院プログラムが始まり、脳研究を通じて社会へのアウトリーチ活動が活発になりました。私は、2017年には日本医療社会福祉学会での講演を行いました。ソーシャルワーカーの人々と交流する機会を得て、私は、脳科学のさまざまな所見を、一般の人に分かるように伝えたり、疑問に答えたりすることで、脳科学の社会への還流という事について、積極的考えるようになりました。

3.2 脳のネットワークと人間科学

脳科学の研究は二つのフェーズがあると感じています。一つ目は、特定のテーマに焦点を当てて先端的な成果を追求する分析的なフェーズです。もう一つは、様々な知見を総合して社会に還元するフェーズで、これは専門家から一般の人々に向けたものです。これは、科学論における、ノーマルサイエンスとポストノーマルサイエンスという分け方に似ています。ポストノーマルサイエンスでは、専門用語を一般言葉に翻訳する役割が必要です。

この経験から、私は脳科学を一般向けにわかりやすく説明し、リベラルアーツなどの教育の場で活用する取り組みを始めました。これにより、脳科学が人間の理解にどのように貢献できるかを示すことができました。この考えを基に、『学ぶ脳――ぼんやりにこそ意味がある』という書籍を出版しました。

教育分野では、早期の教育介入が人生に与える影響についての研究があります。ヘックマンの研究によると、早期の教育介入は失業率の低下や犯罪率の減少など、長期的な良い影響を与えることが示されています。当初は教育がIQを向上させるためと考えられていましたが、実はIQの向上は一過性で、教育が非認知的スキルを向上させていたと考えられています。

私は、認知的スキルと非認知的スキルの理解を深めるためには、脳全

体のネットワークを考える必要があると思いました。例えば、前頭前野外側の執行系ネットワークは認知的スキルに、前頭前野内側のデフォルト・モード・ネットワークや他のネットワークは非認知的スキルに対応していると思われました。

21 世紀初頭には、教育学者や国際的な企業が重要視する「4 つの C」（コミュニケーション、コラボレーション、クリエイティビティ、クリティカルシンキング）というスキルが提唱されました。OECD はこれを「社会情動スキル」と定義し直し、自己効力感や自己統制、感情制御などを含む広範なスキルとしています。

これらのスキルは、人の前頭前野が成熟する 20 代まで発達すると考えられており、大学生の間にもこれらのスキルが社会での広範な対人関係に役立つ重要な段階があるとされています。しかし、受験勉強や大学教育は認知能力に特化しており、非認知的スキルの発達にはあまり焦点が当てられていません。

日本の教育においては、幼少期から細かい規律を守ることや均一性が重視されがちですが、これには問題があると感じています。脳科学的に見ると、人間の脳の発達は個々に異なり多様性がありますが、教育が均一性を求めることは、この発達の原理にそぐわないと考えられます。均一性を強調することで、基準から外れた人々は孤立しやすく、居場所を失うリスクが高まります。

また、指示に従うという行動は執行系ネットワークの一部として機能しますが、デフォルト・モード・ネットワークは自己と他者との関係、エピソード記憶、想像力など、より多様な機能を担っており、均一性とはなじみにくいです。このため、脳科学から教育にアプローチするとすれば、それは従来の教育方法とは異なる新しい視点を提供する可能性があると感じました。

3.3 脳科学と教育的即興演劇手法

一般的には、脳には特別な司令塔、例えば前頭前野があり他の領域が服

第六章　演劇的手法を用いた教育実践・社会課題に挑戦する―脳科学者の研究生活を振り返る

従するような階層性があるように思われているのではないでしょうか。しかし、長年の研究からは、前頭前野も多数の領域に分かれており、多様な機能を持ったネットワークの複合体なのです。あるときは執行系ネットワーク、あるときは感覚運動ネットワーク、そしてあるときはデフォルト・モード・ネットワーク、またあるときはセイリエンスネットワークと活動中心が変化していきます。時間的にも空間的にもダイナミックな脳の実態があります。脳には固定した司令塔は存在しないのです。

　ある人は、指揮者とオーケストラの比喩で脳を理解する人もいるでしょう。しかし、脳における指揮者は、ネットワークごとに時間的にも空間的にも変化しており、指揮者は見当たりません。このような意味では、指揮者のいないオーケストラとも言えるでしょう。ただし、脳には多様なリズムが存在し、しかもそれに同期するかズレているかが重要なのです。インドネシアのチャカと言う音楽は集団で声だけで演奏され、複雑な音楽に聞こえるのですが、指揮者はいません。即興のジャズなども、指揮者がいなくても演奏が進みます。

　このような比喩は、あくまで比喩ですが、脳の中においても、即興的な自己組織化が起こるのではないかということは、十分考えられることです。長年の共同研究者の坂本先生が複雑系と呼ばれる数理学的な考え方で脳を捉えようとしてきたことは、このような比喩を実際に科学的にとらえようとする試みといえます。

　現在の授業は、あまりにも計画されすぎて、脳の持つ即興的側面を育成するには制約がありすぎと感じました。また社会情動性スキルは、一人ひとりの多様性を伸ばす事ですが、一つの尺度でヒトを序列化するやり方では、多様性をむしろ制限すると思われました。

　そのような中で、東北大学の高度教養教育推進事業として新しい教育手法を支援してもらえるということで、私は演劇的手法を用いたコミュニケーション教育ということを思いつきました。これは、当時宮城教育大の特任准教授だった虫明美喜と連携で行うという点でも画期的でした。なぜなら、私は理系、美喜は文系でおよそ水と油みたいな関係と思

われがちですが、教育という点では、二人に共通の関心点があったことが、このコラボレーションを可能にした理由でもありました。

　演劇という言葉は、台本、舞台、役者、観客という機能分業がある高次の芸術活動であるというような先入観で、見られることが多いかと思います。そこで演劇的手法といい、目指すのは台本、舞台、役者、観客という境界がはっきりしない応用演劇という分野でした。それは専業の役者や脚本家をめざすというより、教育的意義をそこに見出して行く立場です。

　演劇的手法の中でも、プレイバックシアターと呼ばれる手法は特別に思われました。これは、観客の経験した物語を、その場で即興で役者が演じるものです。自分自身もこの技法を理解するために、スクールオブプレイバックシアターで、トレーニングを受けることにしました。この時の体験と、脳科学を結び付けて岩波科学ライブラリーから『学ぶ脳』として単著で2018年に出版しました。その中の最後の章でこのプレイバックシアターに触れたのは、脳の働きを、言語・非言語をふくめストーリーを認識したり、それを即興的に演じ表現することの意味を捉えようとする最初の試みだったのです。そして、翌2019年には、これまで研究してきた前頭葉の働きを中心に小脳、基底核、海馬、扁桃体等の皮質下も含むネットワークを専門的な観点から論じた単著『前頭葉のしくみ：からだ・心・社会をつなぐネットワーク』を共立出版から出版しました。

第四節　社会に還元する脳科学

　自然災害、パンデミック、さらには人工知能の進歩に伴い、脳科学が明らかにしつつある人間像や、脳の仕組みに基づいて現在の教育のあり方を考える機会が増えてきました。一方で、20世紀後半から21世紀の四半世紀までの脳科学の知見は膨大で、簡単には人に説明できるほどではなくなってきました。それだけに、自分が研究やその関係で知り得た知識を社会に還元することで、少しでも社会に役立てられるのではないか思うようになってきました。実際、災害やコロナ禍のパンデミック、孤

第六章　演劇的手法を用いた教育実践・社会課題に挑戦する―脳科学者の研究生活を振り返る

立孤独と様々な心身の健康問題と社会の在り方を考えたときに、改めて脳科学は生理学の一部であり、脳は身体、心理、社会との関係を理解する要になると思われました。

4.1　孤立孤独防止事業と演劇的手法による人間理解

　プレイバックシアターを含めて演劇的手法を用いた教育で、社会情動性を育むことは、個人のスキルとしても前頭葉の青年期の成熟にも望ましいと考えられました。個人の脳の中に、何人もの即興演劇の役者がいて演じる様子は、多様な脳のネットワークの比喩としても、また比喩だけでなく、実際に脳のネットワークの間にあるべき柔軟な即興性を育むのにも望ましいと考えられました。

　そんな中で2020年コロナがパンデミックとして猛威をふるい、対面の活動が多く制限を受ける事態になりました。2011年の東日本大震災やパンデミックという社会的に大きな出来事は、個人としてもこれまでの日常を改めて考え直すことになりました。そしてより社会に役立てるようなことを考えるようになりました。そのような中でJSTで孤立孤独防止事業を募集する案内を知り、自分たちの大学での活動を、孤立孤独防止事業の一環として、より広げる機会になるのではないかと考え応募したところ採択されました。

　演劇的手法のワークショップを大学で行うことを数年行い気がついたことがありました。一緒になにか行えば、参加した者同士の結びつきが強より、コミュニケーションやコラボレーションがスムーズになることが期待されます。しかし、もう一つ具体的には捉えにくいのですが、それぞれの人は、周囲の少し弱い関係性にもこの授業での効果が広がっているのではないかという点でした。

　孤立孤独に関しては、日本は以前より、OECDの調査等で加盟国の中でも孤立化が進んでいることが指摘されていました。さらに自尊心の国際比較から、自尊心と孤立化が関わることもわかりました。演劇的手法で、これらを解決する手がかりが得られれば、どんなにか素晴らしいと

思われました。実際に、演劇的手法の効果は、単に孤立孤独防止以上の効果があると感じておりました。それは自己理解という点です。

　脳のネットワーク的理解を考えると、脳に多様な「自己」が表現されていることは何の疑問もありません。実際に今、自分と言っている「自己」は文脈により脳のどのネットワークが権限を移譲されて働いているかは本人も知らないと思います。多様な自己というのは、多様な脳のネットワークが入れ代わり立ち代わり、表に出たり、裏方に回ったりする活動実態からは一番自然な捉え方です。

　しかし、一般的には自己は単数ということで、それ故に矛盾する自己の内面に気がつくと苦しんだりするのでしょう。演劇的手法の大学での授業は、人間科学的な理解を促すさまざまなことも同時に提示します。ジョハリの窓というのはよく使うモデルです。

　脳科学的にも私たちの意識は、自分のほんの一部しか知ることがありません。その結果、自分というものを分解していくと、自分の知っている自分と自分の知らない自分が必ずあるわけです。そして、他者から見たときに、やはり自分というのは、他者から見てわかる部分とわからない部分があります。このようにすると全部で四つの自分に分かれてきます。これを、それぞれを窓と考えます。

　4つの窓をコミュニケーションの観点で考えると、「開かれた窓（open self）」という、他者からも自分からもわかる自己と、他者に明かさない、隠している自分「隠された窓（hidden self）」があります。一方で、他者からは見えるが、自分では気がついていない「見えない窓（blind self）」。そして、自分にも他者にもわからない「未知の窓（unknown self）」の4つに分類されます。　演劇的手法により、自己理解が進むというのは、他者とのやり取りで、開かれた窓が大きくなることでもあり、また未知の窓の中に多様な可能性を見出すことなのです。このような、コミュニケーションの脳科学の話を、認知症ケアの専門家の山口晴保先生と『認知症ケアに活かすコミュニケーションの脳科学 20 講——人のつながりを支える脳のしくみ』として協同医書出版社から 2023 年に出版しました。

4.2　記号とナラティブによる脳科学的人間理解

　脳科学の研究で明らかにしてきたことは、脳内の信号は、様々な情報の担手であったことでした。その信号は、感覚信号などの外界由来のものと、意図や戦略という内在的なものが混じっています。さらには行動の目標、行動規則や、個別の行動、身体動作など様々な情報が神経活動に表現されていました。多様な研究成果の中で、このような多様な活動と情報の関係を総括的に扱うことができないかと常々考えていました。

　いっぽうで演劇では身体表現や言語表現で他者とのやり取り、広い意味でのダイアログがあります。それは、言葉であれ、非言語であれ、様々な情報が担われている点では、脳の中の問題と、脳の外で起こっている多様な情報表現は全て同じコインのオモテウラのような関係に思われました。すなわち、脳内のコミュニケーションは、階層的で分散的な脳のネットワークの様々な部位で行われ、脳の外では人と人との多様なコミュニケーションが行われていますが、両者には密接な関係があると感じられました。

　このような情報のやり取りを総括的に扱える方法として記号学があるのではないかと思いつきました。すなわち、実態が、神経細胞であれ、人であれ、表現されたものは記号として捉え、それが表す記号内容や解釈があるということは共通だと思われました。

　コミュニケーションにおける脳の働きは、記号を解読することです。コミュニケーション以外にも記号は、理解を助けるものとして世の中には様々な記号にあふれています。また自分の中の脳活動もある意味では記号と捉えることができると思います。

　記号学は、パースの３項関係の考えがあります。ソシュールのシニフィエとシニフィアンとは異なり、記号－記号内容－解釈項があることは、文脈依存性のある脳細胞の理解には都合が良いと思われました。また実際の人間のコミュニケーションも文脈がとても大切で、解釈はその視点で多様です。また単純な一つの記号だけでなく、連なったもの語り、ナラティブというものも、表す事態とその解釈ということで、パース

の3項関係で理解できます。

　演劇的手法による教育実践の中で、語るということがとても大切な活動で、ダイアログということを脳科学的に考えることになりました。いわゆる誰かの体験を物語として語る、ナラティブということで対話するのか、科学的事実を伝えたり、議論するために対話するのかは異なるタイプのダイアログと考えられます。事実は一つでも、語り手によりその解釈が異なり、結果としては、語り手にとっての真実には多様性があります。これが科学だけの発想だとなかなか理解しにくいことです。

　人には両方の思考様式が必要だと思われますし、そのための脳のネットワークが用意されています。脳科学的には、ナラティブは、デフォルト・モード・ネットワークに依存し、ナラティブ思考に関わること、そして科学的言説は執行系ネットワークに依存し、分析的思考に関わります。ナラティブ思考は、事実に対して、多様な解釈を生み出すことが可能です。一方で分析思考は、現象をひとつの事実に収束させ解答する思考で、科学的には有力な思考です。

　演劇的手法と専門教育での科学的言説とを、比較する時に、もっとナラティブを教育に入れることが、自己理解や他者理解につながると思われました。記号としては、科学的言説はナラティブの言説に比べ曖昧性が少なく、ないしは全く曖昧性がないことが望ましいです。一方で曖昧さを残したり、視点により解釈が分かれたりすることが、ナラティブの魅力でもあり、創造的な面にも繋がります。社会情動性は、明らかにナラティブの中にあり、科学的言説では排除されます。

　演劇的手法を用いた教育が、社会情動性を育む上で有益であると考えられています。これは、個々のスキルだけでなく、青年期に成熟する前頭葉にも良い影響を与えるためです。脳の中にいる多数の即興演劇の役者が演じるような状態は、脳の多様なネットワークの営みを象徴しており、実際に脳のネットワーク間での柔軟な即興性を育むのにも適していると言えます。

　即興性が創造性を育むことが知られています。即興的な手法での教育

第六章　演劇的手法を用いた教育実践・社会課題に挑戦する―脳科学者の研究生活を振り返る

では、参加者が様々なことを自発的にひらめき、表現する機会が提供されます。ひらめき、という事に関して、どちらかというと理系の科学的発見だけを取り上げることが多いですが、実は、ナラティブとしての物語の発見や、自己という記号の意味を発見することも「ひらめき」と捉えて脳科学的に考察したのが『ひらめき脳』で青灯社から2024年に出版しました。

　ナラティブとしての記号は、社会に拡散して、場合によっては事実でないことも人々の中に記憶され、大きな社会問題になることすらあります。一方では、ナラティブにより人と人を結びつける力もあります。大学で行った演劇的手法のワークショップを通じて、参加者同士の結びつきが強まり、コミュニケーションや協力が向上することが明らかになりました。このような観点の書籍を大路朋子氏が『人を動かすナラティブ　なぜ、あの「語り」に惑わされるのか』として毎日新聞出版から2023年に出版され、その5章では、私とのやり取りで脳科学的な視点でナラティブが語られました。

　さらに、演劇的手法の教育は、人間関係の弱い関係性にも波及効果があるのではないかという気づきもありました。社会学では、人間関係を「ソーシャル・キャピタル」として捉え、その中で「ボンディング（密接な関係）」と「ブリッジング（広範な関係）」の両方が重要です。人の関係が豊かになるというのは、ボンディングもありますが、むしろブリッジングも両方をバランスよく持つことが望ましい姿のように思われました。つまり、「しがらみ」でなく、「つながり」、しかも、弱いけど多様な関係性を持てることです。

　演劇手法を身につけた一人一人が、周囲にその関係構築技法を伝えていければ、どんどん良い影響が広がることが期待できます。自分の受けた教育を周囲に広げることは「Pay It Forward」だと思います。

　脳科学的に見て、脳内には多様な「自己」が存在しています。その存在に気がつくにも他者とのコミュニケーションがきっかけになることが考えられます。デフォルト・モード・ネットワークは、まさに、そのように

自己理解と他者理解を結びつけたり、分けたりするネットワークと捉えられます。また脳研究の中で、脳細胞が、文脈に応じて多様な役割をするには、周囲の細胞との強い結合性のみならず、少し離れたところの細胞との弱い結合性が重要ではないかと感じていたことにも対応すると思われました。脳の中にも「ソーシャル・キャピタル」に相当するものがあるのではと感じました。

4.3　脳科学と生理学——アロスタシス

2023年12月には孤立孤独防止に関するテレビ番組にカズレーザーと共演する機会を得ました。共演した石田先生は社会科学的視点から、孤立孤独が死亡率に与える影響について紹介し、私もこの問題に関心を持ちました。

社会的な孤立が心理面に影響を及ぼすのは理解しやすいですが、身体的な健康への影響は一見直接的ではないかもしれません。脳科学は生理学の一部であるため、この問題を生理的に考える必要があると思いました。

生理学では「ホメオスタシス（恒常性）」という原理がありますが、私たちの身体は別な生理学的原理がある事も知られています。実は、身体の状態は常に変動しています。そのために脳は、変動が内側由来でも、外側由来でも、それを推定することで、上手に自分をその変動に合わせ、予測的に動的に外界に適応する「アロスタシス」の働きも持っています。アロスタシスは、心と身体、個人と社会の関係など、異なる要素が密接に関連している新しい視点を提供します。この観点から、孤立・孤独が健康問題になる理由を説明できるのではないかと考えました。

WHOは健康を身体、心理、社会の三つの側面からなるウェルビーイングと定義しています。孤立は社会性、そして、孤独感は心理ですが、実は、身体は、アロスタシスの原理に従って、社会、心理的な面から身体的な健康への問題にもなる可能性があります。また身体的なストレスから、心理、社会的な面に問題が起こると、孤独感や孤立へも発展する

可能性があります。つまり、身体−心理−社会の相互関係がウェルビーイングにもアロスタシス負荷をおこして、健康問題にもなりうるのです。

医学の分野では専門化が進んでいますが、治療は主に臓器別で行われています。しかし、健康維持には身体、心理、社会の全体的な理解が必要です。これからの医学では、専門分化とともに人間全体の健康問題をウェルビーイングやアロスタシスとして捉え直すことの重要性が増していると思われます。

そんな中でかつて留学したストリック先生と日本で2023年に再会しアロスタシスの解剖学的な基盤に関して議論する機会を得ました。実は、ストリック先生はアロスタシスの提唱者のスターリング先生の弟子でもあり、最近のストリック先生の脳解剖の研究で霊長類では前頭葉から自律神経系に向かう下行路が発見され、内臓系からの上行路と相まって、特に霊長類では、内臓を含む身体系と高度な認知系が脳を介して、やり取りしている可能性が示唆されているのでした。またノーソフ先生とは現在、翻訳の仕事を通じて、再び、脳の自発活動と自己、社会性などを再考する機会を得て、脳、身体、心、社会との新たな理解に近づきつつあると感じています。

人間の身体−心理−社会の三つの側面から脳生理学的な観点で理解するアプローチと、人との社会的なつながりを通じてウェルビーイングを広げることを目指すアプローチが、次第に一つの融合的なプロジェクトに感じられました。演劇的手法を用いた教育での孤立孤独防止の効果が社会性だけでなく健康にも及ぶ可能性を示唆していると感じています。

おわりに　新しい途を拓きつづけること

これまでの研究と教育の経験を振り返り、どのような新たな道を開拓してきたか自問自答してみました。脳細胞のネットワーク解析から人のネットワーク解析に、次第に研究がシフトしてきたような印象を与えているかもしれません。

実は、脳の細胞活動の研究も並行して行ってきました。長年にわた

り、脳の細胞活動の多様性を分析し、理解しようと取り組んできました。そんな中で、2024年3月にプレスリリースできた奥山先生との研究では、サルの脳の研究で見つかった足し算や引き算を行う細胞が、最終的に手の運動を表現することを発表しました。これは手という身体の動作と演算という認知プロセスが連続していることを示しています。

　脳細胞の多様な情報表現と動的なネットワーク、多様な人がコミュニケーションで築く動的なネットワーク、そして両方を統一的にとらえる共通原理としての記号学的観点の導入と、自分としては、拓きつつある途がさらに広がりを見せていることにワクワクしています。

　脳と身体を一つの連続した記号系として捉えるだけでなく、おそらく、情動や言語、そして社会性も含めて、記号学的な視点から統一して理解できるのではと考えています。脳には記号を生成し解読する能力が備わっています。しかし、脳は神経だけのネットワークではありません。現代の研究では、脳が神経細胞だけでなく、グリア細胞や血管系ネットワークを含む複雑なシステムであること、さらに腸や免疫系、内分泌系も情動処理の一部として機能していることが明らかになっています。腸には、100兆近い腸内細菌がおり、間接的に腸を介して脳と相互作用しています。自然界からの植物等が体内に入り、腸内細菌に影響を与えます。つまり、自然－身体－心理－社会という視点でウェルビーイングやホメオスタシス、アロスタシスをとらえなおす必要がありそうです。そして、そのような身体のレベルであっても多様性があり、生理学的には、ある種の公平性はあり、包摂できるのは脳の役割が大切と感じます。質的には異なるのですが、人の身体も多数の細胞の社会とみなせるように、社会も多数の人のネットワークとみなせます。脳は、細胞の社会にも、人の社会にも関わり、心を生み出していると思われます。

　現在取り組んでいる演劇的手法の教育が、多様性、公平性、包摂性を育み、人々のウェルビーイングに役立つのではないか、という今の「ひらめき」を脳科学の観点からどう理解できるのか、実践できるのか、もう少し先までのこの拓きつつある途をさらに進んでみたいと思っています。

第六章　演劇的手法を用いた教育実践・社会課題に挑戦する―脳科学者の研究生活を振り返る

　このように、これまでの研究生活を振り返ってみました。退職の年に、このように研究生活を振り返る機会を得たことに感謝いたします。

参考文献
久保田競、虫明元、宮井一郎『学習と脳――器用さを獲得する脳（ライブラリ 脳の世紀：心のメカニズムを探る）』、サイエンス社、2007年。
虫明元『学ぶ脳――ぼんやりにこそ意味がある』、岩波書店（岩波科学ライブラリー）、2018年。
虫明元『前頭葉のしくみ：からだ・心・社会をつなぐネットワーク』、共立出版、2019年。
虫明元、山口晴保『認知症ケアに活かすコミュニケーションの脳科学20講――人のつながりを支える脳のしくみ』、協同医書出版社、2023年。
虫明元『ひらめき脳』、青灯社、2024年。
大路朋子『人を動かすナラティブ なぜ、あの「語り」に惑わされるのか』、毎日新聞出版、2023年（5章担当）。

第七章　歴史学が導く災害科学

蝦名　裕一

はじめに

　近年における科学技術研究の推進の中で、専門的な研究分野の垣根を越えた「知」を結集した総合知の創出が大きく注目されている。これまでも文系・理系の区分にとらわれない文理融合研究の推進は幾度も提唱されてきたが、2021（令和3）年4月に科学技術基本法が改正されて科学技術・イノベーション基本法となったことで、研究分野の垣根を越えた「総合知」の創出が国の目標として大きく掲げられた[1]。特に人文・社会科学と自然科学の「知」の融合による「総合知」は、新たなイノベーションを生み出すことが期待されている。すなわち、文理融合による「総合知」の創出は、いまや国家的な目標となっていると言っても過言ではない。

　しかし、一言に文理融合研究といっても、実際には容易ではない。研究上の対象も、手法も、体制も、全く異なる研究者同士が、分野の相違の壁を乗り越えるためには多くの困難がある。また、研究内容が細目化している現状やファンディングの構造、文理融合研究の審査・評価の基準が未確立であることも、文理融合研究における大きなハードルとして指摘されている[2]。しかしながら、こうした困難な課題に向き合わず、目先の成果のためにそれぞれの研究の専門性を曖昧にして安易な妥協を続けてしまえば、その結果は文理融合研究とも「総合知」の創出ともかけ離れたものになるだろう。本当の意味での「総合知」とは、ひとつの専門分野では解決できない困難な課題を、複数の分野が連携・融合することで解決に導く、力強く、魅力的な存在であるはずなのだ。

　こうした文理融合研究の手法と評価が固まっていない現状の中で、どのように研究を進めるべきだろうか。現在、私は日本史を専門とする歴

第二部　人間・社会・歴史

史学研究者として、東北大学災害科学国際研究所において文理融合による災害科学の確立を目指して研究を続けている。しかし私自身、最初から文理融合型の研究を志してきたわけではなかった。私が研究者としての入り口に立った大学生・大学院生時代、宮城県における新たな歴史資料（史料）の調査手法が普及するとともに、自然災害から史料を守る資料保全活動の機運が高まり、私も何度もその活動に参加した。こうした中で、2011（平成23）年3月11日に東日本大震災が発生し、東北地方太平洋沿岸の被災地で被災資料の救済・保全活動に私も従事することになった。2012（平成24）年4月より、私は東北大学災害科学国際研究所の一員として、地質学研究者や津波工学研究者らと連携した歴史災害研究を開始し、文理融合型の災害研究を進めていくことになった。今日の私にとって、これまでに自分がおかれた時代状況や研究環境、あるいはさまざまな人々との出会いや経験が積み重なり、現在は文理融合による災害科学の確立が最も重要な研究課題のひとつとなっている。

　ただし、今現在の私も未だ文理融合研究を確立できているとは言い難く、文理融合研究の理想的な展開に結論が出ているわけではない。本稿では、私がこれまで実施してきた研究活動に加え、それぞれの時期に私自身が置かれた状況や直面した課題、当時の体験や思いを振り返ることで、一個人が文理融合研究を進める上でのひとつの事例としたい。

第一節　歴史学研究との出会いと史料保全活動への参加

1.1　歴史学研究から学際研究へ

　私は1994（平成6）年に岩手大学教育学部小学校教員養成課程に入学した。学生時代は、大学で教員となるために勉学に励む傍ら、余暇には友人たちとドライブに出かけ、頻繁に岩手県沿岸を訪れていた。一方、アルバイトをしていたNHK盛岡放送局では、報道の現場の一端を垣間見るとともに、グラフィックの担当者からCG制作の基礎やペンタブレットなどの機材の取り扱いを教えてもらった。3年生の時に研究室配属があり、私は日本史研究室への所属を希望した。専門的な日本史の講義を受

第七章　歴史学が導く災害科学

写真1　学生時代の筆者

ける中で、史料を読むことや古文書を解読することが面白くなってきた。卒業論文のテーマ選択の際、岩手県のことをテーマにしたいと考え、自治体史である『岩手県史』を読み込んで、江戸時代に盛岡藩で発生した儒学受容をめぐる御家騒動をテーマに論文を執筆した[3]。

　卒業論文を書きながら、より専門的に歴史学研究をしたいと考えた私は、1998（平成10）年に東北大学大学院国際文化研究科に進学した。同研究科では、国際的な地域文化を学際的かつ総合的に研究することを目的としており、さまざまな地域文化を対象に研究する院生たちが集まっていた。当時、私が所属したアジア社会論講座は、日本中世史、日本近世史、中国史、モンゴル史、文化人類学の合同研究室であった。ゼミでは、各分野の教員・院生が一同に会して、専門分野を問わず多方面から議論が交わされていた。こうした多分野による合同ゼミが、後に私が文理融合研究を進める上での基礎となっている。そのひとつが史料に対して多様な研究視角から読み込みをおこなうという点であった。当時の私の研究テーマは江戸時代の盛岡藩政史であったが、盛岡藩の儒学者が記した漢文の史料をゼミで報告した際、中国史の教授である山田勝芳氏から史料の文言について本来の中国儒教における意味や、東アジアにおける儒教思想の受容をめぐる問題にまで踏み込んだコメントをいただいた[4]。当時の私は、自分の取り組んでいる研究は地方の歴史の一事例でしかな

第二部　人間・社会・歴史

いと考えていたが、それは単に私が未熟なだけだったのだ。たったひとつの史料からでも多方面の研究視角から分析することで、いくつもの研究的意義を見いだすことができる、それが他分野合同型のゼミ、ひいては学際的研究の醍醐味だと実感した出来事であった。

1.2　史料保存活動への参加

　大学院生時代の私は、研究と平行して、この時期におこなわれた史料の保全活動へと参加するようになった。当時、東北地方各地の古文書を調査・保全する奥羽資料調査会が結成され、同会の主宰である東北学院大学教授の斎藤善之氏を中心に、デジタルカメラを導入した新しい史料調査方法が実践されていた。その方法とは、史料所蔵先を訪問し、現場でデジタルカメラによる史料撮影を実施してデータ化するという、今日のデジタルアーカイブの基礎ともいえるものであった。当時の史料調査といえば、モノクロのマイクロフィルムによる撮影が主流であり、撮影後もマイクロリーダーが設置されている場所でなければ閲覧できないなど、史料調査のハードルは高かった。それゆえ、膨大なデータを短時間で収集し、画像をカラーで閲覧できるという、それまでの史料調査方法を根底から覆す新たな手法に、私も驚かされた。

　この時期の主な調査先は、宮城県気仙沼市唐桑町鮪立で藩政時代に肝入や大肝入を歴任した鈴木家と、岩手県三陸町綾里の越喜来湾に臨む高台に位置する網元・千田家であった[5]。両家は、いずれも江戸時代以来、三陸沿岸の海運業を担ってきた旧家であり、数万点に及ぶ古文書が残されていた。調査は、宮城県内外の研究者や大学院生が数多く参加した合宿型でおこなわれ、文書蔵から古文書の現状記録を取りながら搬出、整理番号を付して1点ごとにデジタルカメラで撮影し、中性紙封筒に収納していった。作業を続ける中で、徐々に撮影手法も洗練されていった。当初、撮影作業は二人一組となり、撮影する史料を文鎮や虫ピンで固定していたが、後に編み棒を用いて史料を固定する方法に改良された。さらに史料をホワイトボード上にマグネットで固定する方法へと改良され、

第七章　歴史学が導く災害科学

写真2　気仙沼市における史料調査

1人でも史料撮影が可能な手法へと進化していった。また、撮影作業には研究者や学生のみならず、所蔵者や地元の郷土史関係者も参加するようになり、私たち自身が地域の歴史や文化を教わる場ともなった。同時に、調査で何度も足を運ぶ中で、これらの場所が徐々に私にとっても愛着のある場所、いわば"ふるさと"と言っても過言ではない存在となっていったのである。

こうした中、2003（平成15）年7月宮城県北部地震が発生し、現在の石巻市桃生町や東松島市矢本町などで震度6弱の地震が3度連続で発生した。被災地には多数の史跡や古文書を所有している旧家が存在しており、宮城県内の大学の日本史および考古学、美術の研究者や院生・学生が参加し、史料の被災状況調査がおこなわれた。調査では、被災地域の史料所蔵者宅を訪問し、史料の被災状況を確認するとともに、建物や史料の状況、家の由緒や地域の情報を項目分けした調査票を用いてヒアリングをおこなった[6]。また、地震で倒壊の危険が生じた住居や土蔵から、史料を安全な場所に搬出するレスキュー活動もおこなわれた。残念ながら地震後の片付け作業の際に大量の古文書を処分したという例もあったが、自然災害発生時に史料に関わる研究者が専門性の壁を越えて連携し、史料を守ろうとする活動が宮城県において定着する発端となった。これが、のちにNPO法人宮城歴史資料保全ネットワーク（以下、宮城資

1.3 社会における歴史学の位置－自治体史編纂を通じて－

　自治体史とは、各地の地方自治体の歴史・文化・民俗について記した書物であり、多くの場合、歴史学研究者が史料の収集や執筆に関わっている。学生時代の私も、『仙台市史』編さん事業にアルバイトとして関わり、史料の取り扱いや解読をはじめ、史料の撮影、各種データの整理など、自治体史刊行事業の一端を学ばせてもらった。また、2004（平成16）年に始まった福島県相馬市の『相馬市史』編さん事業に、私は近世史部会の編集執筆委員として参画することになった。この事業では、相馬市域における史料の悉皆調査が実施されることになった。調査では、相馬市域を字単位、すなわち近世村をフィールドとして、地域の旧家や寺社などを訪問し、史料の確認と撮影、所蔵者から歴史情報のヒアリングをおこなった[7]。所蔵者へのヒアリングでは、自身の体験をはじめ、父母や祖父母に聞いた話や地域の様子や伝承といったオーラル・ヒストリーも記録した。訪問調査の最終日には、調査の内容を集約し、対象となった地域で住民向けの成果報告会が開催された。当時、まだ大学院生であった私にとって、初対面の所蔵者からのヒアリングはなかなかに手ごわい作業であった。しかし、一般の人々の間で歴史がどのように語られている

写真3　相馬市における現地報告会

第七章　歴史学が導く災害科学

図1　ペンタブレットでトレースした岩沼藩絵図
（蝦名 2011 より）

かを知ること、またそれらの情報のひとつひとつを編み上げて地域の歴史を描くことが、私の歴史学研究にとっても大きな糧となった。

この時期、私は2006年（平成18）に福島県双葉町の双葉中学校に半年ほど常勤講師として赴任することになった。長らく研究者としての立場から歴史学に関わってきた私にとって、教育者として子どもたちに歴史を教えるという経験もまた、自分と歴史学との関わりに新たな視点を与えてくれた。

2008（平成20）年、宮城県岩沼市で『岩沼市史』編纂事業が始まり、私はこれに編纂室専門員として関わることになった。当初、『岩沼市史』の執筆テーマを探るべく、これまでの経験を応用して岩沼市域の古文書所在調査や史料目録の作成、ヒアリング調査などを実施した。その中でひとつ着目したのが、江戸時代前期、一時的に同地に存在した仙台藩の支藩・岩沼藩の存在である。当時は岩沼藩の詳しい成立経緯や藩の具体的な領域も明確になっていなかった。そこで、仙台市博物館所蔵の岩沼藩の絵図史料の調査を実施し、学生時代のアルバイトで経験したグラフィック技術を応用して、ペンタブレットを使いながら絵図のトレース作業をおこなった（図1）。そのデータから当時の歴史的地形を復原し、現在の地図上に岩沼藩の領域を解明する研究を続けた[8]。

ある時、編纂室を訪れた当時の岩沼市長・井口経明氏から「伊達政宗の時代に、岩沼の千貫山に津波が来たという話を知ってる？」と問いかけられた。当時の私は、そのことを全く知らず、「後で調べておきます」と曖昧な返事をするに留まった。振り返れば、この時の私は、伊達政宗の時代は自分の専門ではないし、自然災害は歴史学の範疇ではないとも考えており、翌年岩沼市史編纂事業を離れるまで、その津波のことを調べようともしなかった。数年後、それが私にとって人生を変える大きな後悔をもたらすことになる。

第二節　東日本大震災と被災資料レスキュー活動

2.1　東日本大震災の発生と津波浸水マップ

2010（平成22）年、私は東北大学東北アジア研究センターの教育支援者として、同センター教授である平川新氏の史料の保全プロジェクトに携わるとともに、2007年よりNPO法人となった宮城資料ネットの事務局の一員として、宮城県内の史料の保全活動をおこなっていた。当時、東北大学では、約30年間隔で発生すると予測されていた宮城県沖地震を想定し、文系・理系を問わず多様な研究者が参画した防災科学研究拠点が始動していた。私も同拠点で開催される勉強会に度々参加し、災害と歴史学の関係性を考え始めたが、未だ本格的に災害研究には着手していなかった。そうした中で、私は東日本大震災を経験することになる。

2011年3月11日14時46分、私は東北アジア研究センターの研究室の中で激しい揺れに見舞われた。地震により研究室は本や史料の写真帳、レーザープリンターが落下して散乱し、研究棟も停電し、屋上エレベーター棟が崩壊したため、立ち入りが不可能となった。私は最低限の食料と寝具を乗用車に積み込んで、大学構内の駐車場で夜を過ごした。その夜、携帯電話のワンセグやカーラジオを通して、宮城県沖で観測史上最大の巨大地震が発生したこと、東北地方太平洋沿岸が大津波に襲われていることを知った。被害があった場所として聞こえてくるのは、学生時代に友人たちと訪れた岩手県沿岸の町、史料調査で何度も訪れた気仙沼

写真4　震災後の研究室からのPC搬出

市や大船渡市、自治体史に関わった岩沼市や相馬市、中学校の講師として赴任した双葉町、いずれも私のなじみのある地名だった。同時に激しい後悔の念が頭をよぎった。岩沼市で"伊達政宗の時代の津波"を聞いたとき、なぜ自分はそれを調べようとしなかったのだろうか。気仙沼市や大船渡市の史料調査の際も、明治三陸津波や昭和三陸津波の話を聞いていたではないか。なぜ津波の歴史は自分には関係ないと思ったのだろうか。繰り返し起こる余震の中、大きな不安と激しい後悔を感じながら夜を明かした。

　地震発生から3日後、宮城資料ネット理事長である平川氏を中心とした宮城資料ネットの事務局スタッフで、被災地の史料レスキューに向けた準備を始めた。まず、被災した研究棟からデータの入ったパソコンや資料ファイルを運び出し、電源が回復していた講義棟資料室で緊急オフィスを立ち上げ、各地の文化財関係機関との連絡調整や、被災状況の情報収集作業に着手した。なお、私を含めた事務局スタッフは、震災から約1ヵ月の間、平川氏の自宅に寄宿して、寝食をともにしながら、被災資料の救済活動の準備体制を整えた。この時期、平川家のご家族には私たちの生活を献身的に支えてもらった。その間も、福島第一原発の状況は予断を許さない状況だという報道があり、もし状況が悪化して仙台も退去しなければならなくなったことを想定した話し合いもしていた。

第二部　人間・社会・歴史

写真5　津波浸水マップ作成の様子

　明日も見えない不安の中で、私たちはとにかく目の前の被災資料レスキュー始動を目標に動き続けた。

　まず、被災資料レスキューを開始するためには、被災地の状況を把握する必要があった。しかし、被災地では道路・通信網が断絶し、行方不明者の捜索やインフラの復旧作業が続いており、史料所蔵者はもちろん、自治体の文化財関係者とも連絡が取れない状況だった。また、ガソリンの供給不足により、私たちの方から被災地に赴くこともできなかった。一刻も早く被災資料レスキューを始動したい気持ちと、翻って何もできない現状に、焦りと苛立ちがあった。そうした中、インターネット環境が回復した事務局で情報収集していると、国土地理院のホームページで津波被災地の空撮写真が公開されていることに気が付いた。私の手元には、岩沼藩の絵図研究に使用したグラフィックソフトや地図ソフトがひととおり使える環境が整っていた。そこで私は、被災地の空撮写真から津波の浸水状況を確認し、沿岸部の地図にフォトショップで津波浸水範囲を色塗りした独自の「津波浸水マップ」を作成した[9]。当時、津波浸水状況を面的に表示した情報は一般に公開されておらず、私たちはこの「津波浸水マップ」を活用しながら、どの史料が被災しているか、ガソリンが手に入った際に被災地をどのように巡回するかなどを議論した。ここでの議論が、被災資料レスキューに向けたロジスティクスの構築へと

つながっていったのである。

2.2 "ふるさと"の喪失と立ち上がる人々

　2011年3月下旬、徐々にガソリンの供給が安定したことから、宮城資料ネット事務局も被災地の状況を把握するため、沿岸部の史料所蔵先を巡回した。ニュース映像を通して被災地の状況はある程度知ってはいたものの、実際に見る被災地の姿はすべてが想像を越えた惨状であった。津波で至る所が破壊された街並み、道の両側に積みあがった瓦礫の山、高い木々に引っかかっている数々の生活用具、かつて調査のたびに私たちを温かく受け入れてくれた地域の、あまりにも変わり果てた姿であった。その光景を目の当たりにした瞬間の喪失感や無力感は、もちろん直接被災した地域の人々とは比べるべくもないが、それは私たちにとっても"ふるさと"の喪失であったといえる。

　一方で、地域の人々は大きな被害を受けながらも、災害を乗り越えようと力強く動き始めていた。気仙沼市唐桑鮪立の鈴木家では、住宅のある高台に津波が迫りながらも浸水は免れた。しかし、文書蔵の土壁が崩落していたため、訪問した事務局一同で、ひとまず蔵に置かれていた文書を母屋へと移送する作業をおこなった。ご当主である鈴木伸太郎氏に震災発生時の様子を聞くと、気仙沼市唐桑の鮪立地域では、集落の人々

写真6　鈴木家の大釜

は鮪立の集会場に避難したが、その後の電気・水道の復旧が遅れていた。鈴木氏は、自宅の竈の大釜を使い、わき水や山林の薪を集めてお湯を沸かし、集会所に避難してきた被災者に提供したという。この竈は、天保の飢饉の際に粥を煮て地域の住民に振る舞ったと伝わっている。鈴木氏の「先祖がやっていたことを、自分もやっているんだ」という言葉が印象的であった。

　石巻市門脇の本間家は、江戸時代に千石船の船主として廻船業、明治時代には金融業・醸造業を営んでおり、震災前まではかつての母屋、文書蔵、醸造蔵など、主要な建物が残されていた。しかし、東日本大震災の津波によって本間家住宅は文書蔵1棟を残して全て流失してしまった。2011年4月、宮城資料ネットが文書蔵に残された古文書レスキューを実施した際、本間氏は残された文書蔵も解体しようと考えていたが、レスキューに同行した建築チームによって、土蔵の修復が可能であるとの見解が示された。本間氏は、津波で被災したこの地域に再び人が集まることを願って文書蔵を修復するとともに、自らも震災前と同じ場所に自宅を再建した[10]。この本間家土蔵には、2024年現在、本間家に伝わる古文書や古写真などが展示され、同家のみならず、門脇地域の歴史を伝える個人ミュージアムとして存続している。

　被災地の所蔵者たちは、東日本大震災によって壊滅的な被害を受けな

写真7　石巻市本間家のレスキュー（撮影：斎藤秀一）

がらも、地域の中で存続してきた自家の歴史を背景に、目の前の地域の惨状に対して自分たちができることを見つけ、前に進もうとしていた。これは歴史のもつ被災者のレジリエンス（生きる力）を促進する効果が指摘されている[11]。振り返れば、私たち自身の被災資料レスキューも、所蔵者たちの力強い動きに共鳴しながら展開してきた面がある。被災地での史料レスキューは、私たち自身にとっても、傷ついた"ふるさと"を取り戻すことだったのだ。

　若干時期は後のことになるが、福島県双葉町のことも述べておきたい。双葉町は、東日本大震災にともなう福島第一原発の事故によって、全町民に避難指示が出され、その後全町域が帰還困難区域として設定された。結果、数年にもわたり、住民ですら足を踏み入れることが不可能な状況となった。当時の私は、被災資料の保全活動に従事する日々の中で、双葉町についても自分が何かできないかと考えていた。

　2013年に筑波大学教授・白井哲哉氏から、双葉町の町役場および多数の町民の避難所となった埼玉県加須市旧騎西高校における避難所資料の保存作業を実施するとの連絡があり、私もこの作業に幾度か参加した。翌年、帰還困難区域内となっている双葉町域への一時立ち入りが許可され、震災直後に町民たちの避難所となった施設で調査がおこなわれることになった。その調査先のひとつが双葉中学校であった。

　3月11日の地震発生直後、双葉中学校には多くの町民が避難してきたが、翌日未明に原発事故による避難指示が発出され、住民たちは着の身着のまま一斉避難することになった。私たちが足を踏み入れた双葉中学校は、町民たちが避難した直後の状態のままで3年半が経過した状態であった。避難してきた生徒のかばん、避難者が休むための毛布、炊き出しのおにぎり、水洗トイレ用に水を汲んだバケツ、全てがあの日のままの状態で置かれていた。3月11日は双葉中学校で卒業式がおこなわれており、黒板には卒業生たちが旅立ちの喜びに満ちて書いた寄せ書きがそのまま残されていた。東日本大震災と福島第一原発事故がいかに住民や生徒たちの日常を断ち切ってしまったのか、改めて思い知らされた。私

第二部　人間・社会・歴史

写真8　2014年の双葉中学校の様子

が双葉町に赴任していたのはわずか半年ほどの期間であったが、これもまた、私にとってひとつの"ふるさとの喪失"であった。

2.3　千田家の歴史的空間の復元プロジェクト

東日本大震災の発生から数年の間、宮城資料ネット事務局では被災資料の搬出や保全作業をほぼ毎日のように実施していた。私も被災地に赴いては被災した史料の現状調査や搬出をおこない、仙台に戻っては事務局で学生や市民ボランティアとともに被災資料のクリーニングや襖の下張文書の保全作業などを続ける日々だった[12]。その中で、被災資料レスキュー活動を通じて知り合えた人々と、協力・連携しながら専門的な資料保全活動にも着手していった。

そのひとつが、大船渡市三陸町綾里の砂子浜千田家広間における歴史的空間の修復である。千田家住宅は越喜来湾に臨む高台に位置し、大きな母屋と文書蔵に加え、一面苔に覆われた美しい庭園の中に持仏堂が設けられている。千田家には、江戸時代以来、多くの知識人や文化人が来訪し、その足跡を残している。千田家の母屋広間には、仙台藩の御用絵師・佐久間六所の絵画、仙台藩の漢学者・大槻磐渓（国語学者・大槻文彦の父）が「小桃源」と記した扁額、仙台藩校養賢堂指南役を務めた岡鹿門（千仭）、旧気仙郡（現在の岩手県大船渡市・陸前高田市・住田町・釜

第七章　歴史学が導く災害科学

写真9　千田家広間の修復作業メンバー

石市の一部）の郡長・板垣政徳（陸軍大将・板垣征四郎の父）の書を両面にあしらった襖が存在し、さながら旧気仙郡の歴史文化を象徴するミュージアムのような空間となっている。当主の千田基久兵衛氏によると、かつての明治三陸地震や昭和三陸地震の際も、母屋の高さまで津波はあがらなかったという。

　しかし、東日本大震災の津波は、千田家の母屋や土蔵の床上まで浸水し、庭園も一面の泥に覆われ、無残な姿となった。また、母屋広間にあった屏風や襖も海水に浸水して大きなシミが残ってしまっていた。千田家では、震災直後から千田家と縁故のある人々や地域住民によって、母屋の泥出しや、床下の泥出し作業などの復旧作業がおこなわれていた。その中で私は、広間の襖の修復作業に関わることになった。震災で被災した襖は、2011年5月に京都造形芸術大学（現京都芸術大学）教授の大林賢太郎氏が同家を訪問し、書の部分を切り取って京都へ搬送し、同大学の研究室で修復や水洗処置などの安定化作業を実施した。襖の本体については東北大学の宮城資料ネット事務局に移送し、襖の裏張り文書の解体作業を実施した。あわせて、襖を修復したいとの千田氏の意向から、2014（平成26）年に東北大学災害科学国際研究所の特定プロジェクト研究[13]、京都造形芸術大学と特定非営利活動法人文化財保存支援機構からの支援を受け、同家の襖資料の本格的な修復に着手した。修復作

業は、大林ゼミの皆さんと墨匠堂・脇屋氏によっておこなわれ、被災した肌裏紙や引き戸などを再利用しながら、黒漆塗の縁木を新調して襖下地を仕立て、そこに水洗・修復作業を終えた書と本金砂子の表装紙を張り込んで修復した。作業完了後、大林氏・脇屋氏と大林ゼミの皆さんとともに千田家を訪問し、現地で襖を敷居・鴨居と調整して広間に襖を納めた。東日本大震災の発生から4年の年月をかけ、震災前の千田家広間の姿が戻ってきた瞬間だった。このように千田家広間の修復作業には高い修復技術が必要であったが、私自身は修復の技術を持っていなかった。しかし、これまでの調査活動を通じて学んだ千田家の歴史的背景や、被災資料レスキューを通じて知り得た多くの人々との連携の中で、今回の修復作業プロジェクトを組み立てることができた。これらの多様な人々のつながりによって、気仙文化の象徴ともいえる千田家広間の歴史的な空間の修復を可能としたのである。

第三節　歴史学から文理融合による災害科学へ

3.1　東北地方太平洋沿岸の史料調査と災害研究

　東日本大震災の直後に抱いた悔恨の念もあり、私は先に岩沼市で教えてもらった津波伝承の調査を開始した。調べてみると、それは東日本大震災からちょうど400年前にあたる1611年12月2日（慶長16年10月28日）に発生した慶長"三陸"地震津波と呼ばれている地震津波のことであった。「千貫松」（現在の千貫山）に津波が襲来したという話は、幕府研究の基礎史料である『駿府記』や『駿府政事録』のほか、仙台藩の史書『伊達治家記録』に記述があった。調べを進めると、この地震津波について記述した史料は、旧仙台藩のみならず、旧盛岡藩領の岩手県宮古市、山田町、大槌町や旧相馬中村藩領の福島県相馬市にも存在していた。いずれも私が過去に訪れたことがある場所であった。さらに、この地震津波が発生した際、日本に滞在していたスペイン人探検家セバスティアン・ビスカイノが大津波に遭遇したことを記録に残しているが、その場所は越喜来湾付近であったという。私が何度も調査で訪れた砂子浜

千田家の目前に広がる、あの越喜来湾である。震災以前、災害史の視点を全く持ち得なかった私は、いかに多くの地域の歴史を見落としてきたのだろうか。改めて自分自身の不甲斐なさを思い知らされた。

この時期、私は宮城資料ネットで実施している宮城県内の被災資料レスキューのみならず、岩手歴史民俗ネットワークが実施した大槌町での被災文化財調査や被災資料救済活動に参加するなど、岩手県域でも被災資料の保全活動と歴史災害の情報の収集を続けた。また、大船渡市・陸前高田市では、独自に民間所在の史料の悉皆型調査を実施した。これにあたっては、長年旧気仙郡の古文書の解読作業を続けていた郷土史研究者・渡辺兼雄氏に協力を仰ぎ、渡辺氏が把握していた古文書所蔵者宅を訪問し、震災による史料への被災の有無を調査した。また、震災以前から継続していた相馬市史編さん事業でも、編さん室の協力のもと、新たな災害関係史料を捜索した。私にとっては、東日本大震災で被災した東北地方太平洋沿岸の全域が、被災資料の保全活動および歴史災害研究を同時に展開する研究フィールドとなったのである。

3.2 慶長"三陸"地震津波研究への疑問

1611年（慶長16年）の慶長"三陸"地震津波に関する史料は、当時の松前藩、盛岡藩、仙台藩、相馬中村藩、現在の北海道から東北地方太平洋沿岸に広く存在している。これらの史料情報を統合すると、この地震津波による仙台藩での死者は1863人、相馬中村藩の史料『利胤朝臣御年譜』には相馬領沿岸で700人以上の死者があったと記述されている。また盛岡藩領でも現在の宮古市から大槌町にかけての地域で数百人の死者、松前藩の沿岸でも津波による多数の死者があったという（図2参照）。これらの史料は、地震・津波災害に関する日本全国の史料の記述を収集した地震史料集に収録されているが、災害研究を始めたころの私は、そもそもこうした史料集が地震研究者の手によって編纂されていた事実にも驚かされた。翻ってみれば、それは従来の歴史地震研究に、いかに歴史学研究者の関与が希薄であったかを示すものであった。

第二部　人間・社会・歴史

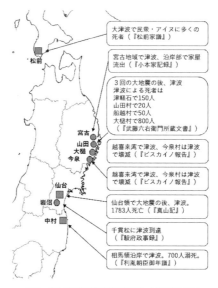

図2　慶長奥州地震津波を記述した史料の分布

　一方、慶長"三陸"地震津波に関する先行研究に対し、徐々に疑問も覚えた。『理科年表』によると、慶長"三陸"地震津波は推定マグニチュード8.1とされ、1933年の昭和三陸地震と同程度とされている。昭和三陸地震津波とは、1933年（昭和8年）3月3日に発生した地震津波であり、岩手県や宮城県を中心に約3000人の死者・行方不明者があった。しかし福島県沿岸における津波による被害はほとんど確認されておらず、死者もなかった。ならば、相馬藩領沿岸で多数の死者を出した1611年の地震津波と昭和三陸地震津波は、なぜ同規模と推定されているのだろうか。

　さらに先行研究を読み進めると、津波研究者である渡辺偉夫氏がまとめた『日本被害津波総覧』では、慶長"三陸"地震津波の地震が非常に小さく、無感の場所があるなど、各地の史料とは食い違う津波像が記述されていた[14]。さらに渡辺偉夫氏の個別の論考でも、仙台藩地域における被害を記したビスカイノの報告書や、岩沼の千貫松伝承の根拠となっ

た『駿府政事録』の記述について、確たる史料検証もないままに「伊達政宗の創作」として評価していた[15]。渡辺氏個人の見解であるとはいえ、不十分な史料の検証が慶長"三陸"地震津波の過小評価につながった可能性があるのではないかという疑念が浮かんできた。

　そもそも慶長"三陸"地震津波という名称にも、いささか奇妙な点がある。現在の東北地方太平洋沿岸、青森県・岩手県・宮城県・福島県は、江戸時代まで「陸奥国」と呼ばれており、それを唐風にした異称が「奥州」となる。1869年（明治元年）に明治新政府によって陸奥国は5分割され、そのうち「陸前国」・「陸中国」・「陸奥国」を総称する呼び方が「三陸」となった。つまり、この地震津波が発生した1611年には「三陸」という言葉は存在していなかった。さらに、1869（明治元）年に宮城県亘理郡以南から福島県沿岸部は「磐城国」とされており、「三陸」の範囲からは除外されることになる。しかし、1611年の地震津波は相馬中村藩で津波により700人の死者があったことは確かである。すなわち、慶長"三陸"地震津波という名称は、時代的にも、また史料の分布から明らかになる被災範囲を示す言葉としても誤っているのである。では、なぜこのような誤った名称が付けられたのだろうか。それは、これまでの慶長"三陸"地震津波研究において、史料や用語を歴史学的に検証するはずの歴史研究者が参画していなかったためといえる。先述の渡辺偉夫氏による恣意的な史料操作や地震規模の過小評価も、本来は専門的な歴史学研究の視角から検証されるべきものであったはずである。

　このように、歴史地震の名称について、単語の時代性にまで細かくこだわるのは、歴史研究者のエゴであろうか。そうではない。誤った歴史災害の名称は、誤った災害イメージや防災意識につながる恐れがある。一例を挙げよう。『宮城県史22　災害編』には、仙台沿岸における津波の可能性について「津波の襲来には三陸海岸ほどの不安はない」と記述している[16]。ここに東日本大震災の発生以前の宮城県において、仙台湾沿岸地域で津波に対する警戒感が少なかったことが読み取れる。つまり、慶長"三陸"地震津波という誤った名称が流布した結果、津波は"三陸

第二部　人間・社会・歴史

海岸にしか来ない"という誤った津波イメージの形成につながったものと考えられる。それゆえに、実際には1611年に仙台平野や福島県沿岸にも津波が襲来した史料があるにも関わらず、慶長"三陸"地震津波の研究の中での過小評価につながったのではなかったか。さらには、慶長"三陸"地震津波の過小評価は、東日本大震災以前の東北地方太平洋沿岸部における津波への危機意識の欠如や、福島第一原発における津波防災対策に影響することはなかったか。歴史災害の名称をめぐる問題は、歴史学者のマニアックなこだわりなどではなく、現在の防災意識に直結する問題として考えなければならない。

　現在私は、1611年の地震・津波の新たな研究において、慶長「奥州」地震津波という呼称を提案している。その理由は、江戸時代に成立した相馬中村藩の史料『小高山同慶寺記録』に、慶長16年10月28日に「奥州筋生波（ツナミ）」があったという記述があるためである。また同時代人であるビスカイノも本国へ送った報告書の中で、この地域を「Vouju」「Voxu」「Oxo」（「奥州」）と記している。つまり、1611年の地震津波について、時代性と被災範囲を正しく示す言葉としては「奥州」の方が適切である。ゆえに、従来は慶長"三陸"地震津波と呼ばれてきたこの地震津波を、慶長"奥州"地震津波という新たな名称で呼称することで、従来の研究とは異なり、歴史学研究の視点を明確に組み込んだ新たな文理融合型の災害研究として展開することにした。

3.3　文理融合による慶長奥州地震津波の研究

　東日本大震災を受けて東北大学では、学問の英知を結集させて被災地の復興・再生に貢献するため、2012年に新たに災害科学国際研究所（IRIDeS）を設立した。IRIDeSには、文系・理系の研究者たちが参画し、それぞれの専門分野から東日本大震災の解明や被災地の復興を対象にした最新の研究をおこなっていた。私もIRIDeSの一員として慶長奥州地震津波の研究を開始したころ、同様にIRIDeSに所属する地質学、津波工学の研究者も慶長奥州地震津波に着目して研究を進めていることを知っ

第七章　歴史学が導く災害科学

写真10　水上の津波堆積物掘削作業

た。そこで私たちは慶長奥州地震津波の新たな研究を展開する共同研究を立ち上げ、一緒にフィールドワークに赴いてお互いの調査に協力しながら、史料や津波痕跡の調査を進めた。

　その中で、私はまず従来の研究で用いられてきた史料を、歴史学的な視点から再検証した。ビスカイノの報告書については、戦前の曖昧な翻訳文が用いられていたため、マドリード図書館所蔵の原本から改めて現代文に翻訳し、記述内容の信頼性を検討した[17]。また、盛岡藩・仙台藩・相馬中村藩の史料を、史料の由来や他史料との比較から再検討した。結果、慶長奥州地震津波の際に東北地方から江戸にかけての範囲で大地震があり、北海道沿岸から福島県沿岸までの広範囲に津波被害がもたらされたことを改めて明らかにした[18]。

　歴史学からの分析結果を受けて、地質学研究では、慶長奥州地震津波の浸水範囲と推定される地点でボーリング調査を実施し、地中のサンプルを採取・分析して津波堆積物の存在を調査した。また、津波工学研究では、史料に記される津波被害の痕跡や津波堆積物が発見された場所の標高データをGPSで計測し、そのデータから全体の地震規模を推定する作業を実施した。私もこれらの作業に同行し、湖上で櫓を組んでパイルを打ち込む津波堆積物の採集作業、津波痕跡点におけるGPSによる測量作業、現地での伝承や津波に関するヒアリングを一緒におこなった。とも

第二部　人間・社会・歴史

に同じ作業をする中で、自分の専門とは全く異なった研究分野の手法や考え方に対して理解が深まったことは、私自身にとっても大きな発見であった。

　一方で、異分野同士の研究交流が進むほど、それぞれの分野の壁も際立ってくる。そもそも慶長奥州地震津波について記した史料は、江戸時代初期という時代状況ゆえに数少ない。また、史料から特定できる情報も、例えば仙台藩の沿岸、相馬中村藩の沿岸というような、"面"としての情報である場合が多い。しかし、地質学でのボーリング調査や津波工学でのGPS測量では、より具体的な"点"としての位置情報が必要である。調査先で、歴史学ではなぜ情報がはっきりしないのだと言われ、私は史料に書かれていないことはわからないと反論するような場面もしばしばあった。

　しかし、このままでは文理融合型の研究にはつながらない。史料の"面"的な情報を、より具体的な"点"にしていくためには、災害に関連する史料の記述のみに依拠するのではなく、他の史料の情報や当時の歴史情報を広く網羅して考える必要がある。慶長奥州地震津波の研究の場合、史料に記されている地名や建造物について、該当地域の古文書や絵図史料、自治体史などから調べ上げ、当時の歴史的景観を把握することで津波痕跡点の位置を具体的に推定していった[19]。そうして推定した津波痕跡情報をもとに、堆積物調査や地盤の測量を実施し、その地震規模を推定した。

　こうした文理融合型の研究を進めた結果、かつて過小評価された慶長"三陸"地震津波像は、近年ではより地震規模の大きい新たな慶長"奥州"地震津波として見直されつつある。2021年（令和3年）に開催したシンポジウム『歴史が導く災害科学の新展開Ⅴ－文理融合による1611年慶長奥州地震津波の研究－』では、歴史学・考古学・地質学・津波工学の各分野から慶長奥州地震津波に関する最新の研究成果が報告された。その中で、歴史学研究から史料の再検証により描く地震・津波像、考古学・地質学からは新たに発見された慶長奥州地震津波に由来する津波堆積物

の存在が報告された。さらに、これらの津波痕跡の存在から、津波工学の視点から慶長奥州地震津波の地震規模は Mw8.8 ± 0.1 との推定値が示された。従来の研究では 1911 年の昭和三陸地震津波と同規模とされていた慶長奥州地震津波は、文理融合研究の結果、2011 年の東日本大震災に近い規模の巨大地震としての実像が解明され始めたのである[20]。

3.4　絵図史料を用いた地形復原と災害要因の分析

歴史地震研究の中で古地図・古絵図を分析していると、現在の地図に描かれている地形や私たちが目にしている景観が、過去の地形や景観と異なっていることに気づく。特に海岸線や河川の流路は、近現代の重機を用いた開発や護岸工事によって、過去と現在では大きく地形が異なっている場合が多い。つまり、過去の災害、とりわけ前近代の歴史災害を考える上では、今日の地形ではなく、史料から過去の地形を復原して考える必要がある。

図 3 は、今日の宮古市の地形と、古地図・古絵図から復原した宮古市域の歴史地形を、3D で復原したものである。図の作成にあたっては、まず今日の地形図における標高データをベースにして、明治・大正期に旧陸軍陸地測量部が測量・作成した地形図を重ね合わせた。次に人工改変による海岸線・河川の流路や建造物を除去し、江戸時代の海岸図や村絵図から当

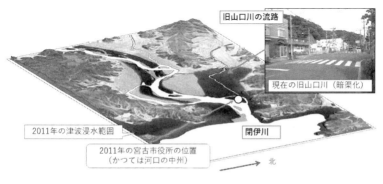

図 3　宮古市の復原地形と 2011 年の津波浸水範囲

第二部　人間・社会・歴史

時の地形情報を書き加えて作図した。図によれば昔の宮古市は現在の地形と比べ、閉伊川河口付近で河川の流路が分岐・結合を繰り返し複雑になっている。また宮古市街地を流れている山口川の流路も、かつては宮古市街地を流れていたことがわかる。

　こうした歴史地形の復原は、過去の災害を分析するだけではなく、現在の災害発生要因の分析や防災にも重要な情報となりうる。2011年の東日本大震災の際、宮古市では閉伊川河口から津波が市街地に流れ込み、宮古市役所庁舎は2階まで浸水した。当時の宮古市役所の位置を歴史地形から確認すると、その場所は前近代には閉伊川に浮かぶ中州であった。また、宮古市街地への津波の侵入経路は、市街地を流れていた山口川の河道と一致している。つまり、これらの場所はかつて川の中州や河川の流路であり、津波時には被災の可能性の高い場所であったのだ。さらに山口川の市街地の流路は現在暗渠となり、日常生活の中ではその場所が河川であることが認識できない状態となっている。だが、過去の地形を復原することで、今日の人工改変によって見えなくなってしまった災害リスクを改めて可視化することができるのである[21]。地形復原による過去の災害分析は、将来の災害発生を予測し、現在の防災対策を考える上でも極めて重要となるのである。

3.5　文化遺産防災マップの構築と活用

　東日本大震災以降も日本各地では自然災害が頻繁に発生し、各地に大きな被害がもたらされた。それを耳にする度、私には忸怩たる思いがあった。東日本大震災の際、宮城資料ネットの被災資料レスキューには日本全国からさまざまな支援が寄せられた。今度は私たちが、新たな被災地に対して何かしなければならないのではないか。被災地の人々が再び立ち上がるためには、被災地の外との連携が何よりも重要だということは、私たち自身が良く知っている。私たちの経験を、現在の被災地に対する支援への一助とできないだろうか。そのような思いにかられる日々だった。

そうした中で、東日本大震災の際に作成した津波浸水マップのことを思い出した。これは被災地に直接アクセスせずとも、被災地の外から史料の被災状況を推定する方法であった。当時、東日本大震災の発生による防災意識の高まりから、地震発生時の推定震度分布図や、台風による河川氾濫の際の浸水段彩図など、さまざまな災害情報がリアルタイムで公表されるようになった。またこれに前後して、GIS（地理情報システム）やGoogleマップなどのオンラインマップツールの普及により、地理空間情報を個人が利用できる環境も整備されていった。こうした災害情報や地理空間情報を活用すれば、遠隔地で発生した災害であっても、文化財や史料などの文化遺産の被害情報が推定できるのではないかと考えた。

　言うまでもなく自然災害が発生した地域は、インフラの破壊や道路・通信網の断絶によって大きな混乱状況に陥る。被災文化遺産の救済活動では、その主軸となるはずの自治体の文化財担当者は、災害時には地域住民の救助活動や生活再建を優先する必要があり、地域の文化遺産の被災状況の把握やレスキュー活動にまで手が回らない場合が多い。ならば被災していない外部の地域で被災文化遺産を推定し、レスキュー活動に向けた必要人員・物資の手配などのロジスティクスを構築できれば、災害時の文化財担当者の負担を軽減できるのではないか。さらに被災地の内外でその情報を共有することで、迅速な被災文化遺産レスキュー体制の構築と始動が可能となる。結果、被災した文化遺産が救出されるまでにかかる時間を大幅に短縮し、被災文化遺産の被害拡大の抑止へとつながるはずである。

　そうした発想から開発に着手したのが、「文化遺産防災マップ」である。これは全国の文化遺産の位置情報をオンラインマップに登録し、自然災害が発生した際には各種災害情報を重ね合わせ、文化遺産の被災状況を推定するシステムである。はじまりは2016年の熊本地震の際に作成したマップであったが、国・自治体の指定文化財の位置情報と推定震度分布をGoogleマップで重ね合わせただけのごく簡単なものであった。その

後も幾度かの災害発生に際して文化遺産防災マップを作成したが、被災地との情報共有における技術的な問題や、情報が悪用されることへの懸念からオープンデータ化ができないなど、多くの課題に直面した。私自身、当初は地理空間情報の専門的な知識は有しておらず、開発は困難を極めた。しかし、地理空間情報の専門家の指導や、資料保存関係者に協力を仰ぎ、連携しながら開発・改良を進めた。

　2024年時点の文化遺産防災マップは、防災科学技術研究所が開発したeコミマップをプラットフォームとして、閲覧者をIDとパスワードで管理しながら、通常のブラウザから閲覧が可能な状態で運用している。マップには、国・都道府県指定の指定文化財3万5000件の位置情報のほか、市町村指定文化財や個人所蔵の古文書群など未指定の文化財も登録作業を進めている[22]。災害が発生した際は、これに各種災害情報を重ね合わせ、文化遺産の被災状況の推定作業を実施する。また、実際の災害時には、被災地と遠方の支援者のオンライン会議においてこのマップを共有すれば、より具体的に被災文化遺産への対応を協議することが可能になる。実際に2024年1月1日に発生した能登半島地震では、数日の間に震度5以上の震動域に1500件の指定文化財があることを指摘し、その情報を各地の文化財関係者や支援者に共有することができた（図4）。

　また文化遺産防災マップは、災害発生前の事前防災において活用することで、より大きな効果をもたらす。岩手県立博物館では、私たちが開発した文化遺産防災マップのシステムをもとに、岩手県版文化遺産防災マップを構築し、これに水害や岩手山噴火などを想定したハザードマップを重ね合わせている。さらにマップを活用し、県内の市町村の文化財関係者が参加した文化遺産防災訓練を実施している。防災訓練では、岩手県内の文化財関係者がマップを通して自分の町の文化遺産における災害リスクを把握し、災害時の文化遺産救済のために、近隣の自治体とどのように連携をするかが議論された[23]。ここでは、文化遺産防災マップは事前防災において広域連携の構築を促す存在として機能している。現在も文化遺産防災マップは、より広い関係者との間で構築する連携体制

第七章　歴史学が導く災害科学

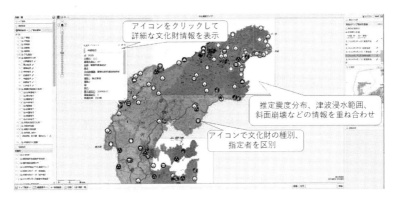

図4　2024年能登半島地震に対応した文化遺産防災マップ

の中での活用を目指し、文化遺産の位置情報の追加と機能の拡充を図っている。

おわりに

　ここまで、私自身の体験や研究活動を事例にしながら、当時自分が直面した課題への行動や思いについて、縷々述べてきた。少々強引ではあるが、ここまで私が歴史学研究を基盤としながら、他分野の研究者や専門家などと連携・協力して展開した史料保全や歴史災害研究を、文理融合による災害研究の一例としてまとめてみたい。

　まず文理融合研究とはいえ、自らの専門とする研究分野の基礎を固めることが何より重要である。私の場合は歴史学研究がその入り口であり、研究となる地域の史料に対し、まず自分の研究視点に立脚して史料の解読・分析を進めた。その上で、他分野合同ゼミに臨み、研究の視点を変えることで、史料の研究的意義が幾通りも見いだせることに、史料を研究することの面白さを実感した。私の研究において、何よりも史料の存在の重要視こそがひとつの信念となった。同時に、現在の研究や専門と違った研究や趣味的なものであっても、興味をもったことについて関心を持ち続けることも必要であろう。私の場合、学生時代に触れたグラ

フィックの技術が、後に絵図史料分析や歴史地形の復原、あるいは津波浸水マップや文化遺産防災マップの作成へと発展していくきっかけとなった。専門分野以外の面で続けていた探求が、現在の私の研究の特性や研究者としての個性を形成することになったのである。

　また、院生時代に参加した史料保全活動を通して、専門分野の違う研究者との議論や、所蔵者や地域の人々の史料への思いに触れる経験をした。そのうち、史料を研究材料としてだけではなく、地域や人々の間で歴史をつなぐ存在であると認識するようになった。後年、私が自治体史編纂に関わった際にも、地域に残る史料をどのように読み込み歴史を描いていくかという、社会の中で歴史を描く意味について考えるようになった。これらの史料保全活動や自治体史編纂を通じて、地域の歴史を知り、地域の人々と交流した結果、私自身にとってもそれらの場所が研究のフィールドとしてだけではなく、愛着のある場所、"ふるさと"になっていったのである。

　ゆえに東日本大震災は、私にとっても"ふるさと"の喪失体験となった。震災後の被災資料保全活動では、傷ついた"ふるさと"の復興に向けて何か自分ができることがしたいという思いがあった。その際、千田家広間の修復のように私個人では不可能なことも、全国各地から駆けつけた協力者との連携で達成することができた。"ふるさと"の復興に向けては、被災地の内と外を結び、多様な分野の専門家による連携協力が大きな効果を発揮するのである。このことが、現在開発を進めている文化遺産防災マップと、これを媒介とした文化遺産の事前防災に向けた広域連携体制の構築の理念につながっている。

　いまひとつ、かつての自分が歴史災害の情報に触れながら、自分の専門外だと見過ごしてきたことに対する大きな後悔の念が、現在の私が災害研究を実践する大きな動機のひとつとなっている。もし震災発生前の私に災害研究の視点があったならば、少しでも研究を世に出していれば、あるいは東日本大震災の悲劇の万分の一でも防げたのではあるまいか。当初は理系分野に苦手意識を持っていた私であるが、これらの思い

第七章　歴史学が導く災害科学

がブレイクスルーとなって災害研究に飛び込むことになった。

　IRIDeS の発足後、私は地質学や津波工学の研究者と共同で文理融合による慶長奥州地震津波研究を展開した。その過程で、幾度も異分野相互の理解の壁に直面した。しかし、何度も一緒にフィールドワークを実施し、作業をしながら議論することで、互いの専門分野に対する理解を深めることができた。文理融合研究では、合同フィールドワークと共同作業が、異分野の壁を乗り越える有力な手段と言える。同時に私自身も、文理融合研究の中における歴史学研究の役割を果たすためには何をすべきかを自覚させられた。従来の慶長"三陸"地震津波が過小評価された理由には、歴史学研究の視点の不在による史料への軽視があったと言ってよい。ならば、私の役割は史料を徹底的に検証し、災害と直接関係ない史料であっても網羅的に用いて、歴史学研究者として史料に依拠した見解を導き出すことである。そこでは自分の細かな専門性などもはや関係なく、とにかく数多くの史料を集め、読み、分析して、自分が歴史学研究者として持っている能力の全てを注ぎ込まなければならない。それが文理融合による慶長奥州自身津波研究における私の役割だった。こうした文理融合研究の成果として、従来の過小評価から脱却した、新たな慶長奥州地震津波像を描くことが可能になったのである。

　繰り返しとなるが、現段階で私自身が文理融合研究の確固たる方法論を見いだしたわけではない。ただ、私にとっての文理融合による災害研究においては、自分と異なる分野の研究者と交流し、忌憚なく議論をすることが、翻って自分の専門分野の存在の意味を明確にし、自分の研究の視野と可能性を確かに広げるものとなった。こうした私の経験が、今後の文理融合研究を志す研究者の一助となれば幸いである。私自身、今後とも歴史学研究者の一員という矜持を持って史料に向き合い、文理融合型の歴史災害研究を進めると同時に、東日本大震災による"ふるさと"の喪失を体験した一人として、地域文化や人々の生活に着目した災害科学の前進に取り組みたいと考えている。

第二部　人間・社会・歴史

注
1) 内閣府ホームページ「科学技術イノベーション基本法・科学技術・イノベーション創出の活性化に関する法律」：https://www8.cao.go.jp/cstp/cst/kihonhou/mokuji.html
2) 国立研究開発法人科学技術振興機構『調査報告書　文理融合研究のあり方とその推進方策〜持続可能な資源管理に関する研究開発領域を例として〜』（2022年）：https://www.jst.go.jp/crds/report/CRDS-FY2021-RR-06.html
3) この時期の研究内容については、蝦名裕一「盛岡藩における元禄十六年「新法」事件について」（『地方史研究60』、2010年）を参照。
4) この時期の研究内容については、蝦名裕一「元禄期における大名の儒学受容と「仁政」政策 - 盛岡藩・南部行信を事例として」（『歴史109』、2007年）を参照。
5) 斎藤善之「南三陸沿岸地域における大規模家経営体と危機対応」（『歴史評論764』、2013年）
6) 田中智洋「宮城版調査用紙の活用について」（『宮城歴史科学研究59』、2006年）。
7) 同調査における報告内容は、相馬市史編さん近世部会・近代現代部会『史料所在調査報告書（上）ふるさと探訪相馬めぐり！』（2010年）に収録されている。
8) 同内容については、蝦名裕一「仙台藩における内分大名の成立：一関藩と岩沼藩を事例に」（『東北アジア研究15』2011年）を参照。
9) 宮城資料ネットニュース96号（2011年3月21日）：http://miyagi-shiryounet.org/news96/
10) 中日新聞、2012年3月15日朝刊。
11) J.F. モリス・上山眞知子『歴史資料保全と災害支援試論－モノの保全から人・コミュニティへの心理社会的支援へ』東北大学機関リポジトリ http://hdl.handle.net/10097/00129482
12) 蝦名裕一「文化財レポート 東日本大震災における歴史資料保全運動──三・一一以降の宮城資料ネットの活動を中心に」（『日本歴史759』、2011年）、蝦名裕一「東日本大震災と歴史資料保全活動－宮城資料ネットの2年間の活動から」（『明日への文化財68』2012年）。
13) 大林賢太郎「美術資料の救済」（天野真志・松下正和編『地域歴史文化のまもりかた』文学通信、2024年）75-97頁。
14) 渡辺偉夫『日本被害津波総覧（第2版）』（東京大学出版会、1998年）。
15) 渡辺偉夫「三陸沿岸に襲来した貞観津波と慶長津波に関する疑問の資料（記述）」（『津波工学研究16』、1999年）。
16) 『宮城県史22 災害』（宮城県史刊行会、1962年）。
17) 蝦名裕一・高橋裕史「『ビスカイノ報告』における1611年慶長奥州地震津波の記述について」（『歴史地震（29）』2014年）。
18) 蝦名裕一「慶長奥州地震津波の歴史学的分析」（『宮城考古学（15）』2013年）。
19) 蝦名裕一・今井健太郎「史料や伝承に基づく1611年慶長奥州地震津波の津波痕跡調査」（『津波工学研究（31）』、2014年）。
20) 同シンポジウムの講演内容は『歴史文化資料保全の大学・共同利用機関ネットワーク事業シンポジウム報告書　歴史が導く災害科学の新展開Ⅴ－文理融合による1611年慶長奥州地震津波の研究』（災害科学国際研究所、2022年）に収録されて

いる。
21) Yuichi Ebina・Daisuke Sugawara「Reconstructing Historical Terrain to Elucidate the Causes of Disaster Occurrence and Improve Disaster Prevention Literacy」(『Journal of Disaster Research Vol.19』, 2024).
22) 蝦名裕一「文化遺産マップを活用した災害時の文化遺産救済方法」(『博物館研究58』、2023 年)
23) 目時和哉「地理情報を活用した文化遺産防災の取組に関する事例報告」『岩手県立博物館研究報告』41 号 (2024 年)。

第八章　情報と外交
―― 17世紀の幕府・対馬・朝鮮・中国 ――

程　　永超

はじめに

　私の専攻は日本近世史であり、とくに17世紀から19世紀にかけての中国（明および清）、日本、朝鮮の三国関係に焦点を当てている。この時代は、日本史の歴史区分では近世すなわち江戸時代に相当するが、東アジアの国際関係はそれ以前の時代と大きく異なる。つまり、日本（徳川幕府）と中国（明・清）との間には正式な国家間の外交関係が存在しなかったのである。近世の日中関係は、政治外交関係としてはかろうじて朝鮮王朝（以下、朝鮮）や琉球王国（以下、琉球）を介することで間接的なつながりを見出せるような非常に希薄な関係と考えられてきた。江戸幕府は「鎖国」下にあったと理解され、長崎、対馬、薩摩、松前の四ヶ所（日本近世史研究でいう「四つの口」[1]）を介してのみ異国・異域との交流ができた。これを中国大陸の側から眺め直すと、中国は朝鮮や琉球を介することで日本との繋がりを保っていたといえる。このように、近世における日中関係は、間接的な政治関係しか持っていない点で他の時代にはない独特な関係であったのである。日本と中国の仲介者としての琉球については、琉球がやがて薩摩藩を通して日本の一部となったために、江戸時代における「独立王国」としての外交の実態、及び日本や中国との外交関係、またその文化交流など、日中両属についての研究が進みつつある[2]。

　一方で、この時代の朝鮮は中国にとってもっとも忠実な冊封国でありながら、日本とも交隣関係を結んでいる。しかし、琉球と比べて、朝鮮を介した日中関係はなかなか光が当たらなかった。その理由を一言で言えば、従来の研究では、一国史や二国関係史の角度から当時の日朝関係

や朝明関係、朝清関係等を描いてきたからである。日本における歴史研究は、日本史（昔は国史といった）、東洋史、西洋史の三つに分けられておこなわれてきた。日本史における近世対外関係史研究の多くは、一国史の延長線にあるものや日本と相手国との二国間関係史に限られている。そうした二国間関係を重視するために、二国間関係（日朝関係）における第三国（明・清）の影響が十分に検討されてこなかったのである。さらに、東洋史における近世東アジア国際関係史研究の多くが、国際秩序が中国を中心として形成されていたと看做したために、上位に立つ朝貢国（中国）と下位に置かれた冊封国（朝鮮など）との関係を論じる傾向にある。そこでは、集積された二国間関係（朝明関係／朝清関係、および日明関係／日清関係）の成果から説明することが一般的とされているため、中国、中国の冊封を受けている朝鮮、中国の冊封を受けていない日本といった三国関係は、中国を中心として描かれた国際関係像にはほぼ出てこない。なお、これまでは、こうした近世に独特な日中関係を前提にして東アジア国際関係が論じられてきており、そもそもなぜこのような関係が構築されざるを得なかったのかという視点が欠如しているといっても過言ではない。そこで、私は直接的には中国（明・清）と、その冊封国であった朝鮮、そして中国とは国交を結ばなかった日本といった、三者による複雑な三国関係を論じることにした。

　前述のとおり、16世紀までの中世とは異なり、17世紀から19世紀に至る近世には、日本と中国とのあいだには国家間の正式な外交はなかった。このいびつな東アジア国際秩序の形成に大きな影響をもたらしたのは壬辰戦争である。文禄元（1592）年4月13日、小西行長と宗義智の率いる第一軍の釜山上陸によって壬辰戦争ははじまった。その後、日本軍は破竹の勢いで朝鮮の都漢城まで攻め込んだ。朝鮮国王は漢城から慌てて逃げ出し、明に援軍を要請した。明は冊封国である朝鮮を保護するため、援軍を朝鮮に派遣し、7月から戦争に加わった。その結果、日本、朝鮮、明の三国が戦争に巻き込まれ、東アジア国際戦争となった。それゆえに今日この戦争を指すとき、「秀吉の朝鮮侵略」「文禄・慶長の役」とい

第八章　情報と外交　－17世紀の幕府・対馬・朝鮮・中国－

うよりも「壬辰戦争（Imjin War）」[3]や「東アジア国際戦争（the East Asian War of 1592–1598）」という表現のほうが多く使われるようになっている。戦争は休戦期を挟みながら8年ほど続いた。一方、面白いことに、戦争の終結に関しては、日本、朝鮮、明の三国で異なっている。日本では、終戦日は明確でなく、秀吉の死（慶長3（1598）年8月18日）が大きな画期になることは間違いない。徳川家康を中心にする五大老と五奉行の合議で、秀吉の死を対外的に隠し、同年11月末になって日本軍は朝鮮半島からの撤退を完了し、翌年1月5日に秀吉の死が正式に公表された。

　壬辰戦争後、日本では政権交代が行われ、1600年の関ヶ原の戦いを経て徳川家康が江戸で開府した。新たに樹立された江戸幕府にとっては、壬辰戦争の戦後処理、すなわち壬辰戦争によって断絶された朝鮮および明との外交関係の回復が急務であった。しかしながら、家康よりも焦慮に駆られていたのは対馬島を代々支配する宗氏であった。宗氏は日朝外交の回復を実現するために、さまざまな工作をおこなった（後述）。慶長12（朝鮮宣祖40、1607）年、朝鮮から派遣された第一回の回答兼刷還使によって、日朝関係は回復した。その2年後の慶長14（1609）年5月に、己酉約条の締結によって、日朝間の貿易は定例化された。一方で、明の滅亡まで日明関係が回復されることはなかった。

　朝鮮は1392年の建国以来、明に朝貢しながら、日本や琉球とも外交関係を維持した。一方、朝鮮より北の満洲地方では、建州女真のヌルハチが女真諸部落を統一し、1616年に後金国を建国した。天聡元（1627）年、ヌルハチの後を継いだホンタイジは朝鮮に出兵した（第一次朝鮮侵略、丁卯の役）[4]。その結果、朝鮮を弟、後金を兄とする密約が結ばれた。1636年5月、大清国（ダイチン・グルン）が形成された。同年12月から翌年正月にかけて、清が再び朝鮮に侵略した。このとき、清皇帝のホンタイジ自らも出陣している（第二次朝鮮侵略、丙子の役）[5]。朝鮮の降伏の条件である南漢山詔諭（しょうゆ）（三田渡の盟約ともいう）が清と朝鮮との間に結ばれ、その条文には朝鮮が明との関係を断ち切り、清

第二部　人間・社会・歴史

に朝貢をはじめることなどが定められた。しかし、朝鮮は明との関係を公式には断ちながらも、密かに交流を続けた[6]。

　その後、明清戦争が激化し、1644年に清が山海関に入った（清の入関）。これにより、清は明に代わって、中国大陸を支配するようになったが、必ずしも大陸全体が平和になったわけではない。明の残存勢力は南明として再編され、幾つかの地域で独自に抵抗を続けた。南明政権が幕府に援軍を求めるなど（南明の日本乞師）、明の降将の一部は反清復明の旗印を掲げて反乱を起こした（三藩の乱、1673-1681年）。これらの動きは、清の支配が確立された後も、中国大陸において政治的な不安定が残っていたことを示している。

　以上で述べたとおり、壬辰戦争の終結以降、朝鮮半島では外国による複数の侵略が発生し、日本列島では新政権が樹立され、中国大陸では王朝が交代した。そのため、17世紀は東アジア国際秩序の転換期と言える。

　以下では、これまでの私の研究を踏まえて、17世紀の東アジア国際関係について立体的な分析を展開する[7]。とくに、複数の強国（政権）に挟まれた立場にあった朝鮮と対馬藩とを中心に、各国がどのように関わり合っていたのかを、情報を起点にして——すなわち、どのような情報がどのように集められ、それがどのように伝わったのかを分析することをとおして——論じる。

第一節　朝鮮と幕府の間に挟まれた対馬の秘密工作

　対馬島は土地が貧弱であり、農業生産には適していない。一方、捨てる神あれば拾う神もある。対馬は、朝鮮半島に非常に近いところに位置しており、14世紀から朝鮮貿易が開始された。このため、朝鮮との貿易は対馬島の人々にとって死活問題に直結するほど重要である。対馬の宗義智は家康の指示を受け[8]、壬辰戦争によって断絶された日朝関係を回復するために一生懸命に努めた。一方、加藤清正は独自に明や朝鮮と講和工作を図ったが、うまく進まなかった。結局、対馬宗氏の努力で、日朝間の外交関係は、慶長12（1607）年に第一回回答兼刷還使の来日に

第八章　情報と外交　－ 17 世紀の幕府・対馬・朝鮮・中国－

よって正式に回復した。回答兼刷還使の「回答」とは、徳川将軍からの国書（対馬宗氏による偽造した国書、後述）を返信することであった。回答兼刷還使の「刷還」とは壬辰戦争で日本に拉致された朝鮮人を朝鮮へ送還することである。この回答兼刷還使の実現の背後には対馬の工作があった。回答兼刷還使の来日交渉にあたり、朝鮮朝廷は二つの条件を出した。一つは幕府が先に朝鮮へ国書を送付することであり、もう一つは壬辰戦争の時に朝鮮国王成宗・中宗の陵墓を荒らした犯陵賊を捕縛して朝鮮に引き渡すことであった。しかしながら、前者については、当時東アジアの外交慣習では、先に国書を送ることは戦争の敗北を認めることに等しかったために、家康から先に朝鮮へ国書を送ることはほぼ不可能と考えられ、対馬は家康の目を盗んで国書を偽造して朝鮮へ送った。後者については、宗氏は対馬藩内の別の罪人を犯陵賊に仕立てあげて朝鮮に引き渡した。朝鮮国王宣祖はこれを看破したが、最終的に日本との講和を決断した。

　ドイツの神学者マルティン・ルターが述べたように、「一つの嘘を本当らしくするためには、いつも七つの嘘を必要とする」。対馬宗氏は朝鮮国王宛ての家康国書を偽造したため、朝鮮からの返書にも手を加える必要が生じた。宗氏は書き出しの「奉復」（送られてきた国書への返書）を「奉書」（はじめて国書を差し上げる）へ直すなど辻褄の合わない部分を数多く削除、改竄した。国書だけでなく、朝鮮国王からの贈り物リストである別幅も改竄した[9]。それ以来、対馬藩は幕府を騙し、一連の国書の改竄をし続けた。1617 年の第一回回答兼刷還使・1624 年の第三回回答兼刷還使の際にも、対馬宗氏はこれらの国書の改竄をした[10]。現在九州国立博物館には対馬による国書偽造を裏付ける偽造木印（朝鮮国王の印「為政以徳」）が保存されている[11]。

　前述のとおり、慶長 14（1609）年 5 月、己酉約条の締結によって日朝間の貿易が定例化された。この約条締結前の慶長 9（朝鮮宣祖 37、1604）年 8 月、朝鮮は「賊情」を偵察するために、僧惟政（松雲大師）と孫文彧を対馬に派遣した。惟政が携えていたのは、対馬守宗義智あて朝鮮礼

曹参議成以文書契（以下、成以文書契）と、彼が翌年 3 月に帰国する際に対馬の鰐浦で柳川智永に渡した礼曹諭文（以下、礼曹諭文）である。宗氏は日朝外交書契を幕府に提出する義務があったため、成以文書契は対馬側の史料と幕府側の史料に残されている。これらの文書を比較すると、宗氏が幕府に提出した際に、成以文書契を大きく改竄したことがわかる。削除された部分とは、朝鮮が対馬との間で不定期に行われる私貿易を許可する内容や、対馬による朝鮮被擄人の刷還、被擄人金光の朝鮮送還、対馬が幕府の威を借りて朝鮮を脅迫したこと、明の対応予定、対馬が朝鮮を慕う内容など、朝鮮と対馬の交渉に関わる全てであった。このように、釜山開市許可をめぐる対馬の諸動向すべてが幕府に対して伏せられていた。削除された部分以外に、宗氏は「幸将此意細陳于内府公」（このことを徳川家康に詳しく伝えていただけると幸い）や「葆真大師弟子松雲」（葆真大師の弟子である松雲）などを追加した。つまり、この対馬への使節を家康への使節に仕立てあげた[12]。もう一つの礼曹諭文については、対馬藩は一切幕府に提出しておらず、柳川一件までその存在は幕府に知られなかった。この柳川一件とは寛永初年に生じ、寛永 12 (1635) 年将軍家光の親裁で決着がついた、対馬藩主宗義成と対馬藩家老柳川調興とのお家騒動のことである。この柳川一件の審議過程で、老中は己酉約条を出すよう求めたが、当時の対馬の外交僧規伯玄方はこの礼曹諭文（「大文字の約条」）を己酉約条として提出した。幕府が己酉約条の内容を知ったのは、約条締結から 100 年以上経った正徳元年（1711）のことである[13]。以上見てきたように、壬辰戦争後、対馬は、幕府に露顕しないよう朝鮮礼曹書契を改竄しただけでなく、釜山開市の許可が与えられたことや己酉約条の内容さえも幕府に秘匿するなどして、日朝関係回復のための様々な工作をした。対馬によるこのような秘密工作は、日朝間の交流と貿易の維持や発展を確保するための戦略的措置であり、対馬藩独自の戦略として行われた。

第八章　情報と外交　－17世紀の幕府・対馬・朝鮮・中国－

第二節　明・清・日本の間に挟まれた朝鮮の情報操作

　壬辰戦争の終結後、日本軍は朝鮮半島から撤退したが、明軍は慶長5（1600）年まで朝鮮半島に駐留した。その後、1610年代に明は日朝通交に対して懐疑的な姿勢を示し、何度も官員を朝鮮に派遣し、釜山の状況や日朝通交の状況を調査した[14]。明万暦34（1606）年、明の詔使朱之蕃が朝鮮に派遣され、朝鮮国王の前で明皇帝の勅書を読み上げた。勅書には、3年前から遼東鎮撫に対して、日本の状況調査のため使者を朝鮮に派遣していたが、日本ではとくに動静がないので、今後はその派遣を止めて、朝鮮に二ヶ月ごとに鎮江遊撃府に宛てて日本の情報を報告させるよう命じたこと（「倭情両月一報」）が記されている[15]。この「倭情両月一報」（倭情咨文）がいつまで続いたかは不明であるが、現存する史料からは、少なくとも天啓元（1621）年までは続いていたことが分かる[16]。これらの倭情咨文は、明が壬辰戦争直後から日朝交渉を注視していたことを示す根本的な証拠である。

　さらに、朝鮮にとっては一難去ってまた一難であった。それは、女真族の興起による大陸情勢の変化である。とくに丙子の役（1636）により、朝鮮の朝貢国は明から清へ変更することを余儀なくされた。明と清との間で緊張状態に置かれた朝鮮は、自身の安全保障を図るため、倭情咨文という日本事情を報告する文書を清に送り続けた。この状況を踏まえて、戦前の「満鮮史」研究者である稲葉岩吉氏は、倭情奏文（朝鮮国王から明の皇帝へ日本の事情を報告する公文書）を「朝鮮保身三百年の護符」と評した[17]。この時期日朝間の出来事として、前述した柳川一件が起こり、朝鮮は柳川一件を明および清に報告している。

2.1　明・清に対する情報操作[18]

　明崇禎8（1635）年4月、椵島（皮島）を監視していた太監魏相憲は通官（通詞か）李声龍からの情報にもとづき、「倭奴至対馬島」（日本軍が対馬に到達していること、すなわち日本の再侵略の可能性）と上奏した。この上奏は、柳川一件が背景にあるとされ、朝鮮は当時対馬藩から

届いた書契(四月十八日付の宗義成から東萊府使・釜山僉使あての書契)を引用して、その混乱の状況を例示した。朝鮮側の外交文書集『同文彙考』に記載されている当該書契と明側の「兵部為倭情事」[19]に引用されている書契とを比較すると、朝鮮は明に報告する際に、この書契にある馬上才の江戸到着に関する内容(「さらに、この前望まれた騎士〔＝馬上才〕および両訳〔＝二人の倭学訳官〕は水路・陸路を経て無事に江戸に到着しましたので、どうかご心配なさらないでください」)[20]を削除したことがわかる。ここから、朝鮮が馬上才の日本派遣を明に知らせなかったことがわかる。これに加えて馬上才一行が訳官使であること[21]に鑑みると、朝鮮は日本(対馬藩)との間の通信使以外の使節(＝訳官使)の存在を明に報告したくなかったことが推察される。朝鮮は、明が日朝間交渉の細部を知ればさらなる疑念をいだきかねないと危惧し、明に訳官使派遣を隠すべく文書の工作をしたと考えられる。

　清崇徳2(1637)年正月、丙子の役直後に結ばれた南漢山詔諭には、「日本貿易、聴爾如旧、但当導其使者赴朝、朕亦将遣使至彼也(日本との貿易は旧の如く許す、ただし〔朝鮮は〕その使者を清に赴くように導き、朕もまた使者をその地〔＝日本〕に必ず遣わす)」という一条があり、清が朝鮮を通じて日本との通交を意図していたことが明確に示されている。しかし、その後も清は朝鮮に対して何回も日本との通交を促進するよう促したが、朝鮮はこれに応じなかった。清による催促のためか、清崇徳3(1638)年、朝鮮ははじめての倭情咨文を清に送り、おもに島原の乱に関する情報を報告した。2ヶ月後、清の満洲族大臣マフタの要求およびイングルダイの催促をうけて、朝鮮は二通目の倭情咨文を瀋陽に送り、おもに島原の乱の収束について報告した。8月13日には、朝鮮は再び倭情咨文を瀋陽に送った[22]。この時の倭情咨文は非常に長く、重要な情報が多く含まれている。さらに、朝鮮あての対馬書契とその別録(＝別幅、贈り物リスト)の原本は現在台湾の中央研究院歴史言語研究所内閣大庫檔案に所蔵されている[23]。当該書契はのちに満洲語に訳され、清皇帝ホンタイジに上奏された。朝鮮が倭情咨文の中で報告した内容に

第八章 情報と外交 －17世紀の幕府・対馬・朝鮮・中国－

は、対馬が朝鮮へ送使の権益を返還したこと、玄方送使と調興送使がそれぞれ交代したこと、そして以酊庵輪番僧の交替などが含まれていたが、柳川一件に直接関わる以酊庵輪番制の存在には言及がなかった。以酊庵輪番制とは、江戸幕府から学禄を与えていた京都四山（天龍寺・相国寺・建仁寺・東福寺）の碩学僧から選ばれた者を、対朝鮮外交文書の作成のために交代で対馬の以酊庵へ派遣する制度である。この制度は、柳川一件の直後にあたる寛永12（1635）年に確立された。朝鮮はこの以酊庵輪番制を幕府の対馬に対する牽制機関と捉えており、その存在を清に伏せたのである。朝鮮が倭情を取捨選択して報告した背景には、清は日本との通交を仲介するよう朝鮮に求めたが、朝鮮がそれに応じない方針を確定したことがある。それに則り、朝鮮は、清に日本の情勢を伝達する際に日本との通交が進展しそうな印象を与える要素（この場合は以酊庵輪番制の存在）を意図的に排除した。一方で書契の原本まで転送することで対馬との正常な往来を示し、朝鮮の存在意義を高めた。一見すると矛盾するこれらの行為も、朝鮮が仲介者として独自の立場を確保しようとする戦略的な取り組みであったと解釈できる。

　ほかに、朝鮮は清からの度重なる通交実現の促進には応じず、倭情咨文を利用して「倭情不穏」と報じ、日本を脅威として強調することで、南漢山詔諭で禁止されていた城郭の修築や軍隊の訓練などを清に許可してもらうことに成功した[24]。

　また、朝鮮は時には明や清へ日本の情報をある程度忠実に伝達した。たとえば、1607年と1617年に派遣された最初の2回の回答兼刷還使に関して明に、1643年及びそれ以降に派遣された7回の通信使に関して清に報告している。とくに1643年の通信使の派遣は、清の実質的な意向を受けて初めて行われたもので、この時朝鮮は清に3通の倭情咨文を送った。一通目の倭情咨文では、日本からの前例のない派遣要請について説明し、ホンタイジからの聖旨が下された。二通目の倭情咨文には準備中の突発事項、すなわち日本側からの追加要求が記されており、ホンタイジはこれに対して、「もし東莱府使と倭学訳官が〔日本人の新しい要求を

177

伝えに〕来たとしても、容易に許してはいけない、その事情を清の兵部まで報告するように」との上諭を出した。三通目の倭情咨文には、通信使帰国後の日本事情の報告、とくに日本の軍事や経済、人口に関する情報が含まれている。これらからわかるように、朝鮮から送ってきた倭情咨文にある日本に関する情報は清にとって大変に重要であった。このように、朝鮮は清との関係を通じて日本の情報を伝える一方で、その情報の取捨選択を行った。この方策により、朝鮮は自国の安全と独立を確保しようとしていたのである。

2.2 対馬に対する情報操作 [25]

通信使のほか、17世紀から19世紀にかけて、朝鮮から日本へ派遣されたもう一つの使節が訳官使である。訳官使は倭学訳官を正使とする外交使節団のことであり、江戸時代を通じて58回にわたり対馬に派遣された [26]。訳官使の正使は朝鮮の倭学訳官（日本語通訳）であるため、対馬藩主と直接日本語で会話することが可能であった。このため、訳官使の来日時に、対馬藩主は直接会話することを通じて大陸に関する情報を収集できた。だが、訳官使から提供される情報には嘘が混在していた。

寛永17（1640）年、洪喜男を正使とし、金謹行を副使とする訳官使が、宗義真の誕生と宗義成の帰国を祝賀するために対馬に派遣された [27]。当時、対馬藩主宗義成が訳官使に対して次の五つの質問を問うた。(A) 丙子の役の状況、(B) 朝清間の使節の派遣状況、(C) 清の首都と朝鮮との地理的距離、(D) 朝鮮世子が人質として瀋陽に出されたこと、(E) 朝明関係および明清関係の5つである。ここからわかるように、宗義成の関心は朝明関係／朝清関係のさまざまな側面に及んでいた。倭学訳官洪喜男はこれらの質問に対して、基本的な情報を提供しながらも、朝鮮に不利な情報や噂をすべて否定した。(A) について、洪喜男は、朝鮮が武力を好まず、礼儀を重んじる国であるにもかかわらず、女真族に不意を突かれたために国王が都を離れる事態に至ったと述べた。(B) について、洪喜男は「お互いに交聘するだけだ。贈り物は米や呉服に過ぎず、彼らが

第八章　情報と外交　－17世紀の幕府・対馬・朝鮮・中国－

依頼すると、土産であれば、しばしば依頼に応じて送る」と答えた。(C)について、洪喜男は「五千里余りだ」と答えた。(D) について、洪喜男は、朝鮮世子が瀋陽に行っていることは、真の人質ではなく、女真族との和解を図るための一時的な措置であると説明した。また、対馬藩主は「彼人南来之説（清国が日本に使節を送りたがっている）」という噂の真偽を倭学訳官に問いただしたが、洪喜男は「清国の人が南に来る」という話をかつて聞いたことがなかったと答えた。洪喜男がこのように即座に否定したのは、丙子の役における朝鮮の敗北を隠すためであった。この対応は、清が朝鮮に中国と日本との仲介役となることを期待していたのに対して、朝鮮はその役割を果たすことに消極的であったことを示唆している。(E) について、洪喜男は、遼東の道が断たれた後、海路を通じて使節を派遣していたが、現在はその道も断たれたため、時折小船での往来があるだけだと答えた。

　正保3（1646）年、宗義成の江戸からの帰島を祝賀し、威徳院（宗義成の母）の死去を弔慰するため、朝鮮から李亨男を正使とし、韓相国を副使とする訳官使が対馬に派遣された。この時期は、清が山海関に入った直後であり、幕府と対馬藩は大陸の政治変動に関する情報を必要としており、訳官使の訪問を重要視していた。宗義成が帰国した目的は、中国の情報を収集することであった。訳官使の出発前の11月、藤智縄（有田杢兵衛）は釜山に渡り、渡海準備の打ち合わせをおこなった。その際、彼は「我が国は北京から千数百キロ離れており、南京での戦争結果を知るすべがないので、何かご存じでしたら書契の末尾に付け加えるよう」と訳官使の書契（朝鮮礼曹から対馬藩主への書契）に直接中国の情報を書き入れるよう要請したが、朝鮮朝廷からは積極的な回答を得られなかった。10月26日に宗義成は対馬府中に戻り、11月4日には老中酒井忠勝と松平信綱に書状を送って、訳官使から中国の情報を収集する予定があることを伝えた（「訳官使が対馬に来れば唐の状況を知ることができる」）[28]。

　12月16日、訳官使は対馬府中に到着した。翌日、宗義成は老中（松平

信綱、阿部忠秋、阿部重次）に、四、五日後に訳官使と会談する予定であり、その後詳しく報告する旨の書状を送った。23日、対馬藩主は訳官使と面会し、翌日、訳官使の李亨男と韓相国が対馬藩の家老古川右馬助と平田将監宛てに、清・朝鮮間の兵乱（＝丙子の役）に関わる対馬藩主の尋問に対する回答書を送った。25日、対馬藩主は訳官使との会談内容を訳官使の記録と併せて老中に報告し、さらなる指示を待った。しかし、このとき収集された情報は、清の入関に関するものではなく、丙子の役の内容であった。また、倭学訳官は日本語の会話能力が低かったため、情報は口頭ではなく文字で書き留められた。李亨男と韓相国によって記された情報は、現在対馬宗家文書に保存されており[29]、そこには次の三箇条が記されている。すなわち、（一）丙子の役の状況とその後の朝清関係、（二）清の動向の予測（再度朝鮮侵略の可能性など）、（三）清による中国征服後の予想（朝鮮から日本への仲介依頼）である。

　その内容を詳しくみると、一箇条目は、丙子の役に関する倭学訳官の説明である。すなわち、朝鮮は朝清の国境における清国人の非法行為を阻止するために出兵したが、結果的に清によって侵略された。その後、明が遼東にいる清国人を攻撃したため、朝清間で講和が成立したというものである。清の皇帝ホンタイジは侵攻当初に朝鮮討伐の理由を四つ挙げたが、その最初の理由として、越境した朝鮮人が後金の地を荒らしたと述べている。このホンタイジの出兵理由と倭学訳官が提供した情報との間には食い違いが見られる。また、今日では丙子の役が終結したのは、朝鮮国王仁祖の降伏と南漢山詔諭の締結によるものであると広く認識されているものの、朝鮮の訳官たちはこれを明の援兵の到来によるものであると対馬に伝えている。これは、朝鮮にとっての屈辱の歴史を対馬（日本）に対して伏せていたと理解できる。さらに、倭学訳官は、朝清間での講和後に、清が最初に朝鮮に使者を派遣し、その後朝鮮が返礼として使者を送ったとも述べている。東アジアでは、戦争終結後に先に使者を送る側が敗北を認めたことを意味するという一般認識がある。この理由から、清が先に使節を送ったと強調しているのである。朝鮮が清

第八章　情報と外交　－17世紀の幕府・対馬・朝鮮・中国－

に朝貢使節を派遣したことが朝鮮の降伏条件の一つとして規定されているという事実からも、訳官たちの説明が事実と異なることは明らかである。さらに、倭学訳官は、明と朝鮮の関係は昔から「父子同前（＝同然）」の間柄とされているのに対し、朝鮮と清の関係はそれほど親しくないことを強調した。これは、明から与えられた「誥命冊印」（任命文書と印章）を清に納め、清の正朔を奉じるという南漢山詔諭の内容と矛盾している。二箇条目では、清が朝鮮を支配下に置く意図がないこととその理由を述べている。具体的には、清が朝鮮を支配下に置く最終目的はあくまでも明の征服にあり、明と戦えば戦力を多く失うことを考えれば、現在朝鮮は安全だというのである。これも明らかに当時の大陸情勢に合致しない。倭学訳官たちは朝鮮が清の冊封国になった事実を対馬に隠匿するため、最新の情報（清が北京・南京などを占領したことなど）を知りながらも、それを対馬に教えなかった。三箇条目は、清が中国を征服した後の予想である。清が中国を占領してから、他の国々をも征服するようになった場合、朝鮮は亡国になっても、絶対に清に降伏しないことが書かれている。しかし実際には、仁祖15（1637）年正月30日に当時の朝鮮国王仁祖は漢江南岸の三田渡で清皇帝ホンタイジに対して降伏の意を示す三跪九叩頭の礼を行っている。三跪九叩頭の礼とは最も恭しい礼法の一つである。これは３回ひざまずき、それぞれの際に３回ずつ額を地面につけるものであり、朝鮮国王から清皇帝への絶対的な服従と敬意を表すと同時に、朝鮮国王にとっては非常に屈辱的な経験でもあった。この記述がいかに史実と合わないのかは明白であろう。さらに、万が一の場合に、朝鮮が日本に仲裁を依頼する可能性があるとされているが、実際には朝鮮は仲裁の依頼をするどころか、必死になってそのことを日本に隠匿していたのである。

　要するに、一箇条目では、歪んだ情報を提供し、史実と異なる情報を対馬に伝え、二、三箇条目では、朝鮮が清に降伏した事実を極力隠匿し、今後清に降伏しないことを再三強調したのである。丙子の役によって朝鮮と清との関係を「兄弟之国」（清が兄、朝鮮が弟）から「父子の

国」(清が父、朝鮮が子) へと根本的に転換したが、約 10 年後の 1646 (正保 3) 年になっても朝鮮の訳官たちは依然として戦争の真実を対馬に隠匿し続けていたといえる。こうして、朝鮮は対馬藩に対して情報を提供したものの、その内容は操作されたものであり、多くが虚偽で無効なものであった。

第三節　朝鮮を通じた対馬藩の大陸情報収集活動 [30]

　開府当初、徳川家康は明との勘合貿易の復活を希望しており、中国に対して強い関心を持っていた。しかし、家康の後を継いだ秀忠を経て家光の代に至ると、日本は日本型華夷意識の駆動で中国大陸との距離を保つ方針をとるようになった。この時期、大陸では明清の交替が進行中であり、日本を取り巻く国際環境の緊張は高まっていた。日本は、当然ながらこの不安定な情勢から完全に離れることはできなかった。その結果、近世日本は「中華的な世界秩序」(Chinese world order) から一定の距離を保ちつつも、中国大陸の動向に引き続き注目していた。ロナルド・トビ (Ronald Toby) 氏は、清で起きた三藩の乱を事例として、幕府による外国情報の収集主要ルートをつぎのように整理した [31]。①長崎到着の「中国」商人→唐通事→長崎奉行→江戸 (以下唐船風説書ルート)、②北京→福建→琉球→薩摩→江戸 (以下琉球・薩摩ルート)、③オランダ甲必丹→オランダ通詞→長崎奉行→江戸 (以下オランダ風説書ルート)、④北京→ソウル→対馬→江戸 (以下朝鮮・対馬ルート) の 4 ルートである。そうして入手された海外情報をまとめたものとしてよく知られるのが、幕府の儒官林鵞峰と林鳳岡によって編纂された『華夷変態』である。『華夷変態』は、唐船風説書ルートからの情報集成と見なされがちであるが、実際には「オランダ風説書」(長崎の出島にあるオランダ商館長が幕府に提出し海外情報報告書) や朝鮮・対馬藩そして琉球・薩摩藩からの情報のうち林家に届いたものの集約であるとされている。

　ここで、対馬藩による大陸情報の収集活動に焦点を当てる理由は、対馬藩が「北京→ソウル→釜山倭館→対馬→江戸」という情報伝達ルート

第八章　情報と外交　－17世紀の幕府・対馬・朝鮮・中国－

を担っているからである。起点となる「北京→ソウル」は、燕行使や国境地帯の朝鮮官吏（義州府尹など）が大陸情報を収集する経路である。続く「ソウル→釜山倭館→対馬」は、情報が、ソウルから東萊府・釜山倭館を経て対馬島に伝えられる経路のことである。朝鮮政府によって取捨選択された情報が釜山（おもに東萊府使）へ送られ、そして東萊府使から倭館へ、さらに倭館から対馬府中へ伝達される。最後の「対馬→江戸」は、対馬藩主の得た情報を書状で幕府老中に報告するものである。

　上記四つのルートのうち、朝鮮・対馬ルートに注目する理由はおもに二つある。第一に、このルートは中国情報が江戸まで伝わる過程を文字史料を介して最も確実に追検証できることである。なぜなら、朝鮮側の記録も対馬藩のそれも膨大に残存するためである。朝鮮側の記録としては、朝鮮から中国に朝貢する燕行使の使行録である燕行録をはじめ、『朝鮮王朝実録』『承政院日記』などの年代記史料や、より一次史料に近い官庁の謄録がある。対馬藩の記録としては、12万点を超える対馬宗家文書（対馬藩政資料）があり、おもに対馬藩庁（府中＝現在の長崎県対馬市巌原）や倭館（朝鮮にあった使者の応接・貿易・外交交渉をおこなう日本人居留地域、朝鮮釜山）、江戸藩邸の三箇所で作成された。これらの文書は現在、長崎県対馬歴史研究センター、国立国会図書館、九州国立博物館、東京大学史料編纂所、慶應義塾大学三田メディアセンター、東京国立博物館、大韓民国国史編纂委員会に所蔵されている[32]。この対馬宗家文書の中には、対馬藩による中国情報収集活動を裏付ける史料が数多く存在しており、とくに対馬藩が収集し幕府（老中）に報告した情報は九州国立博物館に所蔵されている文書（老中奉書）から見ることができる[33]。第二の理由は、朝鮮半島にある、大陸情報を収集する重要拠点としての倭館の存在である。倭館のすべてを統合した館守の職務を規定する「館守条書」（成立年代不明）に「朝鮮国および中国方面の情報について注意を払い、その虚実にかかわらず、その内容を熱心に聞き出し、適宜文書を通じて秘密裡に報告するよう命じられる」[34]があり、朝鮮や大陸の情報を収集し、それを報告することが館守の職責の一つとして規定

されている。とくに倭館で働く対馬藩の朝鮮通詞は朝鮮や大陸の情報を日常的に収集できた。要するに、「朝鮮に和館を建設し、人員を配置して、北京と朝鮮の情勢を探る」[35]とあるように、倭館の設置により朝鮮と大陸の情報を集めることが期待されていた。

　ところで、この朝鮮・対馬ルートの形成は、後金（のちの清）の興起と密接に関連していた。天啓元（1621）年3月、後金の遼東占領に伴って、ヌルハチは遼陽に遷都した。幕府は、後に南京商人から後金の遼東支配を初めて知ることになり、この情報を直ちに通報しなかった柳川調興を責めた。しかしながら、徳川秀忠は遼東が本来朝鮮の土地でないことを聞いて、調興の責任を追及しないことにした。これに関する記録は、実際の事件から6年後の丁卯の役（1627年）の勃発直後に、慶尚監司金時譲によって提出された馳啓（緊急報告書）に見ることができる。ここからは、少なくとも対馬藩重臣である柳川調興が朝鮮から大陸の情報を収集し、それを幕府に報告する役割を担っていたことが示唆される。言い換えれば、遅くとも1620年代の後金の勃興時から、幕府は朝鮮・対馬ルートを通じての大陸情報の収集に期待を寄せていたと考えられるのである。

　その年（1621年）の冬に、ちょうど1617年次の回答兼刷還使の報聘使として、規伯玄方を正使、宗智順を副使とする「日本国王使」[36]（御所丸送使）が朝鮮に派遣された。「日本国王使」が帰国後に朝鮮礼曹に宛てた書契には、急いで帰国した理由とともに、朝鮮からさらなる情報の提供を求める願望も書かれている。つまり、ここからも、今回の使行の目的が回答兼刷還使への返礼だけでなく後金の侵略状況についての情報収集であったことが推測できる。これに対する朝鮮からの返事がなかったためか、翌年対馬藩主宗義成はさらに礼曹宛に書契を送り、朝鮮情勢について問うた。

　朝鮮仁祖5（1627）年1月、丁卯の役が起きた。11月8日に古川智次は宗義成とともに江戸に行って、将軍に「無事ニテ韃人引退（韃靼人が無事に撤退した）」と報告し、戦争に関わる地名の覚書を提出した。この覚

第八章　情報と外交　－17世紀の幕府・対馬・朝鮮・中国－

書から、後金の朝鮮への侵攻路線（陣取り）や当時の東北アジア情勢（後金・朝鮮・毛文龍の位置関係）が分かる[37]。この覚書は、対馬が単に朝鮮からの情報提供を待つだけでなく、独自に情報収集を行っていた証拠でもあった。翌年（1628／寛永5年）、宗義成から老中への報告には丁卯の役に関する詳細な内容が記されている[38]。それは、丁卯の役の結果とその影響であり、具体的には、(A)後金が遼東を占領したこと（大陸情勢変動）、(B)後金が朝鮮を侵略し、和議を締結したこと、(C)後金・朝鮮の間に貿易関係が結ばれたこと、(D)後金・朝鮮の外交関係については不明であるが、朝鮮の書契にある年号は明の年号から干支のみの記載へ変わったこと、(E)義成が国元へ戻った後に、後金・朝鮮関係についての追加情報を報告することが述べられていた。朝鮮情勢の変動と関連しているとはいえ、大陸情勢のそれは独自のテーマとして対馬藩主から老中へ報告されるようになった。このとき、朝鮮・対馬ルートはすでに完成していたと言える。

時を同じくして、将軍秀忠は宗義成に朝鮮への使行を命じた。かなり後年になって、「準国王使」[39]の正使であった規伯玄方の回想をもとに、林鵞峰が編纂した文書のなかに、秀忠の指示の背景について言及がある。「秀忠は長崎から伝えられた情報から後金の朝鮮侵略（＝丁卯の役）の発生を知り、対馬藩主にこの件に関する報告がないかを確認し」[40]、対馬藩主に情報を収集するよう朝鮮への使節派遣を命じた。ここからは、秀忠が長崎経由の情報に満足せず、対馬からの詳細な情報の提供を期待していた様子が窺える。宗義成は、使行中にも随時書状で老中に報告したほか、朝鮮から帰国した規伯玄方を伴って寛永7(1630)年4月13日に参府して幕府に報告した[41]。

柳川一件の後、宗義成が徳川家光に提出した「起請文前書事」（誓詞）には、「朝鮮に関する事務を家業のごとくお任せいただき、深い恩恵を重ねて受けていることをこの上なく光栄に感じる。幕府からのすべての命令について、その内容を守り、あらゆる事柄について迅速かつ怠りなく奉公することを心掛けている」[42]とあり、朝鮮通交に関わる諸業務を家業

のように勤め、それに関わる幕府の命令に従うことが述べられている。その後、将軍の代替わりや家督相続の時に対馬藩主が幕府に提出する「起請文前書」の雛形には「日本と朝鮮との通交に関しては、全力を尽くして注意深くおこなうよう努める。機密の命令が下された場合には、その内容を他言しないよう徹底して守る」[43]という項目があり、日本と朝鮮との通交業務に関する幕府の命令に秘匿すべき事案があった場合には、ほかへは一切漏らしてはならないと命じられている。

　これらの史料から確認される対馬藩主の「家役」は、「朝鮮之仕置（朝鮮に関する事務）」や「日本朝鮮通用（日本と朝鮮との通交）」のことで占められており、対馬藩による大陸情報の収集に関する記述は見えない。そのためか、対馬藩による大陸情報の収集はあくまで日朝交渉の過程で生じる副産品と見なされるきらいがある。しかしながら、実際には、江戸時代を通じて中国大陸で政治的変動が発生するたびに、対馬藩は積極的な情報収集活動を行っていたのである。さらに十九世紀半ば、中国で太平天国の乱が勃発した際、倭館館守から収集した情報を報告された対馬藩国元藩邸は、その返信において大陸情報の収集が対馬藩主の第一職務（「御役職第一」）であることを明言し、館守に油断なく情報収集を続けるよう指示している。

おわりに

　本研究の独自性と将来に向けての可能性を総括し、本稿を締め括りたいと思う。

　本研究は、その中心を中国としないような、17世紀から19世紀の東アジア国際関係像を描こうとするものである。とくに、東アジア国際関係における仲介者としての朝鮮と対馬の役割に焦点を当て、その情報操作と外交活動に注目する。本稿では、朝鮮が明や清に送った倭情咨文と、朝鮮が対馬に伝えた大陸情報の分析を通じて、朝鮮の情報操作を究明した。また、対馬藩が幕府に報告しなかった秘密工作や、対馬藩が幕府の指示に基づいておこなった情報収集活動を明らかにした。

第八章　情報と外交　− 17 世紀の幕府・対馬・朝鮮・中国−

　情報の非対称性が、外交における力関係の不均衡を生じさせる。とくに 17 世紀の東アジアにおける国際秩序の変動期において、朝鮮と対馬はそれぞれ日中および日朝の重要な仲介者として機能し、豊富な情報を把握していた。これらの情報は当時の東アジア情勢に大きな影響を与えた。朝鮮が清のはじめての冊封国であり、とくに入関以前は、清にとって朝鮮によって提供される倭情咨文が最も重要な日本情報であった。一方、対馬藩が日朝外交を取り仕切っているため、幕府は日朝外交のノウハウを蓄積しておらず、国書の改竄や対馬の秘密工作を見抜く能力に欠けていた。

　将来の展望としては、以下の点が挙げられる。一つ目は、対馬宗家文書のさらなる活用である。対馬による秘密工作については、先行研究や本稿で全て取り上げられたわけではない。対馬宗家文書には、当時の対馬藩の外交や秘密工作に関する貴重な情報が含まれている。対馬宗家文書を徹底的に分析し、対馬の秘密工作を洗い出し、対馬の役割や活動の詳細を明らかにすることで、新たな知見を得ることができる。二つ目に、壬辰戦争直後の倭情咨文の調査である。壬辰戦争直後の倭情咨文に焦点を当て、その内容や影響を詳細に調査することで、当時の東アジア国際秩序や日本・朝鮮・中国の関係に関する理解をより深めることが期待できる。

注
1）荒野泰典『近世日本と東アジア』、東京大学出版会、1988 年。
2）渡辺美季『近世琉球と中日関係』、吉川弘文館、2012 年、をはじめとして、多くの関連研究が存在している。
3）鄭杜熙・李璟珣編著、小幡倫裕訳『壬辰戦争：16 世紀日・朝・中の国際戦争』、明石書店、2008 年。
4）韓国語では丁卯胡乱と呼ばれるが、「胡」というのは北方に住む異民族の蔑称であるため、韓国による価値判断が入っている。そのため、現在はより客観的な観点から「丁卯の役」「丁卯戦争」と呼ばれることが多い。以下、丁卯の役。
5）韓国では丙子胡乱と呼ばれる。注 4 と同じ理由で、現在「丙子の役」「丙子戦争」と呼ばれることが多い。以下、丙子の役。
6）「朝鮮と清朝の興起」を簡潔にまとめたものとしては、岡本隆司・箱田恵子編著

第二部　人間・社会・歴史

　　　『ハンドブック近代中国外交史』、ミネルヴァ書房、2019 年、4-9 頁（鈴木開が執筆）、がある。さらに詳しく知るには、鈴木開『明清交替と朝鮮外交』、刀水書房、2021 年、を参照。
7）本稿は、以下の注18、注25、注30に挙げた研究に基づき、そのエッセンスをまとめたものである。
8）家康が直に日朝国交回復の指示を下したことについて、佐賀県立名護屋城博物館『開館 30 周年記念特別企画展　新時代へのかけはし——文禄・慶長の役から国交回復へ——』、同館、2023 年、37-39 頁、を参照。
9）改竄後の国書と別幅は京都大学総合博物館に所蔵されている。国重要文化財。詳しくは田代和生「朝鮮国書原本の所在と科学分析」：『朝鮮学報』202（2007 年）、を参照。
10）対馬による一連の国書改竄の詳細については、池内敏「柳川一件における国書改竄問題」：『訳官使・通信使とその周辺』6（2022 年）、および、佐賀県立名護屋城博物館『開館 30 周年記念特別企画展　新時代へのかけはし——文禄・慶長の役から国交回復へ——』、同館、2023 年、を参照。
11）詳しくは、田代和生・米谷均「宗家旧蔵「図書」と木印」：『朝鮮学報』156（1995 年）、を参照。なお、対馬による国書改竄は江戸時代に限らず、壬辰戦争以前にも行われていた。詳しくは、荒木和憲「対馬宗氏の日朝外交戦術」：荒野泰典・石井正敏・村井章介編『地球的世界の成立』、吉川弘文館、2013 年、を参照。
12）詳しくは、荒木和憲「「壬辰戦争」の講和交渉」：『SGRA レポート』86（2019 年）、同「日朝講和交渉過程における偵探使の位置づけ」：韓日文化交流基金編『近世韓日関係の実像と虚像』、景仁文化出版社、2020 年、を参照。
13）『善隣通書』十一（外務省外交史料館、公文 43-11）、『江戸藩邸毎日記（東京大学史料編纂所、宗家史料 -1-134）正徳元年 5 月 29 日条。
14）辻大和『朝鮮王朝の対中貿易政策と明清交替』、汲古書院、2018 年、第 2 章「朝鮮の対日通交再開と朝明関係」。
15）『明実録』万暦 33 年 12 月癸丑（13 日）条、『宣祖修正実録』宣祖 39 年 4 月己亥（1 日）条。
16）『吏文謄録』（韓国学中央研究院蔵書閣所蔵、請求記号：K 2-3497）。
17）「満鮮史体系の再認識」：『満洲発達史』、日本評論社（五版）、1935 年、527 頁。
18）本節に関する詳細な分析は、程永超「朝鮮から明・清へ報告された柳川一件とその影響」：木俣元一・近本謙介編『宗教遺産テクスト学の創成』、勉誠出版、2022 年、および、程永超『華夷変態の東アジア：近世日本・朝鮮・中国三国関係史の研究』、清文堂出版、2021 年、第 2 章「通信使関係倭情咨文と明清中国」、を参照。
19）中央研究院歴史語言研究所内閣大庫档案、038117。国立中央研究院歴史語言研究所『明清史料』甲編第九本、国立中央研究院歴史語言研究所、1931 年、846 頁、に翻刻文があり、題目は「兵部題「朝鮮国王咨」行稿」。また、東京大学史料編纂所『明清中国関係文書の比較研究：台湾所在史料を中心に』、同編纂所、2021 年、に影印（32-33 頁）と荒木和憲氏による解説・翻刻（90-93 頁）がある。
20）「且嚮所望騎士及両訳水陸無差、早至於江都、敢請勿念」：『同文彙考』二　附編巻之七　告還　乙亥島主先告還島書。

第八章　情報と外交　－17世紀の幕府・対馬・朝鮮・中国－

21) 池内敏「寛永十二年の訳官使」:『訳官使・通信使とその周辺』1（2020年）、同『徳川幕府朝鮮外交史研究序説』、清文堂出版、2024年、補論1に再録。なお、訳官使とは朝鮮から対馬府中に派遣される、倭学訳官を正使とする外交使節である。江戸時代を通じて六〇回近く派遣されるが、江戸まで派遣するのはこの時だけである。
22) 張存武・葉泉宏編『清入関前與朝鮮往来国書彙編：一六一九－一六四三』、国史舘、2000年、352-354頁、に翻刻がある。『太宗文皇帝実録』崇徳4年9月11日条に似たような内容がある。
23) 中央研究院歴史語言研究所内閣大庫档案、219829。『明清史料』丙編第一本（64頁）、李光涛『明清檔案存真選輯初集』、1959年、104頁。これについては、伊藤幸司「東アジアを流転した対馬藩主宗義成の外交文書－台湾中央研究院所蔵「宗義成書契・別幅」の紹介－」:『東風西声』2（2006年）、などを参照。なお、『明清中国関係文書の比較研究：台湾所在史料を中心に』に影印（70-71頁）と荒木和憲氏による解説・翻刻（110-111頁）がある。
24) 木村可奈子『東アジア多国間関係史の研究：十六－十八世紀の国際関係』、思文閣出版、2024年、など。
25) 本節に関する詳細な分析は、前掲注18『華夷変態の東アジア：近世日本・朝鮮・中国三国関係史の研究』、第6章「近世初期の対馬藩と大陸情報収集」、250-253頁を参照。
26) 前述した1635年の馬上才の1回のみが江戸まで。訳官使については、池内敏『絶海の碩学——近世日朝外交史研究——』、名古屋大学出版会、2017年、第5章「訳官使考」、が詳しい。
27) 『朝鮮王朝実録』崇禎13（1640）年5月乙未（15日）条。
28) 『毎日記』正保三年　江戸御老中并方々へ遣御状控（長崎県対馬歴史研究センター、日記類Aa-1-4）。
29) 大韓民国国史編纂委員会所蔵対馬島宗家文書・古文書7764、MF0001006および『古文書秘籍』（大韓民国国史編纂委員会所蔵対馬島宗家文書・記録類6513、MF0000954、内表紙には「奥御書キ物写　下書　但一箱之分」がある。元禄4年（1691）に対馬藩で整理されたもの）。なお、以下では、大韓民国国史編纂委員会所蔵対馬宗家文書の記録類について、国編宗家・記録類XXXX、MF0000XXXと記す。
30) 本節に関する詳細な分析は、前掲注18『華夷変態の東アジア：近世日本・朝鮮・中国三国関係史の研究』、第6章「近世初期の対馬藩と大陸情報収集」、を参照。
31) Ronald P. Toby（1984）State and Diplomacy in Early Modern Japan: Asia in the Development of the Tokugawa Bakufu, Princeton University Press. 以下の日本語訳がある。速水融・永積洋子・川勝平太訳『近世日本の国家形成と外交』、創文社、1990年、第4章「双眼鏡で見る世界－動揺する東アジアにおける幕府の情報活動と日本の安全」。ロナルド・トビ『「鎖国」という外交』、小学館、2008年。
32) 九州国立博物館・長崎県立対馬歴史民俗資料館編集『日朝交流の軌跡：対馬宗家文書8万点の調査を終えて：重要文化財新指定記念』、2012年。
33) 九州国立博物館所蔵対馬宗家文書データベース https://souke.kyuhaku.jp。

34）「朝鮮国并北京筋之風説共に此方御心入に可罷成儀者、不依虚実、沙汰之趣被聞立、便宜之節書付を以内々可被申越候事」。大韓民国国史編纂委員会所蔵「館守条書」（国編宗家・記録類 4616、MF0000770）第四条、長崎県対馬歴史研究センター所蔵「館守条書」（記録類 2-23-L-18）第五条。田代和生『近世日朝通交貿易史の研究』、創文社、1981 年、178-180 頁、および、同『新・倭館－鎖国時代の日本人町－』、ゆまに書房、2011 年、107-110 頁、に長崎県対馬歴史研究センター所蔵分の抜粋翻刻と解釈が収められている。

35）「朝鮮へ和館を構、人数を召置、北京・朝鮮之時勢を窺せ」（『（宝永八辛卯年）覚書』（四冊合帳）、国編宗家・記録類 6574、MF0000960）。

36）この「日本国王使」の派遣が、将軍の事前許可を得ずに、柳川調興が 1607 年次の回答兼刷還使の前例に基づいて対馬藩で決めたものであることは、柳川一件において暴露した（金尚駿・尹裕淑訳『柳川調興公事記録』、北東アジア歴史財団、2015 年、上・十九項）。そのため、本稿では日本国王使にカギカッコをつけてよぶことにした。

37）以心崇伝［著］・異国日記刊行会編集『異国日記：金地院崇伝外交文書集成 影印本』、東京美術、1989 年、63 頁。

38）前掲注 29『古文書秘籍』。

39）この使節は幕府の命令を受けて渡航したが、持参したのは国書（家光名義）ではなく、規伯玄方名義の書契であるため、「準国王使」とよぶことにした（前掲注 11 荒木和憲「対馬宗氏の日朝外交戦術」、256 頁）。「準国王使」が残された記録については、『方長老上京日史・飲冰行記』（田代和生編著、ゆまに書房、2021 年）と『御上京之時毎日記』（田代和生編著、ゆまに書房、2023 年）がある。

40）「方長老朝鮮物語付柳川始末」：『史籍集覧』、第十六冊、近藤出版部、1926 年、572 頁。

41）田代和生「寛永六（仁祖七、一六二九）、対馬使節の朝鮮国「御上京之時毎日記」とその背景」（三）：『朝鮮学報』101（1981 年）、103-106 頁。

42）「朝鮮之仕置以下如家業被仰付候、重畳御恩深罷蒙候段、難有忝奉存候、何様之儀も被仰出候之趣、守其旨、万端速御奉公油断仕間敷事（「起請文前書之事」第五条、前掲注 36『柳川調興公事記録』中・二九項）。

43）「日本朝鮮通用之儀、心之及候程入念御為能様可仕候、若御隠密之儀被仰出候共、一切他言仕間敷候事」。

第九章　人類史を数理で読み解く
　　　——「変化を伴う由来」から生じる多様性——

田村　光平

はじめに

　筆者の研究対象は、人類史とよばれる、時間的には現生人類ホモ・サピエンスがチンパンジーと分岐してからの約700万年を、空間的には地球すべてを含む歴史です。そしてたとえば、「なぜネアンデルタール人は絶滅して現生人類だけがいまは地球上に残っているのか？」「なぜ現生人類（の少なくとも狩猟採集社会）は近縁の大型類人猿と比べて平等主義的なのか？現生人類の社会の中で比較すると、なぜある社会は平等主義的なのに、なぜ別の社会は階層的なのか？」といった問いに答えることを目指しています。こうした人類史を分析するために筆者が依拠しているのが、文化進化の研究の枠組みです。これは、進化生物学の概念や理論を、文化現象に援用することを核としています。詳細は後述しますが、こうした筆者の専門から、「新しい途を拓く」という言葉を考えた際のキーワードは、「系譜」と「蓄積」です。人類史を鳥瞰すると、共通の祖先からさまざまな人類種が分岐し、現生人類が生まれ、さらに現生人類の枝を細かく見ればそこから現代にもつながる多様な集団が分化していく系譜がみえてきます。文化についても同様です。地球上には多様な文化が存在しますが、社会の分化に伴って、あるいはそれとは独立に、言語や、食事や、衣服といったさまざまな文化が分化し系譜をつくっていきます。文化の分化、系譜という考え方は、必ずしも飛躍した発想ではなく、われわれの日常にあるものにも見つけることができます。食パンの袋をとめるクリップをバッグ・クロージャーとよびます。図1は、そのバッグ・クロージャーの系統樹です。

　既にあるバッグ・クロージャーが改良されることで多様化していくた

第二部　人間・社会・歴史

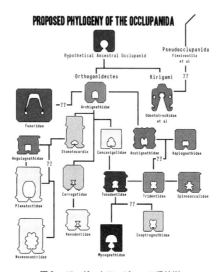

図1　バッグ・クロージャーの系統樹
The Holotypic Occlupanid Research Group より許諾を得て利用（https://www.horg.com/horg/?page_id=921)。

め、このような関係が生じることになります。遺伝的な系譜にしろ文化的な系譜にしろ、それぞれの枝では、変化が蓄積していくことになります。このようなイメージが、どのような理論を背景にしているかを、本稿では紹介していくことにします。

本稿ではまず、人類史の概略について紹介します。そして、その後、遺伝と文化伝達がどのようにして系譜を構成し、変化を蓄積していくのかをみていくことにします。次に、筆者がなぜ数理や計算機科学の方法を使うのかを、関連する学術的動向と一緒に紹介します。最後に、まだ道半ばではありますが、筆者の具体的な研究をふたつほどとりあげて紹介します。

第一節　人類史の概略

まず、駆け足で人類史の概略について説明したいと思います。現生人類ホモ・サピエンスとチンパンジーが共通祖先からわかれたのが、現在の遺伝学の研究では約700万年前だと考えられています。このあと、現生

第九章　人類史を数理で読み解く　−「変化を伴う由来」から生じる多様性−

人類につながる分岐に含まれる種すべてを「人類」と呼んでいます。ですから、人類ということばは、現生人類以外も指しています。しかし、現生人類以外の人類は、現在ではすべて絶滅しています。現生人類の生物学的な名称は「ヒト」になります。ホモ・サピエンスが学名です。これらは同じ対象を指しているということになります。

　現在発見されている最古の人類は、サヘラントロプス・チャデンシスとよばれています。700〜600万年前に生きていたと考えられており、チンパンジーとの共通祖先からの分岐直後の人類になります。その他、日本の研究者も参加したチームが発掘したアルディピテクス・ラミダスや、現生人類ともっとも近縁な人類であるネアンデルタール人などが、一般的な知名度が高いでしょう。

　人類史上の「画期」とよばれるできごとはたくさんあります。画期とは文字通り、その前後を区切って考えざるをえないような、質的な変化を起こす出来事です。現生人類の歴史に限定して、筆者が画期を３つあげるなら、「出アフリカ」「定住と農耕の開始」「国家の形成」になります。研究者によっては、他のできごとを画期とする人もいるでしょう。たとえば、世界宗教の誕生、人権概念の誕生、二度の世界大戦、インターネットの普及などです。そうした出来事が重要でないというつもりはありませんが、ひとまず本稿ではこの３つを取り上げます。

　「出アフリカ」は、およそ５万年前頃、当時はアフリカにしか生息していなかった現生人類が、アフリカを出て、世界中に拡散していったことを指します。そしてその過程で、現生人類の影響がどの程度だったかは議論がありますが、共存していた現生人類以外の人類は絶滅したり、あるいは交雑を通じて「吸収」されていきました。「出アフリカ」の意義として、現生人類が地球上で唯一の人類となったこと、そして、少なくとも脊椎動物としては飛び抜けた個体数の多さと分布域の広さにつながるきっかけであったことが挙げられます。なぜ現生人類だけが生き残っているのか、他の人類と運命を分けた要因はなんだったのか、人類史研究の一大テーマとなっています。

二番目の「定住と農耕の開始」によって、人類がこれまで続けてきた社会のあり様が大きく様変わりします。人類史の大部分で、人類は遊動する狩猟採集生活を営んできました。推定値にはばらつきがありますが、数家族からなる10〜数十人の小規模な集団で、あまりひとところに留まらず、狩猟と採集、つまり、自然から食料を獲得することによって暮らしてきました。しかし、いくつかの地域で、狩猟採集民が定住する傾向が強まります。例えば、約1万6千年前から始まる日本の縄文時代がその一例です。他にも、西アジアのナトゥーフィアンとよばれる人々や、北米先住民の祖先の一部も、同様の定住傾向の強い狩猟採集民でした。定住によって、さまざまな側面に変化が起こります。例えば、持ち運びの難しい道具や貯蔵用の容器が作られるようになります。定住によって引き起こされるのは、良いことばかりではありません。遊動していれば、排泄物はその場に残しておいても、いずれその場を立ち去りますが、定住していると、排泄物と近い距離で過ごし続けなければならなくなります。不快なだけはなく、疫病の発生源にもなります。また、グループのメンバーと、なにか問題が起こったとしても、遊動しているのであればお互いに離れるという解決策がとりやすいですが、定住しているとそう簡単にはいきません。嫌いな相手と同じ集落で暮らし続けなければならないのです。西田（2007）は、こうしたさまざまな変化を「定住革命」と評しています。

　続いて起こるのが、農耕の開始です。ここで重要なのは、日本語では家畜化・栽培化、英語ではdomesticationとよばれる、他の生物の繁殖に人類が干渉することで、人類にとって都合の良い性質を残すことです。そのためには、生物種に応じたさまざまな技術が必要です。同時に、これまでは恵みを与えてくれる存在だった自然を、管理し制御する存在だとみなすという、認知的な変化が起こったはずだと主張する研究者もいます。約1万1千年前の西アジアをきっかけに、世界のさまざまな地域で独立に起源し、その周辺に拡散していったと考えられています。

　本書の読者はおそらく、なんらかの「国家」に属していることと思い

ます。三番目の画期である「国家の形成」により、現在のわれわれの社会につながる枠組みができたことになります。国家には、すべての研究者が納得するような定義はありません。研究者ごとに「チェックリスト」があり、それらをすべて満たすと（その基準のもとでですが）国家と認定されます。たとえば、松木（2021）は、「『領域（国土）』、『人民（国民）』、『権力』をもった主体」としています。暴力の統制や大規模な福祉システムなど、国家の成立によって得られるさまざまな恩恵もありますが、大規模な紛争や拡大する格差など、現代社会が抱える課題もまた、国家の誕生、あるいはその前段階の社会で国家形成を進める諸要因に関連していると考えられます。

　人類史の研究は、多数の学問分野が連携することでおこなわれています。中心になるのが、人類学と考古学です。人類学は、自然人類学と文化人類学に大別されます。自然人類学は、最近では生物人類学（biological anthropology）とよばれることも多くなってきています。自然人類学は、生物としての人類を研究する学問で、日本では理学部や医学部に研究者がいます。研究の対象は、骨から遺伝子まで多岐にわたります。文化人類学は、人類の文化的な側面を研究する分野で、参与観察をその方法の中軸に据えています。しかし近年では、人類史に関わる調査をおこなう文化人類学者は少なくなっています。発掘調査によって出土した遺物を分析する考古学は、人類史に関連するデータをもっとも多く扱う分野です。科学としての側面と人文学としての側面が拮抗しており、手法、対象、考え方が多岐にわたります。そのほか、過去の環境を復元する古気候学や古環境学、出土した遺物や遺存体の年代を測定する年代測定学、言語の歴史を研究する歴史言語学など、さまざまな分野が関わります。

　人類史の研究の特徴として、新しい研究によって、これまでの「定説」が覆ることが頻繁に起こることが挙げられます（田村 2023）。これはもちろん他の学問領域でも起こるのですが、人類史全体に比べてまだわれわれが得ているデータが少ないことや、過去は直接観察できないため、発

掘調査によって出土した遺物や人骨などを「解釈」し、過去の人類の活動と結びつけなければならないからでもあります。また、先述したとおり、人類史に関連する研究分野は数多く、それぞれの分野が、それぞれが得意とする方法で、研究を進めています。あるデータを解釈するのに他の分野の研究に依拠していることも多々あります。たとえば、DNAデータを考古学的な集団の分類に従って解釈している場合などです。こうした場合、お互いの分野で足並みを揃えて研究を進めなければ、古い成果に基づいて現在のデータを解釈するようなことが起こり、見当違いのことをやってしまう可能性があります。さらに厄介なのは、新しい説が提唱されたからといって、その説が正しいかどうかはわからないということです。ですから、単純化されたり「盛られる」ことが多いプレスリリースは、そのまま鵜呑みにしないことが重要になります。そういうわけで、多くの場合、複数の可能性を頭にいれつつ、個々の研究の成果を吟味していくことになります。むしろ、ひとつの可能性に固執せず、多様な可能性を研究者コミュニティで共有しておくことが、長期的には生産的な研究者コミュニティのあり方ということになります。

第二節　進化という考え方：遺伝と文化伝達

　人類史に関連する書籍や授業で、飽きるほど繰り返されている導入が、ゴーギャンの「我々はどこから来たのか 我々は何者か 我々はどこへ行くのか」という絵をみせることです。これは、人類の過去、現在、未来についての問いです。時間的にも空間的にも、さまざまなスケールでの答えがありえます。おじいさんやおばあさんのルーツに関する答えをすることもできますし、「日本人の起源」のような「民族」や「国家」とよばれるものの由来を答えとすることもできます。さらには現生人類の起源を答えとすることもできるでしょう。現在と未来についても同様です。

　過去・現在・未来というのは、当たり前のように聞こえるかもしれませんが、連続しています。過去から繋がった先に現在があり、現在から繋がった先に未来があります。本稿ではこの繋がりを「系譜」として捉え

第九章　人類史を数理で読み解く　－「変化を伴う由来」から生じる多様性－

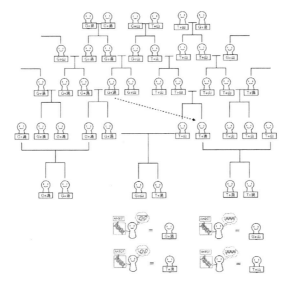

図2　系譜の例
一塩基の多型と、土器に施す文様の違いに注目している。実線は配偶および親子関係を表す。ヒトは2セットの遺伝子を持っているが、ここでは単純化のために1セットのみ示している。多くの場合、土器の文様は父親または母親から継承すると想定しているが、第3世代から第4世代へ、破線矢印で表す渦巻き模様の文化伝達が起こったとしている。第3～5世代を、異なる2つグループとしてまとめる見方もできるし、分化していない1つの集団とみることもできる。

ます（図2）。

　系譜として捉えるということがどういうことか、皆さんの直感とずれるかもしれないので、少し例を挙げて説明します。まずは生物学的な系譜の話をしましょう。われわれは、ひとりのお母さんと、ひとりのお父さんから生まれます。あなたのお父さんとお母さんにもそれぞれ、お父さんとお母さんがいます。あなたのおじいさんとおばあさんです。おじいさんとおばあさんにもお父さんとお母さんがいます。あなたよりも前に生まれ、あなたから系譜を遡ることのできる、いわゆるあなたの「祖先」は、世代を遡るにつれて2倍になっていきます。問題を簡単にするために、みんな25歳で子どもをもうけると考えてみましょう。4世代、100年では、$2^4 = 16$人です。あなたのひいおじいさんとひいおばあさんの人数の合計です。これはあなたに連なる「祖先」の系譜のうち、同一人物が

ひとりもいない場合の計算ですから、もっと人数が少ない可能性もありますが、現生人類が出現したのは約30万年前だと考えられているため、気が遠くなるほど多くの祖先が存在していたことになります。これだけ多くの人数を覚えていることはできませんから、通常われわれは彼ら彼女らを「祖先」とは認識しないでしょう。けれども、事実として、この人たちの誰かひとりでも、子どもをつくっていなければ、あなたは生まれていなかったわけです。つまり、過去の「祖先」からあなたまでの系譜が続いてきたからこそ現在のあなたが存在しています。そして、あなたが子どもをつくれば、あなたもこの系譜の一部となります。こうした親子関係に基づく系譜を、遺伝的な系譜とよぶことにしましょう。生物学、とくに遺伝学の観点からみると、親子という関係の重要な点は、遺伝子の継承だからです。

　われわれは、お父さんとお母さんから、遺伝子を1セットずつもらいます。遺伝子は「設計図」や「レシピ」に例えられますが、みなさんの身体は、すべてとは言いませんが、その設計図に基づいてつくられます。みなさんがお父さんやお母さんから受け取る遺伝子は、しかしお父さんやお母さんと完全に同じではありません。現在われわれは、DNAの塩基配列が遺伝子の物質的な実体だと理解しています。突然変異によって、親から子へ伝わる際に、全体としてはわずかですが、変化が生じます。こうしたわずかな変化が、長い時間をかけて蓄積されることで、遺伝的な多様性が生まれます。こうした多様な遺伝子の頻度は、時間とともに変化するはずです。そのほとんどは生存率にも繁殖率にも影響しないと考えられていますが、なかには一部、それを持つ個体の生存率や繁殖率を上げる遺伝子が存在します。そうした遺伝子だからかもしれませんし、単なる偶然による頻度の変化であるかもしれません。さまざまな理由で、この系譜の中で注目している遺伝子の頻度は時間とともに変化します。これが進化です。堅苦しいですが、言葉で表現すると、「集団中の遺伝的構成の時間変化」となります。

　読者のみなさんの中には、自分の考える進化のイメージと違う印象を

第九章　人類史を数理で読み解く　－「変化を伴う由来」から生じる多様性－

受けた方もいるかもしれません。日常会話で「進化」という言葉を使うときは、たとえば工業製品の性能の向上や、スポーツ選手の技術の向上を指すために使われます。ただ、少なくとも、チャールズ・ダーウィンの進化の考え方に由来する現代の進化生物学では、そうした現象を進化とはよびません。進化生物学の授業で、ポケモンの進化のスライドを出して、「これは進化ではありません。変態です」というのは定番になっています。他方で、進化にはさまざまな考え方があることも事実です。ハーバート・スペンサーというダーウィンと同時代の研究者は、生物や文化、社会が、時間とともに複雑化していくと主張しました。人文・社会科学では、進化という言葉を使ったとき、まだスペンサーの唱えた進化の考え方を指すことが多くあります。日本でも、現代生物学では顧みられることはほぼありませんが、日本の霊長類学（サル学）の祖である今西錦司が、独自の進化論を唱えています。本稿では、とくにことわりがない場合、進化という言葉は、ダーウィンのコンセプトに立脚した意味での進化を指します。

　ところで、本稿の冒頭でも簡単に述べましたが、系譜をつくるのは、遺伝子だけではありません。例えば、作る料理の味つけが、あなたの親に似ているということはないでしょうか。他にも、あなたの話し方のうち、親や、友人や、テレビに出ている有名人に影響を受けている部分はないでしょうか。あなたの価値観、思想、信念、慣習、動作など、さまざまなものが、他の誰かの影響を受けているでしょうし、そのなかには、誰かから受け継いでいるといって良いものもあるでしょう。そうであれば、それは、遺伝的な系譜のときと同じ様に、系譜を構成するはずです。遺伝以外の経路によって継承される情報を、Richerson & Boyd（2005）にならって文化とよぶことにして、それによってつくられる系譜を文化的な系譜とよぶことにします。文化的な系譜は、遺伝的な系譜ほど規則的ではありません。「親」にあたるのがふたりだとは限りません。ひとりかもしれませんし、10人かもしれません。あなたと同世代だったり、あなたよりも若い人が「親」かもしれません。しかしそれでも、系譜である

ことにはかわりありません。ですから、今あなたが持っている「文化」が未来に残されるかどうかは、あなたがそれらを未来の誰かに継承させられるか次第です。

　その文化が、遺伝子の塩基配列のように、複数の「タイプ」に分けられるとしましょう。そうすると、生物において遺伝子頻度が時間的に変化するように、文化の「タイプ」の頻度も時間的に変化するはずです。改良などのイノベーションや、間違いによって、新しい文化が集団中に生まれます。そして、たとえば使用者の生存率をあげるなどの点で有用であったり、魅力的だから多くの人が模倣したがったり、あるいは偶然の要因で、その頻度が変化します。これが文化進化です。

　文化進化は、文字通り生物進化のアナロジーです。なぜアナロジーが成り立つのかといえば、遺伝も、文化の伝達も、どちらも情報の継承だからです。進化に必要な要件として、複製、変異、淘汰が挙げられます。複製は、コピーをつくることです。その中で、遺伝の場合は突然変異、文化の場合はイノベーションやエラーによって、集団中にバリエーションが生じます。そうしたバリエーションの複製されやすさに差異があれば、集団中の遺伝的・文化的な構成が変化します。進化とは、上の性質を満たす情報系に必然的に起こる現象だということもできます。もちろん、生物進化と文化進化には違いもたくさんあります。文化進化のほうが情報の継承の経路が多様です。遺伝子については物理的実体がすでにわかっていますが、文化については、記憶の神経科学は急速に発展しているものの、まだわかっていません。生物進化では否定された、獲得形質の遺伝、つまりラマルク的な進化が、文化進化では起こりえます。しかし、こうした違いがあったとしても、ダーウィン的な進化の視点で文化現象をみることが、ただのアナロジーで終わらず、文化や人類について理解する助けになるからこそ、多くの研究者がその研究に取り入れているのです。

第九章 人類史を数理で読み解く −「変化を伴う由来」から生じる多様性−

第三節 系譜の解像度

　ここまで、個体間の遺伝情報や文化の継承を系譜として整理してきました。では、こうした見方からは、例えば上で挙げたような「日本人」や「ネアンデルタール人」という概念や、「日本人の起源」という問いは、どのように捉えられるでしょうか？実は、突き詰めて考えれば考えるほど、定義が難しくなります。先述した、遺伝的な系譜を考えてみてください。あるひとりの人の遺伝的系譜を遡っていくと、どのようなことが起こるでしょうか。日本という国号が最初に出現する文書は、701年に制定された大宝律令とされることが多いですが、もちろん遺伝的な系譜はそれよりも前に遡ることができます。そのときの「日本」の領土内にいた人の子孫を「日本人」とするならば、今現在日本列島に居住している人、あるいは日本国籍を所持する人の祖先のなかには、そのときに「日本」の領土の外にいた人を含んでいる場合があるでしょうし、筆者自身は相当に多いのではないかと思っています。また、「日本」の領土も時間的に変化します。さらに遡ると、日本列島には誰も住んでいなかった時期があるわけです。そこに、次々とひとびとが到来し、まだ未解明なことが多いですが、その系譜が続いたり、混じり合ったりして現在の日本国籍を持つひとびとや、他の国籍を持つひとびとまで繋がっていると考えられます。「日本人の起源」を問うために、骨の形態変異や、遺伝子のバリエーションを解析し、他のどの地域のひとびとに近いのか、といった研究がおこなわれます。この場合になされているのは、ひとびとを、国籍や、日常の素朴な感覚に合う「グループ」に分け、そこからサンプリングされたひとびとの系譜がつながるのに要する時間の傾向から、グループ間の近い・遠いという関係性を議論しているということになります。ですから、「日本人」の「本質」のようなものをそこから定義することはできませんし、それを遡ったりできるわけでもありません。

　文化的な系譜も同じです。たとえば、歴史言語学とよばれる分野では、言語についても系譜的な関係を想定することがあります。スペイン語とポルトガル語は近い、と言ったり、方言の類似性を議論する場合で

す。もともとは同じ言語を話していた集団が、時間とともに分岐して、今では異なる言語になったと想定されます。日本語やスペイン語、あるいは関西弁や津軽弁を話す、と日常会話でいいますが、実際は、同じ言語とされていても、個人によって話している言葉は微妙に異なります。先述した遺伝的系譜の例のように、○○弁、○○語のような「グループ」は、ある程度慣習的なものです。そして重要なのは、言語も時間とともに変化するということです。ですから、こうした視点から文化を眺めると、「○○語の本質」のようなものは存在しないことになります。

　これが上で、「日本人」や「日本人の起源」が、突き詰めて考えると、定義が難しいと述べた理由です。どうしても、恣意性が介在することを避けられません。もっとスケールの大きな話をするのであれば、生物の系統樹も同じです。われわれが目にするのは種ごとの系譜ですが、過去実際にあったのは、個々の生物が繁殖してできた生物個体の系譜です。仮に過去の生物についてあらゆるデータが得られたとしても、生物の種の系譜を描くには、この系譜のどこかで線を引いて、生物の種をわける必要があります。しかし、その引き方は完全に客観的に決定できるわけではありません。

　とはいえ、「集団」や「民族」、「国」が、突き詰めて考えると恣意性を免れられないものだとしても、それなしにわれわれは自身のルーツや、アイデンティティの問題について語ることが難しいのもまた事実です。これらは、物理的には存在しませんが、実効力があります。われわれが、他者をどう認識し、どのように振る舞うかに関わってくるからです。

　また研究者自身も、上述したような限界を認識しつつも、常に個人を単位に分析をおこなっているわけではありません。文化系統学という学問では、集団間の関係が分析されることになります（中尾・三中 2012）。たとえば言語を例にとってみます。先述したように、「同じ言語」を話していても、突き詰めれば個人によって使っている言葉は変わります。しかし、特に過去について、個々人の話している言語のデータを得ることは不可能ですので、社会や言語ごとの記録を代わりに使っているわけで

す。集団の系譜を、個人の系譜の粗視的なモデルとして使っていると言い換えることもできるかもしれません。冒頭でお示ししたバッグ・クロージャーの例も、本来は日々無数に生産される個々のバッグ・クロージャーを生物の種のように分類し、タイプごとの系統樹を描いたことになります。

　どの程度突き詰めて解像度をあげていくのかは、使えるデータなどの制約と、研究の目的に依存します。そして、必ずしも、解像度を上げていくことが、豊穣な示唆を得ることにつながらない可能性があります。

第四節　蓄積的文化進化

　『海王ダンテ』という、ネルソン提督とナポレオン・ボナパルトが幼馴染という設定のもと、互いに超古代文明の遺産を使って闘いを繰り広げる漫画があるのですが、当時の最先端の技術を誇るイギリスの探検隊が遭難するシーンから始まります（皆川・泉 2016）。そして、探検隊が見下している伝統的な技術が、その環境で生き残るためにはむしろ重要であることが描かれます。人類学者ジョセフ・ヘンリックによるポピュラー・サイエンスの本である『文化がヒトを進化させた』の第3章でも、ヨーロッパからの探検隊が全滅したり、成功する場合は先住民の力を借りていたことが描写されます（Henrich 2015）。つまり、その土地で蓄積されてきた知識が、当時の「先端」的な知識よりも、その環境で生き残るという点においては優越していたということです。現代では、日本も含めた「西洋」側の知識体系に属さない知識を、「伝統知」や「在来知」とよびます。伝統知や在来知も、文字通り長い時間をかけて形成されたものです。前の世代がつくりあげたものを受け継ぎ、それに改良を加えていくことで、どんな天才であっても、一個人では成し遂げられない水準の知識が生まれます。飛行機や人工衛星、コンピュータなどが例として挙げられることが多いですが、上述したような近現代の非工業化社会や、石器や土器の製作といった先史時代の知識・技術体系も、一世代で容易に築けるものではありません。また、研究者が、自分の知識が先人たちの

築いた知識の上にあることを形容して、「巨人の肩に乗る」という表現を使うことがありますが、これもまた同じことを指しています。

　文化進化の研究では、文化を「非遺伝的手段によって伝達される情報」とみなします。その帰結として、ヒト以外の動物も文化を持つことになります。動物にも文化があることを主張した先駆的な研究者として、日本の「サル学」の祖である今西錦司が、国際的にも認知されています。とはいえ、ヒトの文化と、他の動物の文化には、隔たりを感じることもまた事実ではないかと思います。それを説明するために使われるのが、「蓄積的文化進化」という概念です。ここでいう蓄積は、本稿でここまで使っていた言葉と同じです。

　ヒトにおける蓄積的文化を可能にしているのが、卓越した社会学習の能力だといわれています。社会学習とは、模倣などの他者との相互作用を伴う情報の獲得を指します。他者と相互作用しない情報の獲得を個体学習とよびます。正確な社会学習の能力がなければ、これまでの知識を継承することができず、また一からやり直すことになります。「猿真似はサルにはできない」というのが、社会学習の研究者が好んで使うフレーズです。Mesoudi & Thornton（2018）は、動物も、餌場までのルートのような、最適値に向かうような場合は文化の蓄積が起こりますが、終わりのない蓄積はヒトに特有だと論じています。

　授業で進化について教える際に強調されることのひとつが、「進化は進歩ではない」ということです。先述したハーバート・スペンサーの進化のアイディアは、価値判断を伴っています。進化は進歩なのです。ダーウィンの進化のアイディアに基づいた文化進化の研究も、価値についてはなにも語りません。他方で、ある文化形質のパフォーマンスについては、なんらかの方法で計測することができる場合があります。例えば紙飛行機の飛距離、石器の鋭さ、車の最大速度などです。たとえば先史時代の狩猟採集民が、獲物に致死的な傷を負わせるために石器の鋭さを重視していたという可能性は十分にあるでしょう。もちろん、持ち歩きやすさや、狩猟以外にも使えるかといった汎用性の高さなどをより重視し

ていたり、時間的に重視する項目が変わった可能性もあります。推測ではありますが、先史時代にみられるような道具の変化も、試行錯誤によって少しずつ改良を積み重ね、漸進的に変化していった結果のように思われます。なにもないところから新しいものをつくったとしても、本節の最初で紹介した探検隊の例のように、歴史を重ねた技術に及ばないということが起こります。繰り返しになりますが、ある基準のもとでパフォーマンスが高いことは、それが正しいことを意味しません。

　蓄積的な文化進化は、ヒトの現在の繁栄、より正確な表現を使えば、脊椎動物としては飛び抜けた個体数と生息範囲の広さの基礎となったと、多くの研究者が考えています（Henrich 2015）。ですから、蓄積的な文化進化を駆動する要因や、歴史上の技術の発展について、さまざまな研究がおこなわれています。たとえばMuthukrishna & Henrich（2016）では、彼らも文化進化の研究者なので当然といえば当然なのですが、多くの発明は漸進的な改良の産物であり、歴史に発明者として名前を刻まれた人物は実際のところは普及者であると論じています。

　ここまで、遺伝と文化伝達による「系譜」と「蓄積」という視点から、人類史を眺める視点について紹介してきました。こうした視点にたつと、「新しい」と形容される技術や知識は、なにもないところにゼロから生み出されたものというよりも、これまであったものに新しいものが付け加えられ、蓄積されたというイメージを呼び起こすものになります。もちろん、突然変異やイノベーションによって、「新しい」要素に置き換わったり、付け加えられたりするのですが、少し高い視点からみると、「新しい」とされる多くのものは、すでにあったものになにかを加えたもので、さらに俯瞰し長い時間スケールでみると、系統樹上で新しい分岐が生じたというイメージになるのです。こうしたイメージのもと、次節からは筆者自身のスタンスと研究について紹介していこうと思います。

第五節　文化進化の研究でなぜ数学・情報科学を使うのか

　筆者の研究は、人類史に関連するデータの定量的な解析です。そこには、考古学など、少なくとも日本では「文系」とくくられる分野のデータが数多く含まれています。「文系」と数学は相性が悪いように思うかもしれません。しかし、経済学は、ときとして「過度」と言われるほど数学を重視する分野です。社会学も、社会調査の分析では洗練された統計手法を使いますし、数理社会学という分野も存在します。心理学においても、心理学の問題意識やデータに特化した「心理統計」があります。「文系」は大きく人文学と社会科学に大別されます。人文学は科学的なアプローチによってこぼれ落ちるものを救う、という意識があるため、数学や数値化と距離をとる傾向がありますが、近年は「デジタル・ヒューマニティーズ」という、人文学と情報科学の境界領域が台頭してきています。

　こういった分野で、数学を使う目的はさまざまです。数学を使うと、なんとなく「客観的」な印象を持つかもしれません。しかし、学術の歴史のなかでは「客観性」という言葉の意味自体が問い直されてきました。みなさんが日常会話で「客観性」という言葉を使う際、どのような意味で使っているでしょうか？「なるべく思い込みを排して」でしょうか？それとも、「誰がやっても同じ結果が出るように」でしょうか？思い込みはたしかに排したほうが良いのですが、事前の仮定、つまり、先行研究と切っても切れない関係にあります。先行研究に依拠するということは、先述したような文化の蓄積を利用することですので、誤っている可能性はありますが、排除して良いかどうかは十分な検討が必要です。誰がやっても同じ結果が出ることは、下で述べるオープンサイエンスや再現可能性とよばれる動向とも関連して重要です。しかし、誰がやっても同じ結果が出る方法を使うことが、ありそうな過去を推定する方法であるとはかぎりません。客観性という言葉は他にもさまざまな意味で使われています。ですから筆者は、客観性という言葉は、生産的な議論の妨げになるのではないかと考えています。もちろん、「客観性」以外にも

さまざまな数学を用いる目的がありえます。筆者の立場を紹介しましょう。

　筆者は、学問のコミュニケーション、とくに世代間の知識の継承としての側面を重視しています。もちろん、他の、たとえば個人の創造性を重視するような立場を否定するつもりもありませんし、そちらも重要な側面でしょう。ともあれ、前者の側面に注目すると、長期的な視点でみたときに、知識を蓄積していけること、つまり、それまでに生み出された知識を失わないことが、鍵となります。筆者は、数学や計算機科学の方法が、研究の蓄積性を増すのに、重要な働きができると考えています（田村 2020）。

　研究者は一生のうち、さまざまな試行錯誤をします。しかし、論文や書籍として公開されるのはそのうちのごくわずかです。大半は、「暗黙知」や「経験知」として、研究者の頭のなかに留められます。弟子と長期間ともに研究活動をおこなうことで、同様に「暗黙知」や「経験知」として継承されることもあります。しかし現在、日本では研究者や、大学院生の数が減っています。これは経済的・社会的な要因ですが、これまでどおりのやり方では、これまで蓄積してきた知識が継承できないことが予想されます。そのための方法として、数理や情報科学の方法が有効ではないかと考えています。注意が必要なのは、数理や情報技術を使っても、「暗黙知」や「経験知」のすべてを「形式知」に変換することはできないということです。しかしそれでも、人類史の研究に必要な多様な解釈の余地を残すためには、すべてはできないとはいえ、できるだけ多くの「暗黙知」や「経験知」を将来に残していくことが重要になると筆者は考えています。枝分かれした知識の系譜のそれぞれでの蓄積を、できるだけ多く後世に残すことを目指すということです。

　筆者の立場に関連して、人類史の研究に限らず、かなり広い領域の研究者コミュニティが影響を受けつつある動向について紹介します。ひとつめが、再現可能性です。2015 年、心理学の主要雑誌に掲載された論文のうち、36％しか再現できなかったという報告がなされ、研究者コミュ

ニティに衝撃を与えました（Open Science Collaboration 2015）。このことは、ただちに心理学分野で研究不正が横行していたということを意味するわけではないことに注意が必要です。少なくとも一定程度原因となっていると考えられているのが、「疑わしき研究慣行」と呼ばれる、心理学に限らない研究上の慣習です。そこには、結果が出てから仮説をつくることや、データを増やしていって統計的に有意な結果が得られた段階で発表するといったものが含まれます。

　研究者の評価制度のような広義の「環境」も再現性に影響を与えます。現代の研究者の評価において、重要なのが新規性です。これまでにない新しいものを発見したり、提唱する研究者が評価されます。誰かの研究が本当に正しいのか確認するような研究を追試と呼びますが、追試は評価されないということです。つまり、たまたま出た成果が、その後の検証を逃れて定説として流通する可能性が、追試が評価されるコミュニティよりも高いことになります。T・J・H・モーガンのグループが、文化進化の考えを研究者の慣習に応用したシミュレーションをおこなっています（Tiokhin, Yan, & Morgan 2021）。このシミュレーションでは、成功した研究者は弟子をたくさんもち、その研究スタイルが弟子に受け継がれるとします。新規性を評価するような環境では、競合相手に先に成果を発表されてしまうと、自分のこれまでの研究は徒労に終わることになります。このシミュレーションでは、新規性追求の競争に有利な研究スタイルが広まることで、社会の中に信用できない知識が溢れる可能性を指摘しています。こうした問題が認識されるとともに、再現可能性を高めるためのさまざまな取り組みが現在進行形で整備されつつあります。そこには例えば、次に述べるオープンサイエンスとも関わりますが、データや解析に使ったコードの公開も含まれます。

　ふたつめが、オープンサイエンスです。オープンサイエンスの定義はさまざまなのですが、研究の成果や研究にもちいたデータや手法の公開に関するさまざまな動向の総称です。そうすることで、先述した再現可能性の問題への対処や、さまざまな立場のひとびと、言い換えれば、研

究を生業としていないひとであっても、研究に携われるようになります。オープンサイエンスの一部に含められることも、違う試みとされることもありますが、シティズンサイエンスという活動もあり、専門家ではない市民が研究活動に携わるプロジェクトを指します。そこには、ブラウザ上で銀河の写真の分類をする「Galaxy Zoo」[1]や、マルハナバチの分布調査のためのデータを提供する「マルハナバチ国勢調査」[2]などがあります。

　上述した2つの動向はどちらも、本章のテーマのひとつである「蓄積」に関連します。再現可能性の問題は、蓄積した知識は、その後の研究の基礎となれるものなのか、への疑義とみることもできます。「巨人の肩に乗る」という比喩で考えるなら、再現性のない結果を積み上げることは、いつの日か巨人が足元から瓦解する結果をもたらすかもしれません。オープンサイエンスは、知識の蓄積に関わる主体を増やすことができます。

第六節　文化進化の研究例

　最後に、筆者の研究をふたつ紹介します。ひとつめは、現生人類、ホモ・サピエンスとネアンデルタール人との「交替劇」に関するものです。筆者も参加した「パレオアジア文化史学」プロジェクトは、膨大な研究の蓄積があるヨーロッパに比べて、まだ未解明のことが多いアジアにおいて、両者の生存と絶滅をわけた要因を、文化的な側面から研究することを目指していました。とくに焦点を当てたのが、「石刃」技法とよばれる石器の製作技術です。この技術をもちいて制作された遺物を石刃と呼びます。字面とイメージは異なるかもしれませんが、石刃は他の道具の素材です。そのまま使うのではなく、その後さらに加工されることで、道具として完成するケースが多かったと考えられています。石刃のなかでも、小型のものを小石刃とよび、携帯性に優れていたと考えられています。現在想定されている拡散プロセスは、西アジアで小石刃が起源し、それを携えた現生人類がユーラシア大陸の他の地域に拡散していっ

たというものです。

　このプロジェクトでは、ユーラシア大陸のさまざまな地域を専門とする日本の考古学者が協力して、遺跡情報データベース「PaleoAsia DB」をつくりました（Nishiaki & Kondo, 2023）。筆者がおこなったのは、このデータベースにある石器製作技術のデータ解析です。「技術的モード」とよばれる 24 の石器製作の技術が、ある遺跡のある文化層に存在している場合は 1 を、いない場合は 0 をコードします。そうすると、その文化層の石器製作技術は、長さ 24 の 0 と 1 の組み合わせでできた配列によって表現されることになります。今回の分析では、13 万年前から 2 万年前までにわたる、453 遺跡の 895 の文化層を対象としているため、全部で 895 本の 0 と 1 からなる配列があることになります。895 × 24 = 21480 個の 0 と 1 がデータです。この配列データを、ひとりの研究者が目視で判断するのはなかなかの苦行ですし、おそらく個人の能力の限界を超えているでしょう。そのため、数理的な手法を使って、人間でもわかりやすいかたちにデータを要約します。この研究では、主成分分析という手法を使いました。その結果が図 3 です。

　この図では、各パネルが三つの時期区分に対応しています。主成分分析によって、24 個の 0 と 1 に重み付けをすることで、主成分得点とよばれる、各石器群の石器製作技術の特徴を要約した量が得られます。各点が遺跡を表し、色の濃さで主成分得点の大小を表しています。今回お見せする特徴量は、小石刃やそれに伴う石器製作技術だと解釈しており、色が濃いほどそうした技術が揃っていることになります。主成分得点が近いということは、石器製作技術の構成が似ているということです。ヒマラヤ山脈の南北に分布している遺跡の石器製作技術の時間変化をみてみましょう。時期 1（13 万〜4 万 8 千年前）では、南北ともに、同じような石器製作技術が使われています。しかし、時期 2（4 万 8 千〜4 万年前）になると、西アジアからヒマラヤ山脈の北側にかけて、色の濃い点、言い換えるなら、小石刃やそれに関連した技術を伴った遺跡が増え始めます。そして、時期 3（4 万〜2 万年前）になると、北回りルートはかなり

第九章　人類史を数理で読み解く　-「変化を伴う由来」から生じる多様性-

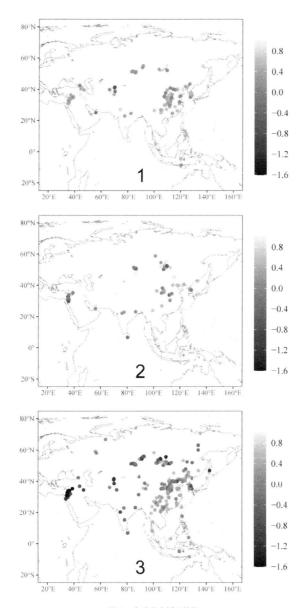

図3　主成分分析の結果
Nishiaki et al. (2021) の図6（クリエイティブ・コモンズ・ライセンス）を転載。

色の濃い点が増えます。このことは、西アジアから小石刃を携えた現生人類が拡散していったとする解釈と整合的です。他方で、南回りルートを通っても、現生人類は拡散したはずです。にもかかわらず、石器製作技術の特徴は、時期1から3まで、大きな変化はありません。その理由はいまだ検討が続いています。オープンサイエンスの視点からすると、分析に使ったデータは PaleoAsia DB で公開されていますし、Github という、プログラマがコードの共有をするためのプラットフォームで、データと解析に使ったコードも公開しています[3]。

もうひとつ紹介したいのが、日本における農耕の開始に関わる研究です（田村ほか 2017）。日本において、農耕の開始期とされるのが、弥生時代です。縄文時代から、少なくとも萌芽的な栽培化の証拠は発見されています。しかし、食料生産が社会の中心に据えられたのは、弥生時代になってからだというのが現在でも主流の見解です。

韓半島から稲作とそれに伴う道具や技術が日本列島に伝わり、もともと列島にあった在来の文化と融合することで弥生文化が生じたと考えられています。最初に韓半島の影響を受け、弥生文化が生じたのが北部九州です。北部九州から、稲作の拡散に伴って、各地に広がっていったと考えられているのが、遠賀川式土器とよばれる土器です。西日本を中心に分布しており、斉一性が高いことが知られています。斉一性が高いとはいえ、そのなかで形態的な多様性があることも事実です。仮に、さまざまな土器の形態変異を二次元空間に射影すると、個々の遠賀川式土器は他の土器型式とくらべて密集したクラスタをつくるのですが、遠賀川式土器のクラスタを拡大してみてみると、その中に時期や地域による変異があるというイメージです。この遠賀川式土器の形態を定量化することで、弥生文化の拡散ルートについて知見を得ることができるのではないかと考えました。

考古学の発掘の成果は、発掘報告書とよばれる紙の媒体を通して共有されます。そしてそこには、出土した考古遺物の情報が、実測図とよばれる手書きの図面で記載されています。今回使用したのは、その実測図

第九章　人類史を数理で読み解く　—「変化を伴う由来」から生じる多様性—

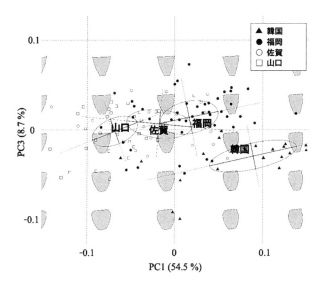

図4　遠賀川式土器の形態変異
横軸は幅の広さを、縦軸は土器口縁部の形態変化だと解釈できる。田村ほか（2017）から許諾を得て転載。

のデータです。韓半島、北部九州（福岡・佐賀）、山口の土器計118個体の画像を使用しました。

　幾何学的形態測定学とよばれる、人類学や生物学で発展してきた形態の定量化の手法があります。この実測図を、楕円フーリエ解析という、幾何学的形態測定学の一手法をもちいて定量化しました。詳細な説明ははぶきますが、土器の輪郭形状をフーリエ級数展開しています。図4がその結果です。

　各点が土器1個体を表しています。地域別に点のかたちを変えています。この図をみると、地域内のばらつきはありますが、ゆるく地域で土器がまとまっている「クラスター」をつくっていることが見てとれます。同時に、地域のクラスターのうち、韓半島のものと北部九州のものは近く、北部九州と山口のものも近いですが、韓半島と山口のものは少し離れています。これは、伝播していく過程で変化が蓄積されていき、形態が変化していったとする考え方と整合的です。韓半島から最初に影響を

受けた北部九州、それがさらに伝わった山口、と考えると、大元の韓国の土器からは、山口の土器がもっとも変化していることになるからです。これ自体は、これまでの考古学の知見に、新しいことを付け加えているわけではありません。しかし、地域内・地域間の形態の多様性を可視化することで、今後の研究のための議論の土台をつくったことには一定の価値があると考えています。

　しかしながら、土器は当然ながら立体物なので、二次元画像に転写する場合、どの方向を写すかによって、形態が異なります。そのため現在は、二次元画像ではなく、三次元モデルを使った拡散ルートの解析を進めています（中尾 2024）。

　並行して、エターナル・ナカオ・ブリザードというプロジェクトにも取り組んでいます（中尾 2024）。このプロジェクトで構築しているデータベース「オロチ」では現在、約 200 の遠賀川式土器の三次元モデルが公開されています。現在は、クリエイティブ・コモンズ・ライセンス下での公開に同意して頂いた所蔵施設のものだけしか公開できていませんが、分析に使ったデータを、誰でも閲覧し、場合によっては自分で再解析してみるための環境が整備されています。

　紙幅の関係で、上で挙げた人類史の三つの画期のうち、国家形成に関する研究については取り上げませんが、こちらに関しても、筆者はたとえば、日本の古墳時代に築造された、前方後円墳の形態変化のトレンドについての分析などをおこなっています（田村・松木 2017）。

おわりに

　本章では、「新しい」ということを、文化進化の視点から「系譜」と「蓄積」というキーワードのもとで捉えようとしました。ミクロにみれば、個々人がさまざまな技術や知識を改良しているのですが、マクロにみれば、そうした変化が蓄積され新しい系譜の枝が分岐していくイメージです。われわれの文化は歴史の恩恵を受けているということもできますし、逆に歴史に束縛されているという表現もできるかもしれません。

第九章　人類史を数理で読み解く　−「変化を伴う由来」から生じる多様性−

　こうした視点にたつことで強調されるのは、個別の研究成果以上に、成果を共有し、蓄積していくことの重要性です。これは、人類史研究がさまざまな可能性を抱えなければならないからでもありますし、系譜の枝で蓄積された暗黙知や経験知も含む知識の総体をできるだけ次世代に継承するためでもあります。数理やオープンサイエンスはそのための手段のひとつです。

　知識の共有はさらに、研究の「価値」とも関連します。ある研究成果が、専門家コミュニティを超えて価値があると認められるためには、当然ですが非専門家と成果を共有する必要があります。学問の価値、というのは難しい課題です。価値がある学問や成果のなかに内在すると考える立場もあるでしょうし、流通の過程で相互作用することによってたち現れてくる場合もあるでしょう。筆者は後者が重要だと思っています。学問の価値は人と人との相互作用の産物であるという見方に立つのならば、流通のための「システム」が重要になるということです。マスメディアやオンライン上のプラットフォームのような情報インフラに限りません。ある人から別の誰かに知識が伝達されるためには、情報を受ける側が前提となる知識を持っている必要もあります。いわゆる教育です。公開データを使って楽しみのために研究をおこなう非専門家や、シティズンサイエンスに参加する市民が増えることも、理解の前提となる知識を持つ個人を社会の中に増やすことにつながります。専門家の知識の蓄積と継承のためのシステムが、非専門家への知識の流通のシステムにもなりえるのです。また、ときとして、専門家が不信を抱かれることもあります。曖昧な表現になりますが、「信頼」のようなものも、情報伝達が円滑におこなわれるためには必要といえるかもしれません。新型コロナウイルス感染症への対策に際し、専門家への懐疑が語られたことは記憶に新しいのではないでしょうか。マスクの買い占めなどは、「買っておかなければ無くなってしまう」という、近隣の住民を信頼しきれないことの影響ともいえるかもしれません。知識流通のためのシステムは、物質的なインフラに限らない、様々な要素から成り立っているということです。

読者のみなさんも、将来、専門家として困難に立ち向かうことがあるかもしれません。そのときに、みなさんが修めてきた学問が価値を発揮できるかは、みなさん自身の努力とともに、知識流通のシステムがどの程度機能しているのかにもよるでしょう。学問にかぎらず、何かを修めるためには、のめりこんで深く潜るような取り組み方は不可欠だと思います。しかし、ふと余裕ができたときに、社会における知識の流通を俯瞰してみることは、みなさんが専門家として活躍するための一助になるのではないかと思います。

注
1) https://www.zooniverse.org/projects/zookeeper/galaxy-zoo/
2) http://hanamaruproject.s1009.xrea.com/hanamaru_project/pollinator.html
3) https://github.com/kobayashiyutaka/j-quaint-202103022-suppl

参考文献
田村光平（2020）『文化進化の数理』森北出版.
田村光平（2023）『つながりの人類史』PHP 研究所.
田村光平、有松唯、山口雄治、松本直子（2017）「遠賀川式土器の楕円フーリエ解析」中尾央・松木武彦・三中信宏（編）『文化進化の考古学』勁草書房、pp. 35-62.
田村光平・松木武彦（2017）「幾何学的形態測定学による前方後円墳の墳丘形態の定量的解析」中尾央・松木武彦・三中信宏（編）『文化進化の考古学』勁草書房、pp. 63-88.
中尾央（編著）（2024）『カタチの由来、データの未来：三次元計測の人類史学』勁草書房.
中尾央・三中信宏（編著）（2012）『文化系統学への招待 文化の進化パターンを探る』勁草書房.
西田正規（2007）『人類史のなかの定住革命』講談社.
松木武彦（2021）『はじめての考古学』筑摩書房.
皆川亮二（漫画）・泉福朗（原作）（2016）『海王ダンテ1』小学館.
Henrich, J. (2015). *The secret of our success: How culture is driving human evolution, domesticating our species, and making us smarter*. Princeton University Press.（ヘンリック、ジョセフ（著）・今西康子（訳）（2019）『文化がヒトを進化させた人類の繁栄と〈文化－遺伝子革命〉』白揚社.）
Mesoudi, A., & Thornton, A. (2018). What is cumulative cultural evolution? *Proceedings of the Royal Society B: Biological Sciences*, 285(1880), 20180712.
Muthukrishna, M., & Henrich, J. (2016). Innovation in the collective brain. *Philosophical*

Transactions of the Royal Society B: Biological Sciences, 371 (1690), 20150192.

Nishiaki, Y., Tamura, K., Suzuki, M., Nakamura, M., Kato, S., Nakagawa, K., ... & Kobayashi, Y. (2021). Spatiotemporal variability in lithic technology of Middle-to-Upper Paleolithic Asia: a new dataset and its statistical analyses. *Quaternary International*, 596, 144-154.

Nishiaki, Y., & Kondo, Y. (Eds.). (2023). *Middle and Upper Paleolithic sites in the Eastern hemisphere: a database (PaleoAsiaDB)*. Springer Nature.

Open Science Collaboration. (2015). Estimating the reproducibility of psychological science. *Science*, 349 (6251), aac4716.

Richerson, P. J., & Boyd, R. (2005). *Not by genes alone: How culture transformed human evolution*. University of Chicago Press.

Tiokhin, L., Yan, M., & Morgan, T. J. (2021). Competition for priority harms the reliability of science, but reforms can help. *Nature Human Behaviour*, 5 (7), 857-867.

あとがき

　とにかく面白かった！というのが本巻を読み終えての私の感想である。「まえがき」のところで編者が述べたように、これまでの叢書シリーズとは異なり、敢えて主題をもうけずに、研究者に自由に研究を語ってもらうアラカルトであると謳いながら、こうして読み終えてみると見事なまでに一貫性のあるストーリーが浮かんでくるような気がする。本巻は第一部「ものづくりと情報」、第二部「人間・社会・歴史」の中に9編のエッセイを収め、東北大学の研究者が日頃どのような視点や感性で研究と向き合っているのかが見えてくる仕組みになっている。もちろん、個々の研究者はそれぞれの背景を抱えており、また、社会課題の認識や取り組みの手法もそれぞれである。それでも読後に一貫性と、ある種の安心感のようなものを感じるのは、研究者の営為が人類社会の幸福と持続的な発展のためにあることが実感できるからであろう。主題はもうけずとは言いながら、9編のエッセイの見事なハーモニーによって『新しい途を拓く』という本巻が仕上がり、学術研究の意義をあらためて明瞭にした点は、まさに東北大学教養教育院叢書の面目躍如である。いうまでもないが、学術研究の目的は人それぞれである。狭義には、個々に探求したい未知の領域やクリアすべき課題があるのであるが、大局的に見ればすべてが新しい途を拓くために営まれているのである。

　ここしばらく、私たちは安寧な日常を脅かす多くの事象に直面してきた。パンデミックや相次ぐ震災、極端化した気象災害、紛争やエネルギー危機など、これらは決して個々の学術研究からは解決できない。一つひとつの点を結び、線を繋いで面をつくる。これが「総合知」なのであろう。大きく、強く、逞しい点がたくさんあれば、太い線や大きな面を描くことができる。本書の9編のエッセイに加え、これまでの叢書シリーズの数多の論考を結び合わせるとどのような図形ができあがるだろうか。

東北大学教養教育院
院長　滝澤博胤

執筆者略歴

阿部　博弥（あべ　ひろや）
　1991年山形県生まれ。2012年3月鶴岡工業高等専門学校卒業。2014年3月東北大学工学部化学・バイオ工学科卒業。2018年9月東北大学大学院環境科学研究科博士後期課程修了（博士（学術））。同年東北大学材料科学高等研究所助手、2019年東北大学学際科学フロンティア研究所助教を経て、2024年4月准教授。専門は電気化学および高分子化学。2023年11月 Rising Stars in Polymer Science 2023（Polymer Journal）、2023年11月 MIT Technology Review-Innovators Under 35 Japan、2021年9月 Falling Walls Venture Sendai 1st prize、2020年12月第26回青葉工学研究奨励賞、2019年3月東北大学総長賞、2012年3月平川賞（鶴岡高専）受賞。

坂井　信之（さかい　のぶゆき）
　1969年生まれ。福岡県大牟田市出身。1998年3月大阪大学大学院人間科学研究科行動学専攻博士後期課程修了。博士（人間科学）。同年日本学術振興会特別研究員（広島修道大学）、2001年科学技術振興事業団科学技術特別研究員（産業技術総合研究所）、2003年神戸松蔭女子学院短期大学・大学・大学院を経て2011年10月より東北大学大学院文学研究科准教授。2017年4月より同教授となり現在に至る。専門は応用心理学、認知神経科学。主な著書に『香りや見た目で脳を勘違いさせる　毎日が楽しくなる応用心理学』（かんき出版、2016年）、『ビュイゼ　子どものための味覚教育　食育入門編』（共著、講談社、2016年）、『心理学の視点25』（分担執筆、国際文献社、2022年）など。主な受賞に「におい・かおり環境協会学術賞（2006年）」「日本応用心理学会齊藤勇記念出版賞（2016年）」「平成28年度東北大学全学教育貢献賞（2017年）」など。

山本　英明（やまもと　ひであき）
　1982年大阪府生まれ。2009年早稲田大学大学院先進理工学研究科博士後期課程修了。博士（工学）。日本学術振興会特別研究員、早稲田大学高等研究所助教を経て、2014年より東北大学学際科学フロンティア研究所助教、2018年より同大学材料科学高等研究所助教、2020年より同大電気通信研究所准教授、現在に至る。専門は神経工学。トーキン科学技術振興財団奨励賞（2017）、第23回青葉工学研究奨励賞（2017）、日本表面真空学会講演奨励賞（若手研究者部門）（2020）、第20回応用物理学会有機分子・バイオエレクトロニクス分科

会論文賞（2022）、第 13 回 RIEC Award 本賞（2024）、令和 6 年度みやぎ産業科学振興基金研究奨励賞（2024）他を受賞。

静谷　啓樹（しずや　ひろき）

　1957 年宮城県生まれ。1987 年 3 月東北大学大学院工学研究科電気及通信工学専攻博士後期課程修了（工学博士）。同年 4 月東北大学助手、1992 年 4 月助教授、1995 年 4 月教授（情報処理教育センター・大学院情報科学研究科）。専門は理論計算機科学、特に暗号理論と計算量理論。1991-1992 年モントリオール大学招聘教授。2009-2017 年教育情報基盤センター長。2017-2021 年学位プログラム推進機構副機構長。2015-2023 年総長特別補佐（教育改革担当・教育企画担当）。2023 年 3 月定年退職。同年 4 月より東北大学名誉教授、東北大学総長特命教授（教養教育院）となり現在に至る。主な著書に、『暗号・ゼロ知識証明・数論』（共著、共立出版 1995 年）、『暗号と認証』（共著、培風館、1996 年）、『情報セキュリティハンドブック』（共著、オーム社、2004 年）、『情報倫理ケーススタディ』（サイエンス社、2006 年）など。受賞歴に電気通信普及財団賞奨励賞（1999 年）など。

田代　志門（たしろ　しもん）

　1976 年山形県生まれ、2000 年東北大学文学部卒業、2007 年東北大学大学院文学研究科博士後期課程修了。博士（文学）。専門は、医療社会学、死の社会学、生命倫理学。日本学術振興会特別研究員 PD、東京大学大学院医学系研究科特任助教、昭和大学研究推進室講師、国立がん研究センター研究支援センター生命倫理部部長を経て、現在、東北大学大学院文学研究科教授。主な著書に『死にゆく過程を生きる――終末期がん患者の経験の社会学』（世界思想社、2016 年）、『研究倫理とは何か――臨床医学研究と生命倫理』（勁草書房、2011 年）など。

虫明　元（むしあけ　はじめ）

　1958 年宮城県生まれ、1987 年東北大学医学部大学院卒業、医学博士。専門は、脳神経科学。特に行動調節に関わるシステム脳科学、特に前頭葉を含む大脳皮質の働きをサルの行動下の細胞活動記録で明らかにしてきた。前頭葉の「カテゴリー細胞」、「先読み細胞」、「間を測る細胞」、「驚き細胞」、「行動戦略を表現する細胞」、「数操作に関わる細胞」、頭頂葉では「ゼロを認識する細胞」等。また最近、サルの前頭葉に加算・減算の演算に関わる細胞活動を発見し論

文発表およびプレスリリースした。著書に『学ぶ脳』（岩波科学ライブラリー、2018年）、『前頭葉のしくみ』（共立出版、2019年）、『ひらめき脳』（青灯社、2024年）、共著書に『認知症ケアに活かすコミュニケーションの脳科学20講』（協同医書出版社、2023年）。2016年より演劇的手法を用いたコミュニケーション教育を実践している。最近では2021年より，JST・RISTEXの孤立孤独防止事業の開発研究を行っている。

蝦名　裕一（えびな　ゆういち）

　1975年青森県生まれ。1998年3月岩手大学教育学部卒業。2009年東北大学国際文化研究科博士課程後期修了。博士（国際文化）。専門は日本近世史、災害史。2012年東北大学災害科学国際研究所助教、2015年より准教授。またNPO法人宮城歴史資料保全ネットワークとして史料保全活動に関わる。2015年同ネット理事。主な著作、論文として「盛岡藩における元禄十六年「新法」事件について」（『地方紙研究』60、2010年）、「「大名評判記」における仙台藩伊達家の記述について」（『東北アジア研究』16、2012年）、『慶長奥州地震津波と復興－400年前にも大地震と大津波があった』（蕃山房、2014年）、「文化遺産マップを活用した災害時の文化遺産救済方法」（博物館研究58 (2)、2023年）、「元和二年（1616）仙台地震における津波被害はあったのか？」（歴史地震(39) 2024年）など。

程　永超（てい　えいちょう）

　1989年中国山東省生まれ。2010年山東大学外国語学院卒業。2018年3月名古屋大学大学院文学研究科人文学専攻日本史学専門博士課程修了。博士（歴史学）。2018-2020年名古屋大学高等研究院YLC特任助教、2018-2019年ソウル大学校奎章閣韓国学研究院フェロー、2020年10月東北大学東北アジア研究センター准教授となり現在に至る。2024-2025年オックスフォード大学客員研究員。専門は日本近世対外関係史、17～19世紀の東アジア国際関係史。著書に『華夷変態の東アジア：近世日本・朝鮮・中国三国関係史の研究』（清文堂出版、2021年）。2022年地域研究コンソーシアム賞（登竜賞）、2024年三島海雲学術賞（人文科学部門）受賞。

田村　光平（たむら　こうへい）

　1985年山口県生まれ。2008年3月名古屋大学情報文化学部卒業。2013年3月東京大学大学院理学系研究科博士課程修了。博士（理学）。日本学術振興会

特別研究員（PD）、東京大学特任研究員、ブリストル大学研究員、東北大学学際科学フロンティア研究所助教、同准教授を経て、2023年度から同大学東北アジア研究センター准教授。専門は人類学、文化進化。主な著作に『文化進化の数理』（単著、森北出版、2020年）、『つながりの人類史：集団脳と感染症』（単著、PHP研究所、2023年）など。

滝澤　博胤（たきざわ　ひろつぐ）

　1962年新潟県生まれ。1990年東北大学大学院工学研究科応用化学専攻博士後期課程修了（工学博士）。同年東北大学工学部助手、1994年テキサス大学オースティン校客員研究員、1995年東北大学工学部助教授を経て、2004年東北大学大学院工学研究科教授。2015年工学研究科長・工学部長。2018年より東北大学理事・副学長（教育・学生支援担当）、高度教養教育・学生支援機構長、教養教育院長となり現在に至る。専門は無機材料科学、固体化学。主な著書に『マイクロ波化学：反応、プロセスと工学応用』（共著、三共出版、2013年）、『演習無機化学』（共著、東京化学同人、2005年）、『固体材料の科学』（共訳、東京化学同人、2015年）など。2011年日本セラミックス協会学術賞、2016年粉体粉末冶金協会研究進歩賞受賞。

森本　浩一（もりもと　こういち）本巻編者

　1956年熊本県生まれ。1985年東北大学大学院文学研究科博士後期課程退学。1996年東北大学文学部教授。2003年同大学大学院文学研究科教授。2022年定年退職。同年4月より東北大学名誉教授・同大学教養教育院総長特命教授として現在にいたる。専門は文学の理論、言語思想、ドイツ文学。

装幀：大串幸子

東北大学教養教育院叢書「大学と教養」
第 8 巻　新しい途を拓く
Artes Liberales et Universitas
8 Breaking new paths for academic research

© 東北大学教養教育院 2025

2025 年 3 月 21 日　初版第 1 刷発行

編　者	東北大学教養教育院
発行者	関内　隆
発行所	東北大学出版会
	〒980-8577　仙台市青葉区片平 2-1-1
	Tel. 022-214-2777　Fax. 022-214-2778
	https://www.tups.jp　E-mail info@tups.jp
印　刷	カガワ印刷株式会社
	〒980-0821　仙台市青葉区春日町 1-11
	Tel. 022-262-5551

ISBN978-4-86163-406-2　C0000
定価はカバーに表示してあります。
乱丁、落丁はおとりかえします。

JCOPY 〈出版者著作権管理機構 委託出版物〉
本書（誌）の無断複製は著作権法上での例外を除き禁じられています。複製される場合は、そのつど事前に、出版者著作権管理機構（電話 03-5244-5088、FAX 03-5244-5089、e-mail: info@jcopy.or.jp）の許諾を得てください。

東北大学教養教育院叢書
大学と教養
東北大学教養教育院　編

1　教養と学問　　　　　　　　　　　　　　　　　　　　（2018年3月刊行）

A5判220頁 ISBN978-4-86163-303-4 C0000　定価（本体2,500円＋税）

《目次》
はじめに　　　　　　　　　　　　　　　　　　　　　　　　　　　花輪　公雄
第一章　教養教育の歴史　　　　　　　　　　　　　　　　　　　　森田　康夫
第二章　東北大学と大学教育　－東北大学における教養教育改革の取り組み－　木島　明博
第三章　教養教育改革が目指すもの　　　　　　　　　　　　　　　花輪　公雄
第四章　教養と英語　　　　　　　　　　　　　　　　　　　　　　浅川　照夫
第五章　「市民の政治」とその歴史　－政治と教養－　　　　　　　柳父　圀近
第六章　教養と物理　　　　　　　　　　　　　　　　　　　　　　海老澤丕道
第七章　教養の三層構造　　　　　　　　　　　　　　　　　　　　工藤　昭彦
おわりに　極私的教養教育論　　　　　　　　　　　　　　　　　　野家　啓一

2　震災からの問い　　　　　　　　　　　　　　　　　　（2018年3月刊行）

A5判224頁 ISBN978-4-86163-304-1 C0000　定価（本体2,500円＋税）

《目次》
はじめに　　　　　　　　　　　　　　　　　　　　　　　　　　　花輪　公雄
第一章　想定外　－東日本大震災から見える科学技術と教育の在り方－　森田　康夫
第二章　東日本大震災と東北大学の教養教育
　　　　　－東日本大震災から学んだ教養の重要性－　　　　　　　木島　明博
第三章　3.11以後の科学・教育・物語り　－Kさんへの手紙－　　　野家　啓一
第四章　東北地方太平洋沖地震・津波、福島第一原子力発電所事故による
　　　　食の生産基盤の損傷と復旧－6年後の今　　　　　　　　　前　　忠彦
第五章　防災（減災・「正しく怖がる」）
　　　　～自然に対する「畏怖の念」を学びなおす～　　　　　　　佐藤　　健
第六章　震災と言葉－被災地にとって方言とは？－　　　　　　　　小林　　隆
第七章　「ふるさと」考　－「とどまる今」と、「臍の緒」がつなぐ心の世界－
　　　　…母はくりやで水の音－　　　　　　　　　　　　　　　　座小田　豊
最終章　集中復興期間の看過できないこと　　　　　　　　　　　　工藤　昭彦

3　人文学の要諦　　　　　　　　　　　　　　　　　　　（2020年3月刊行）

A5判218頁 ISBN978-4-86163-344-7 C0000　定価（本体2,500円＋税）

《目次》
はじめに　人文学と教養教育　　　　　　　　　　　　　　　　　　滝澤　博胤
序章　人文知と科学知のはざま　　　　　　　　　　　　　　　　　野家　啓一
第一章　人の生き様と自然の理解　－文化と科学－　　　　　　　　沢田　康次
第二章　現代社会の変貌　　　　　　　　　　　　　　　　　　　　宮岡　礼子
第三章　AIと教養教育　　　　　　　　　　　　　　　　　　　　　山口　隆美
第四章　技術と環境　－建築の現場から－　　　　　　　　　　　　吉野　　博
第五章　「哲学する」ということ　－「未在の自己」への問いかけ－　座小田　豊
第六章　ある数学屋からみた人文系学問　　　　　　　　　　　　　高木　　泉
第七章　不可視の世界へ対峙する　－人文学の存在意義－　　　　　鈴木　岩弓
おわりに　私たちはどこから来て、どこへ行くのか　　　　　　　　座小田　豊

4　多様性と異文化理解　　　　　　　　　　　　　（2021年3月刊行）

A5判 234頁 ISBN978-4-86163-358-4 C0000　定価（本体2,500円+税）

《目次》
はじめに　多様性は何を生みだすか　　　　　　　　　　　　　　　滝澤　博胤
第一章　進化的視点からみる人間の「多様性の意味と尊重」　　　　河田　雅圭
第二章　多様性と多文化共生－社会学の視点から－　　　　　　　　佐藤　嘉倫
第三章　多様性と主体－自分らしくあるために　　　　　　　　　　座小田　豊
第四章　教養教育における多様性の問題
　　　　－他者への共感が求められる時代の教養教育－　　　　　　花輪　公雄
第五章　異文化の体験 "coffee or tea ?"　　　　　　　　　　　　　山谷　知行
第六章　学生には旅をさせよ
　　　　－プエルトリコおよびスペイン語との関わりを振り返って－　志柿　光浩
第七章　「臨床宗教師」の展開にみる異文化理解　　　　　　　　　鈴木　岩弓
第八章　異文化を「異文化」化する社会　　　　　　　　　　　　　米倉　等
おわりに　ウチとヨソの相克の中で　　　　　　　　　　　　　　　鈴木　岩弓

5　生死を考える　　　　　　　　　　　　　　　　（2022年3月刊行）

A5判 216頁 ISBN 978-4-86163-371-3 C0000　定価（本体2,500円+税）

《目次》
はじめに　　　　　　　　　　　　　　　　　　　　　　　　　　　滝澤　博胤
第一章　生と死の発生学　　　　　　　　　　　　　　　　　　　　田村　宏治
第二章　生・老・死の生物学　　　　　　　　　　　　　　　　　　水野　健作
第三章　育む命　　　　　　　　　　　　　　　　　　　　　　　　吉沢豊予子
第四章　よく死に、よく生きるための緩和ケア　　　　　　　　　　井上　彰
第五章　生死の宗教文化論　　　　　　　　　　　　　　　　　　　鈴木　岩弓
第六章　メメント・モリの視点からのヒトの歴史
　　　　～特に原書の「美術」からの試論～　　　　　　　　　　　芳賀　満
第七章　唯物（ただもの）論者の死生学　　　　　　　　　　　　　山口　隆美
第八章　死生の文法・文化・臨床　　　　　　　　　　　　　　　　清水　哲郎
おわりに　　　　　　　　　　　　　　　　　　　　　　　　　　　鈴木　岩弓

6　転換点を生きる　　　　　　　　　　　　　　　（2023年3月刊行）

A5判 232頁 ISBN978-4-86163-384-3 C0000　定価（本体2,500円+税）

《目次》
はじめに　　　　　　　　　　　　　　　　　　　　　　　　　　　滝澤　博胤
第一章　転換の駆動力　　　　　　　　　　　　　　　　　　　　　滝澤　博胤
第二章　時代の転換点／私の転換点　　　　　　　　　　　　　　　野家　啓一
第三章　守破離－私の研究における転換点　　　　　　　　　　　　山谷　知行
第四章　自然災害がもたらせた転換期　　　　　　　　　　　　　　今村　文彦
第五章　生命科学の転換点　～ゲノム編集の時代を迎えて～　　　　水野　健作
第六章　20世紀から21世紀への転換点と新興感染症のリスク　　　　押谷　仁
第七章　女性の高等教育と無意識のバイアス払拭が次世代の幸福の鍵になる　　大隅　典子
第八章　人類の過去のいくつもの転換点の考察
　　　　～現在と未来の revolutions のために～　　　　　　　　　芳賀　満
第九章　レンブラントの賭け
　　　　――古典主義とヴァナキュラーの戦場としての《夜警》　　尾崎　彰宏
おわりに　――転換期を生きる新しい道徳をたずねて　　　　　　　尾崎　彰宏

7　環境と人間　(2024年3月刊行)

A5判240頁 ISBN978-4-86163-395-9 C0000　定価（本体2,500円＋税）

《目次》
はじめに　滝澤　博胤
第一章　地球温暖化の現状　花輪　公雄
第二章　光合成と地球大気　牧野　周
第三章　地球温暖化と土壌微生物　南澤　究
第四章　気候変動と洪水災害　田中　仁
第五章　気候変動と社会の相互作用　柿沼　薫
第六章　水俣病を想起する　森本　浩一
第七章　SDGsとアポカリプス
　　　——ヤヌスの二つの視線　尾崎　彰宏
第八章　気候危機と社会運動　長谷川公一
おわりに　田中　仁